Republicanismo: trinta anos com o *Maquiavel Republicano* de Newton Bignotto

Republicanismo: trinta anos com o *Maquiavel Republicano* de Newton Bignotto

Flávia Benevenuto (Org.)

Belo Horizonte
Projeto República/UFMG
2021

CAPA Arthur Siqueira Starling
REVISÃO Isadora Prévide Bernardo
ASSISTENTE DE EDIÇÃO Pauliane de Carvalho Braga
PROJETO GRÁFICO E DIAGRAMAÇÃO Thiago Borges

Dados Internacionais de Catalogação na Publicação (CIP)
(Câmara Brasileira do Livro, SP, Brasil)

Republicanismo : trinta anos com o Maquiavel republicano de Newton Bignotto / organização Flávia Benevenuto. -- 1. ed. -- Belo Horizonte, MG : Projeto República/UFMG, 2021.

ISBN 978-65-994720-0-8

1. Filosofia 2. Filosofia política 3. Benevenuto, Flávia.

21-64311 CDD-320.01

Índices para catálogo sistemático:
1. Maquiavel : Filosofia política 320.01

Aline Graziele Benitez - Bibliotecária - CRB-1/3129

PROJETO REPÚBLICA
Núcleo de pesquisa, documentação e memória
Departamento de História - UFMG
Coordenação: Heloisa Murgel Starling
projetorepublica@ufmg.br

PROJETO REPÚBLICA UFMG

UFMG
UNIVERSIDADE FEDERAL DE MINAS GERAIS

Sumário

Lista de abreviaturas da obra de Maquiavel

P O Príncipe / *Il Principe*

D Discursos sobre a Primeira Década de Tito Lívio / *Discorsi sopra la prima deca di Tito Livio*

HF História de Florença / *Istorie Florentine*

DF Discurso sobre as Formas de Governo de Florença

INTRODUÇÃO

Newton Bignotto, pensador da República

Heloisa Murgel Starling

No dia 26 de dezembro de 1989, Newton Bignotto afivelou as malas para retornar, de vez, ao Brasil, após uma temporada de quatro anos na França. Debaixo do braço, orgulhoso, trazia a tese de doutorado defendida, em Paris, na *École des Hautes Études en Sciences Sociales*, intitulada *Liberté et action; Machiavel critique de l'humanisme civique florentin*. Seguramente a escolha da instituição francesa não aconteceu por acaso. Ao final dos anos 1980, já prestigiada no ensino superior voltado para as humanidades, seus docentes andavam empenhados em virar, ao avesso, temas e autores, e o lugar era um fervedouro de boas ideias. Professores e estudantes estavam ativamente engajados em discussões inovadoras sobre a reconstituição da filosofia política contemporânea, após décadas de polêmicas intermináveis travadas tanto com a ortodoxia marxista, quanto com acepções e variantes do liberalismo. E na linha de frente do debate era fácil se deparar com a figura inconfundível do seu orientador, Claude Lefort.

Evidentemente, tamanha efervescência tinha consequências. Além de fornecer flexibilidade ao campo da Filosofia, estimulou a construção de novas ferramentas conceituais que visavam alargar as fronteiras de investigação sobre a natureza e a dimensão dos fundamentos da vida em comum nas condições da nossa contemporaneidade. Como gostava de insistir, à época, o próprio Claude Lefort, seria preciso examinar a multiplicidade de correntes de pensamento em voga, expandir o campo de investigações e enfrentar "o problema do político". Havia pressa nisso. Afinal, era necessário formular novos pontos de vista sustentados pela inquirição filosófica da política para dar conta de compreender os temas e as expectativas do mundo atual (ver Lefort, 1999). O ritmo do debate foi intenso e convidava quase naturalmente professores e estudantes a transbordar os limites estreitos da especialização e travar diálogos improváveis e não antecipados com outras áreas do conhecimento como História, Sociologia, Antropologia, Literatura e Ciência Política.

Ali existia, decerto, o ambiente adequado para quem quisesse fazer uso da imaginação. Era o lugar apropriado para um estudante que desejasse vivenciar as aventuras do pensamento entre os diferentes campos de experimentação das ciências humanas e sociais. A *École des Hautes Études en Sciences Sociales* sucedeu a *École pratique des Hautes Études*, o centro de ensino e pesquisa onde ocorreram, a partir do final da década de 1920, as principais descobertas e invenções historiográficas promovidas pela "Escola dos Annales". A ideia de que as fronteiras do conhecimento são porosas e, por consequência, é possível – e, mais do que isso, desejável – promover a interdisciplinaridade foi algo decisivo para colocar de pé o projeto dos *Annales*, em especial, no que diz respeito aos modos de conceber e de representar o tempo.[1]

Os historiadores da "Escola dos Annales" inventaram pelo menos duas ferramentas excepcionais para quem ambicionava investigar alguma coisa do passado. A primeira, o "olhar

1. Sobre a Escola dos Annales, ver: Burke (2011).

alargado", que permitiu ao pesquisador enxergar a temporalidade que se estende para além da extensão do acontecimento que ele pretende examinar. A segunda ferramenta, o "olhar múltiplo", que o capacitou a recortar os diversos ritmos temporais que atravessam o tempo estendido da longa duração.[2] Juntas, elas podem revelar novos objetos de investigação, garantir recursos para expansão das fontes históricas, ou proporcionar a construção de séries documentais extensas. Bem ajustadas, proporcionam ao historiador – ou, a um filósofo político – as condições ideais para formular perguntas originais e estabelecer conexões pouco convencionais de pesquisa entre acontecimentos históricos temporalmente muito distintos. Durante a década de 1980, à época em que Newton Bignotto foi cursar sua pós-graduação na *École des Hautes Études en Sciences Sociales*, ainda estavam dando aulas por lá e demolindo as fronteiras da historiografia tradicional, os integrantes do que se convencionou chamar "terceira geração dos Annales" – François Furet, Jacques Le Goff, Marc Ferro, George Duby. Além, é claro, dos professores estrangeiros convidados e igualmente empenhados em implodir os limites convencionais da investigação histórica, como Quentin Skinner e Charles Taylor.

Nada mau para um estudante brasileiro comprido, magrelo e bonitão, a cabeleira batendo no ombro, jeito desassossegado e enorme talento criativo que costumava transitar, ao tempo da graduação, entre engenharia eletrônica e matemática, até se decidir, de vez, pela filosofia política. Newton Bignotto decerto fez bom proveito da ebulição intelectual que vivenciou na instituição francesa para construir os recursos conceituais e metodológicos que passou a utilizar pela vida afora, na concepção de seus projetos e na escrita de seus livros.

2. Para as representações do tempo, ver: Vovelle (2011).

E que lhe forneceram as ferramentas de investigação e análise apropriadas para se transformar em um filósofo político excepcional, capaz de iluminar, em profundidade e simultaneamente, os aspectos decisivos da nossa contemporaneidade e suas conexões com passado.

A estadia em Paris também deve tê-lo levado a fazer as escolhas teóricas que se tornaram características de sua obra. Uma delas, em especial, virou quase uma espécie de marca. É o presente – e as perguntas que provoca – o desencadeador mais eficaz do impulso de retornar no tempo, como costuma dizer Bignotto. Interrogar o passado para pensar com ele, mantendo um olho na cena política que se desenrola na atualidade, forneceu a chave que lhe permitiu executar outros dois procedimentos complementares. Bignotto precisa inicialmente entender quais ideias políticas encontravam adesão num determinado momento histórico; só então, e em consequência, vai produzir conhecimento novo sobre elas.

É provável que ele não tenha se dado conta disso à época, mas recebeu, em Paris, o empurrão decisivo para seus encontros de vida toda, com o Humanismo Cívico e com o pensamento de Nicolau Maquiavel. Foi lá que ele definiu o Renascimento italiano como o lugar de abordagem para sua tese de doutorado e concebeu uma interpretação inovadora das ideias de Maquiavel. Uma vez afiados, os recursos metodológicos e conceituais que passou a controlar e manejar iriam escancarar para o futuro leitor brasileiro de *Maquiavel Republicano* um panorama completamente novo de reflexão e análise.

É bem verdade que ele iniciou seu programa de trabalho de um jeito meio convencional. Foi ler, em italiano, a obra política, literária e histórica de Maquiavel. Contudo, ninguém escreve *Maquiavel Republicano* munido apenas da leitura direta dos textos de um autor do passado. O pulo do gato, responsável por transformar a tese em um livro repleto de originalidade, começou a ser armado quando Bignotto executou um recorte cirúrgico no interior da fortuna crítica maquiaveliana. Ler e investigar o pensamento elaborado pelo conjunto de autores que se debruçaram sobre os escritos de Maquiavel certamente permite a um bom pesquisador descrever os modos como ocorreu e se formou a recepção da obra no tempo. Só isso, no entanto, não fornece necessariamente uma nova chave de leitura interpretativa. O programa de Bignotto, na realidade, escondia uma estratégia pouco usual. Leu tudo, de baixo para cima, concentrado na identificação de pontos de ancoragem para seu próprio projeto. Ato seguinte, ele tratou de definir recortes pinçando os autores que contemplavam de alguma forma, suas expectativas de análise e seu interesse pela possibilidade de associar, como fio condutor da tese, os temas da Liberdade e da Ação Política (ver Bignotto, 1991, p. 7-8).

Achou pouco. Cismou que precisava escorar os andaimes do seu programa de trabalho no exame de documentos originais. Seria a primeira vez na vida que ele iria se aventurar numa investigação de fontes históricas primárias ou tentar perseguir o fio cronológico que precisava amarrar uma série documental massiva. Encerradas as aulas, embarcou para Florença; trancou-se no *Archivio di Stato di Firenze*, onde se encontram os registros dos debates travados entre os magistrados dos principais órgãos de governo da cidade e uma fração de cidadãos convidados a dar sua opinião sobre um problema local, afeito à gestão pública e de qualquer natureza. Esses debates ocorreram entre 1498 e 1512, e, melhor ainda, o próprio Maquiavel participou de vários deles, na condição de segundo secretário da República florentina.

Para Bignotto estava ótimo. Os registros no *Archivio di Stato di Firenze* guardavam informações sobre os modos como os florentinos fizeram uso da teoria política entre o final do século XV e início do século XVI e em quais circunstâncias. A série documental das práticas administrativas de Florença – as assim chamadas *pratiche* – também expuseram ao escrutínio do pesquisador os feitios de uso da política praticados por Florença, seja ao enfrentar as dificuldades típicas da vida cotidiana, seja ao lidar com a condução do jogo diplomático de modo a reduzir a vulnerabilidade da cidade numa conjuntura particularmente delicada em que a Itália se tornou palco de inúmeras guerras. Para arrematar, os registros forneceram material documental suficiente para Bignotto entender o modo como Maquiavel lidou com a expulsão dos Medici, em Florença, e com a ascensão de um governo com claras preocupações republicanas. São assuntos explorados por ele em sua tese e que resultaram dessa sua primeira incursão em busca de fontes primárias (ver Bignotto, 1991, p. 57-74). Ao que parece, tomou gosto com esse tipo de trabalho tão próximo ao ofício do historiador. Anos depois, ele retornaria aos arquivos de Florença, dessa feita à procura de material documental para estudar o pensamento político italiano do Renascimento.

Maquiavel é um autor incontornável na filosofia política de Newton Bignotto – ninguém duvida disso. Só não é o único. Seu encontro com o tempo alargado do Humanismo Cívico fornece rumo para suas pesquisas até hoje. Após *Maquiavel Republicano*, a temporalidade expandida do Renascimento político italiano vai reaparecer, por exemplo, em *Republicanismo e Realismo; um perfil de Francesco Guicciardini*, publicado em 2006. Esse é o livro em que ele montou um engate engenhoso entre o realismo das análises políticas, cujo formato nós ainda podemos reconhecer nos dias atuais, e o século XV, na Itália, imerso em um contexto complicado, quando Florença se viu as voltas com debates sobre a questão do melhor regime, a importância da participação na vida pública, e a definição dos valores republicanos da liberdade e da igualdade entre os cidadãos (Bignotto, 2006).

Na realidade, Bignotto já tinha levantado os andaimes dessa estrutura temporal desde 2001, quando publicou *Origens do Republicanismo Moderno*. O argumento do livro está concentrado em analisar a experiência intelectual e histórica italiana entre meados do século XIV e XV. É provável que ele tenha sido escrito com o propósito de levar seu leitor a reencontrar o pensamento da primeira geração de humanistas, de Petrarca a Alberti. A escrita do livro, porém, permitiu ao autor ir além e se re-apropriar de conceitos e princípios formadores de um republicanismo que é capaz de nos alcançar sem dificuldades na contemporaneidade (Bignotto, 2001).

Feitas as contas, a temática humanista em sua dimensão cívica está presente na obra de Newton Bignotto desde *Maquiavel Republicano*; ela forneceu o corte cronológico e as duas balizas conceituais para a tese de doutorado – a liberdade e a ação política (ver Bignotto, 1991, p. 9-118). No começo do século XV, Florença estava imersa em uma crise política de grandes proporções e permanecia vulnerável diante da ameaça militar de Milão; seus habitantes corriam o risco de ver a liberdade colapsar de uma vez por todas. Foi então, conta Bignotto, que diversos pensadores florentinos decidiram acionar, cada um a seu modo, o legado do passado greco-romano para fazer emergir uma nova concepção da vida política sustentada no valor da *vita activa*.

Vita activa é um princípio afeito à prática da cidadania, desde os tempos da República romana. Identifica a adoção, por parte do indivíduo, de uma determinada maneira de viver aberta aos problemas da comunidade. Também privilegia sua decisão de participar do debate sobre a definição dos interesses da cidade e considera a superioridade de uma vida política sobre o advento da vida contemplativa proposta pelos preceitos morais do Cristianismo.[3] O caminho que iria desaguar em *Maquiavel Republicano* afinal tinha sido desbravado. Foi o entendimento do papel desses pensadores na formulação

3. Para o valor da *vita activa* associado à matriz renascentista italiana do republicanismo, ver: Bignotto (2001); Adverse (2013); Pocock (1975).

de uma visão inovadora da política que orientou o olhar de Bignotto para encontrar o local certo de onde ele conseguiria sustentar a singularidade de sua leitura sobre a obra de Maquiavel. Apostou no tempo alargado do Humanismo Cívico para entender o diálogo direto do pensamento maquiaveliano com uma abordagem republicana dos autores do Renascimento italiano, e retraçou a maneira como Maquiavel criticou e reinterpretou os elementos desse diálogo à luz de sua própria experiência política em Florença (Bignotto, 1991).

Maquiavel Republicano só seria publicado no Brasil, em 1991. A transformação de uma tese em livro nunca é tarefa fácil, mas, nesse caso, deve ter dado trabalho extra ao autor. Além da tradução integral do texto foi preciso reescrever tudo e efetuar cortes extensos que não comprometessem o argumento central – a versão original da tese contém 650 páginas. O esforço, contudo, valeu a pena. *Maquiavel Republicano* chegou às livrarias com fôlego suficiente para levar o leitor à descoberta de um novo horizonte teórico. O livro provocou, quase de imediato, uma reviravolta nos estudos sobre o humanismo renascentista a medida que revela a maneira como seus autores resgataram vários argumentos provenientes do pensamento republicano da Antiguidade greco-romana para referenciar seu próprio campo de preocupações e a busca das melhores soluções para os problemas que afligiam os habitantes das cidades italianas ao longo do século XV.

A partir desse ponto, tudo o mais, em *Maquiavel Republicano*, prossegue surpreendente e inovador – nas ideias, no pensamento e na disposição para reformar nossa linguagem política contemporânea. Bignotto reconstruiu o modo como Maquiavel desenvolveu uma teoria da liberdade a partir do legado que recebeu da tradição republicana em suas matrizes fundamentais – a romana, da Antiguidade e a italiana do Renascimento – bem como a crítica que ele faz de seus predecessores. Associar Maquiavel à tradição do pensamento republicano era uma novidade e tanto, especialmente no Brasil onde perdurava a longa herança de antimaquiavelismo, e muita gente continuava relacionando Maquiavel à defesa, quase técnica, de um poder central legiferante, duradouro e soberano, capaz de decidir, com base na própria onipotência, sobre as questões internas e externas de um estado.

Há mais. O fio principal do argumento de Bignotto é a ideia de liberdade. Mas, vale anotar, ele examina o problema da liberdade no interior de uma visão revolucionária da política. O enredo do livro articula o significado de liberdade aos grandes temas que preocuparam Maquiavel como, por exemplo, a fundação, *virtù* e fortuna e corrupção. Seu sentido, contudo, explica Bignotto, está especialmente vinculado ao tema do conflito, cuja lâmina divide os dois componentes constitutivo do corpo político: o "povo" e os "grandes", para lembrar os termos utilizados pelo próprio Maquiavel (Bignotto, 1991, p. 57-169).

Ao final, *Maquiavel Republicano* executa uma amarração notável nas pontas desse fio. A liberdade, explica Bignotto, não diz respeito nem só à forma de governo, nem tampouco é exclusiva do conjunto das instituições; na realidade, ela está afeita aos procedimentos de conformação do conflito que cinde qualquer corpo político. Como resultado, a ausência de liberdade resulta tanto da inexistência de cidadãos dispostos a participarem de vida pública, como da carência de direitos; o movimento que provoca sua desaparição, contudo, decorre, principalmente, de uma configuração específica assumida pelo corpo político nas circunstâncias em que ele se secciona e opõe seus principais componentes.

Dentro dessa concepção de liberdade, conclui Bignotto, brota um novo referencial teórico capaz de fornecer lastro às perguntas que precisamos formular ao passado para dar conta de refletir sobre nossos assuntos contemporâneos. Distinto das leituras dominantes na vida pública brasileira e também no campo de conhecimento das ciências humana e sociais, no interior do novo referencial teórico que seu livro nos apresenta irá se irradiar igualmente uma maneira diferente de pensar a política e que deve nos interessar de perto – seja em face aos impasses da contemporaneidade, seja para compreender a especificidade da nossa realidade nacional.

Alguns anos após a publicação de *Maquiavel Republicano*, em 1997, durante uma série de conferências realizadas por ocasião do "V Centenário do Descobrimento do Brasil", Newton Bignotto retomou em público suas considerações de que as proposições de Maquiavel sobre a exploração do âmago da vida política e de suas múltiplas determinações abrem para nós algumas perguntas decisivas: "De que maneira é possível pensar a criação de novas formas políticas?" (Bignotto, 1998, 379), indagou, então. E prosseguiu: "Como dar conta na teoria do que desafia os poderes normais dos homens e altera suas relações com o tempo?" (Bignotto, 1998, 379). Ou então: Quais as consequências da criação de novos regimes políticos em situações extremamente complicadas – o tema maquiaveliano da fundação – e quais são os vínculos que os atores políticos estabelecem nesse momento com o passado e com o futuro?

Evidentemente, nós não temos como saber o que se passa na cabeça de um autor; tampouco conhecemos as razões de suas escolhas. Mas convenhamos: as perguntas e a centralidade que a análise de Bignotto proporcionava ao tema da fundação maquiaveliana forneciam, naquela circunstância, um lugar inédito para pensar o Brasil, na difícil situação em que era necessário dar forma e solidez a um novo regime democrático, após 21 anos de ditadura militar. Ademais, ele estava convencido, ao menos desde seu regresso ao país após a defesa do doutorado, de que seria possível encontrar as linhas de força de um republicanismo atento ao presente e em diálogo com o passado. Sintoma disso, *Maquiavel Republicano* se encerra com seu autor afirmando precisamente essa convicção:

> Aceitando o desafio de interpretar os conceitos maquiavelianos, que em sua complexidade podem parecer-nos distantes de nossa realidade, acreditamos que sua concepção de liberdade é de grande interesse para todos os que buscam elucidar alguns dos difíceis problemas das democracias modernas. (...) Tendo vivido em uma época em que a 'fundação magnífica' era apenas uma imagem do passado, Maquiavel nos torna capazes de pensar a fundação contínua da liberdade como uma exigência de todas as sociedades democráticas (Bignotto, 1991, p. 216).

Não é pouco; mas está longe de dar conta do que Newton Bignotto maquinava realizar nos anos seguintes. *Maquiavel Republicano* termina projetando uma ponte entre momentos temporais distintos do pensamento político. Ideias, temas e conceitos do republicanismo não são estruturas compactas de pensamento; ao contrário, podem ser mobilizadas, selecionadas, reelaboradas e aplicadas em outros lugares e tempo – aliás, como o próprio livro demonstrou ao deslindar o diálogo entre o humanismo renascentista, o horizonte republicano da antiguidade greco-romana e os argumentos maquiavelianos sobre a liberdade.

É provável que, em meio aos planos de Newton Bignotto para o futuro, já estivesse sendo formulado, desde essa época o propósito de explorar a fundo a arte de construir pontes entre momentos distintos do republicanismo – e incluir, em um dos pilares, a vida política brasileira contemporânea. *As Aventuras da Virtude*, publicado em 2010, toma como lugar de largada exatamente o arremate final de *Maquiavel Republicano*. O livro revelou alguns dos principais pontos de contato entre o republicanismo tal como ele se apresentava durante o Renascimento italiano e o efeito fertilizador que promoveu na formação do pensamento republicano francês, em um momento decisivo da nossa modernidade política, às vésperas da Revolução Francesa (Bignotto, 2010).

Tanto quanto o historiador norte-americano Pocock, em seu livro *The Machiavellian Moment*, Newton Bignotto também estava interessado em explorar o movimento de trânsito e de passagem das ideias entre recortes temporais distintos. Mas ele estabeleceu logo de início uma diferença decisiva para com o argumento de Pocock, que era voltado para a análise sobre o que acontece quando uma ideia, textos, estilos, padrões de pensamento ou conceitos se projetam no tempo da história (ver Pocock, 1975). Na realidade, a pergunta que Bignotto se faz nesse livro é outra – e nela reside toda a diferença. Em *As Aventuras da Virtude*, ele se concentrou em buscar a identidade própria das ideias quando desembarcadas em um contexto histórico específico.

Por outro lado, o conceito de matrizes permitiu-lhe tanto conectar na história dois momentos distintos – o republicanismo italiano do Renascimento e a interrogação sobre a República no século XVIII francês – quanto revelar sua autonomia no tempo (Bignotto, 2010). Na prática, *As Aventuras da Virtude* consegue demonstrar o modo por meio do qual alguns pensadores, como Montesquieu, Rousseau, Brissot, Voltaire ou Condorcet – mas também Robespierrre e Saint-Just – imersos em uma determinada conjuntura repleta de ideias em conflito conseguiram se apropriar e desenvolver com independência temas e ideias, tal como apareceram no Renascimento italiano, para tentar resolver, à sua maneira, os problemas que lhes atormentavam. Fazer uso do conceito de matrizes para pensar uma tradição atenta ao presente e em diálogo constante com o passado certamente foi mais um dos seus grandes achados teóricos. O conceito permitiu a Bignotto entender na formação do pensamento republicano francês a herança do Renascimento e, ao mesmo tempo, algo próprio e completamente distinto dele.

A obra *As Aventuras da Virtude* injetou temporalidade na tradição republicana e rompeu com as versões tradicionais sobre o assunto que não enxergaram no século XVIII francês, o momento em que se formou uma nova matriz moderna do republicanismo. O livro exige uma mudança de rota no caminho de quem está debruçado sobre o pensamento político republicano e certamente provoca uma virada e tanto na cabeça dos historiadores, sobretudo no campo das ideias e dos conceitos. Nós podemos reconhecer a existência de uma matriz do republicanismo que se formou no desenrolar da Revolução Francesa, explica Bignotto. Isso acontece por força da criação de uma linguagem política cujo pleno desenvolvimento só foi realizável no decorrer dos acontecimentos que apontavam a implantação de um regime republicano como solução razoável para garantir o avanço do movimento revolucionário.

Em *As Aventuras da Virtude*, ele escreveu que é "possível falar em republicanismo no curso da Revolução porque antes foram elaborados um léxico e uma gramática republicana" (Bignotto, 2010, p. 19-20). E seguiu em frente: Foi assim que se preparou terreno

> não só no plano dos conceitos, mas também no dos símbolos e da imaginação. Isso não quer dizer que os autores iluministas e tantos outros pensadores fossem republicanos, mas sim que o conjunto das idéias e conceitos que elaboraram – exatamente por lidar com um vocabulário que fazia parte de uma longa tradição republicana – pode ser apropriado por aqueles que buscavam uma solução para o colapso da monarquia e a criação de um regime que respondesse ao anseio de liberdade e igualdade (Bignotto, 2010, p. 19-20).

O passo seguinte trouxe mais uma lufada radical de inovação para a compreensão do republicanismo. *Matrizes do Republicanismo*, o livro que Bignotto organizou, em 2013, reúne um grupo de autores dispostos a analisar a tradição republicana a partir de sua história (Bignotto, 2013). Cada integrante do grupo voltou o foco de sua investigação para examinar um desses "momentos fortes" da tradição, como Bignotto costuma definir determinada conjuntura, quando então é criado um referente conceitual que soube, ao mesmo tempo, preservar o passado e oferecer respostas aos problemas vividos naquele presente histórico. O conceito de matrizes forneceu o eixo que estruturou a pesquisa, deu fôlego ao livro e garantiu o diálogo intenso e complementar entre os autores para mostrar os modos como brotam, de um universo conceitual e linguístico partilhado, ao longo dos séculos, uma mistura de continuidade e diversidade que nos permite entender a originalidade de uma tradição republicana (ver Bignotto, 2013, p. 7-12).

O livro argumenta que cinco matrizes distintas forneceram recursos intelectuais e políticos que constituíram a tradição republicana: a matriz romana, da Antiguidade e a italiana, do Renascimento, que se formaram na longa experiência histórica da República, em Roma, entre 509 e 27 a. C. e das cidades-repúblicas da Itália, entre o final do século XV e o início do século XVI. Nos cem anos seguintes, a tradição republicana passou a conviver com a novidade representada pelo fenômeno revolucionário e seu eco atravessou o Atlântico. A matriz inglesa se manifestou durante as primeiras décadas do século XVII, no interior dos movimentos de protesto contra o reinado dos Stuarts, cresceu no processo das guerras civis e assumiu plena expressão após o regicídio, em 1649. A matriz norte-americana fez história no século XVIII, durante o processo revolucionário que começou com a luta entre os colonos da América inglesa e a Grã-Bretanha e se encerrou na ratificação e na emenda da Constituição nacional. A matriz francesa, por sua vez, teve início nas primeiras décadas do século XVIII, alcançou os olhos do mundo durante a Revolução de 1789, e se estendeu até a implantação da "Terceira República", na década de 1870, do século XIX.

Matrizes do Republicanismo busca acompanhar a aventura conceitual de uma tradição que manteve aceso no tempo o interesse pela liberdade, pela afirmação da vida ativa e pela defesa do bem comum, escreveu Bignotto, na apresentação do livro. Mas, que também soube levar em conta a história de cada país e forjar respostas vinculadas aos desafios de cada época, concluiu (Bignotto, 2013, p. 12). Tudo isso tem seguimento, ele diz. Contrariamente às várias correntes do pensamento político, o republicanismo, por força de suas matrizes, nunca se constituiu como um corpo doutrinal unívoco e dogmático, cujos temas e questões permaneceram inalterados ao longo dos séculos. Mais do que uma corrente filosófica ou teórica associada a um punhado de filósofos ou a uma escola devemos falar de uma tradição republicana cujas origens remontam a Roma Antiga. O valor da justiça e da liberdade política, da igualdade dos cidadãos e do seu direito de participar da vida pública são os temas recorrentes em todas as matrizes que formam o republicanismo e definem um patamar comum, mesmo se a maneira de colocar esses temas em prática tenha variado consideravelmente ao longo da história.

A ponte entre momentos temporais distintos do republicanismo que Bignotto buscava construir desde a escrita de *Maquiavel Republicano* estava pavimentada – e com extensão suficiente para alcançar a cena política contemporânea. Evidentemente, nada disso caiu do céu. A partir do final do ano de 1998, ele já estava envolvido até o pescoço com a formação de um grupo de reflexão interdisciplinar sobre o republicanismo. Era algo completamente inédito; até então, não existia, nas universidades brasileiras ou fora delas, um trabalho coordenado de reflexão sobre temas e questões próprias da tradição republicana.

O grupo se autobatizou, meio a sério, meio na ironia, com o nome "Repúblicos"; reuniu historiadores, cientistas políticos, sociólogos, especialistas em teoria literária e, é claro, filósofos. Deu certo. O grupo suscitou o interesse de pesquisadores de diferentes áreas do conhecimento, expandiu seu campo de reflexão, e repercutiu dentro e fora do Brasil. Em 2003, a revista *Prismas*, da Universidade Nacional de Quilmes, na Argentina, publicou um extenso dossiê dedicado aos trabalhos produzidos pelos "Repúblicos". Em 2005, o historiador Modesto Florenzano, ao analisar os processos de recepção da formação da cultura política do republicanismo na historiografia, demarcou o início do debate contemporâneo sobre esse paradigma, no Brasil, a partir do momento de publicação do livro *Origens do Republicanismo*, e das coletâneas que resultaram dos debates internos e dos seminários públicos realizados pelo grupo: *Pensar a República*, organizado por Newton Bignotto, em 2000; *Retorno ao Republicanismo*, por Sérgio Cardoso, em 2004[4].

O propósito inicial dos "Repúblicos" era exatamente esse: trazer para cá os debates sobre o que em universidades européias e norte-americanas se chamava "neo-republicanismo" ou "novo republicanismo". Havia um ponto de partida comum e, no Brasil ou no exterior, as pessoas estavam interessadas em examinar as possibilidades de atualização ou mesmo de inovação geradas pela tradição republicana e associadas ao enfrentamento de problemas próprios às sociedades contemporâneas. No contexto dos "Repúblicos", os integrantes do grupo achavam-se convencidos, cada um ao seu modo, de que é preciso liberar a imaginação política contemporânea para o fato de que, nos dias atuais, o republicanismo exige a democracia e a escolha dos aspectos da tradição a ser reapropriados precisa ser compatível com essa exigência.

4. Ver: Gorelik (2005); Bignotto (2000); Cardoso (2004).

No argumento de Bignotto, a liberdade é o eixo norteador desse retorno ao republicanismo. Trata-se, na verdade, de construir uma matriz ainda em aberto, obra de filósofos, historiadores, cientistas políticos e sociólogos dispostos a compartilhar preocupações semelhantes: as diferentes maneiras de garantir uma tomada de posição a favor da liberdade; a identificação dos modos como a democracia pode ser subvertida internamente a partir do seu envelhecimento; a absoluta novidade representada pela emergência de uma nova forma de dominação – o totalitarismo – inscrita na lógica da modernidade. O esforço de Bignotto para encontrar um referencial teórico eficaz na análise dos problemas do nosso tempo e, ao mesmo tempo, fornecer um diagnóstico preciso da realidade brasileira, renovou de vez, entre nós, o modo de pensar a natureza das sociedades democráticas no contexto atual. Ademais, ele insiste sempre, conservar a descrição da liberdade em sua forma republicana nos dias de hoje implica falar de republicanismo e democracia (ver Bignotto, 2004).

Além disso, os membros do grupo também constataram a importância e a necessidade de recorrer à tradição do pensamento intelectual e da imaginação literária brasileira para tentar enfrentar um suposto enigma em nossa fundação. Afinal, entre nós, a República segue sendo um arremedo. Faltam-nos repúblicos, já avisava Frei Vicente do Salvador, por volta de 1630, em seu livro, *História do Brazil*; falta, nas terras recém tocadas que seria, um dia, o Brasil, a boa gestão da coisa coletiva ou pública e que não se confunde com as diversas manifestações da vida particular dos indivíduos (Salvador, 2008, Livro 1, cap. III, fl.6). Evidentemente, Frei Vicente tratava de analisar um projeto de colonização de natureza predatória e pouco interessado em evitar que os indivíduos se guiassem por seus próprios interesses egoístas – ele não podia adivinhar o futuro. Mas a questão que seu livro levanta merece ser considerada; afinal, até hoje ela domina a imaginação política do Brasil.

Em seu trabalho mais recente, *O Brasil à Procura da Democracia*, publicado em 2020, Newton Bignotto retomou, à sua maneira, a reflexão acerca do suposto enigma de nossa fundação. O livro executa uma análise minuciosa – e inédita entre nós – sobre a trajetória das ideias democráticas no país, e o modo como a experiência republicana brasileira, com seus limites e peculiaridades, deu origem a um pensamento rico em nuances sobre a questão democrática. A partir dos fins do século XIX foi se formando, no país, uma rica reflexão sobre a democracia que contempla sua realização em situações políticas instáveis e está centrada nas dificuldades que sempre povoaram nossa vida política (Bignotto, 2020).

Visto no plano geral da obra de Newton Bignotto, *O Brasil à Procura da Democracia* ganha perspectiva e revela a estrutura incomum que sustenta suas reflexões. O livro propõe uma leitura surpreendentemente nova do aparato conceitual e metodológico que Bignotto vem construindo desde a escrita de *Maquiavel Republicano*. É fácil de ver. No tempo alargado da República brasileira, diversos pensadores construíram uma reflexão criativa e sinuosa sobre a democracia, por vezes abrindo caminhos teóricos originais; fizeram isso para enfrentar as dificuldades do contexto histórico em que viveram e os debates políticos que influenciaram a vida do país em diferentes conjunturas. De muitas maneiras, esse percurso intelectual faz parte do nosso legado, diz Bignotto, ao final do livro. Vamos precisar dialogar criticamente com ele, em especial, nas situações em que o risco do colapso das instituições democráticas voltou a fazer parte da vida nacional e permanece no centro de nossas preocupações com os destinos do país. Principalmente se quisermos encontrar a rota para um futuro mais democrático e criar instituições fortes com sustentação de longo prazo.

A filosofia política tem um laço particular com a arte de escrever, mas Newton Bignotto adotou um estilo literário difícil de definir. Nem propriamente ensaio, nem bem narrativa, o método de sua escrita abre passagens no mundo agitado das ideias, atravessa tempo e espaço, por vezes transborda os limites estritos da filosofia política e se põe a dialogar com outras áreas de conhecimento – em especial, com a teoria política e a história das ideias. É típico da escrita de Bignotto: antes de seguir adiante para desvendar uma questão, ele pega o leitor pelo braço e indica de modo sucinto o que vai apresentar em seguida – como um convite para que ambos se ponham diante de um terreno comum, avaliem o que aparece e compartilhem a atividade do pensamento. O enredo é encaixado a partir de conceitos e ideias, textos filosóficos e teóricos, doutrinas e teorias, e reúne um punhado de pensadores interessados na manifestação do "político", como gostava de dizer Claude Lefort.

É o caso de ficar atento. O lugar do qual falam seus autores é certamente o da política; mas ela é pensada como um território complexo e, ao mesmo tempo aberto, no qual o exercício da reflexão pode partir tanto da filosofia quanto da literatura ou da canção popular. Sobra espaço, portanto, para que Bignotto, em um de seus escritos mais bonitos, onde trata do medo, da contingência e da liberdade, deixe-se guiar pelo fio da ficção do escritor russo Yevggeny Zamyatin, cuja distopia, "Nós", inspirou George Orwell, Aldous Huxley e Ray Bradbury. Ou, então, ao construir seu olhar sobre a sociedade urbana brasileira e sobre a solidão como marca de pertença na cidade, adote como cicerone, a personagem Macabéa, do livro *A Hora da Estrela*, de Clarice Lispector. E ainda, resolva analisar em outro texto, o rosto incerto da Fortuna, dessa feita sustentado pela leitura que dele fez o compositor popular brasileiro – Ismael Silva, Chico Buarque, Cartola, Milton Nascimento e Fernando Brant.[5]

---

5. Ver: Bignotto (2015); Bignotto (2006); Bignotto (2004b).

Mas quando se vai ler *Maquiavel Republicano* o resultado talvez surpreenda. Lido assim de perto, deixa entrever muita coisa, quem sabe, que de longe, trinta anos atrás, não se via. Um livro como esse dá conta do modo como algumas ideias no passado podem se entrelaçar historicamente e sobre o que tudo isso tem a dizer aos nossos assuntos contemporâneos. Por essa razão, é um livro que não termina, ao menos enquanto não se esgotar a demanda sobre ele. Nas próximas páginas será possível confirmar que muita coisa segue sendo dita: basta conferir o elenco de autores, seu traço transgeracional, a variedade de temas, a potência do diálogo. No entanto, um livro como esse não é só para ser explicado; ele também pede para ser lido. Experimente leitor. A aventura do republicanismo, no Brasil, começa em *Maquiavel Republicano*.

Referências Bibliográficas:

ADVERSE, Helton. A matriz italiana. *In:* BIGNOTTO, Newton (Org.). *Matrizes do Republicanismo*. Belo Horizonte: Ed. UFMG, 2013.

BIGNOTTO, Newton. *Maquiavel Republicano*. São Paulo: Loyola, 1991.

______. *Republicanismo e realismo; um perfil de Francesco Guicciardini*. Belo Horizonte: Ed. UFMG, 2006.

______. *Origens do Republicanismo moderno*. Belo Horizonte: Ed. UFMG, 2001.

______. *As aventuras da virtude; as ideias republicanas na França do século XVIII*. São Paulo: Companhia das Letras, 2010.

______. Maquiavel e o novo continente da política. *In*: NOVAES, Adauto. (Org.). *A descoberta do homem e do mundo*. São Paulo: Companhia das Letras/MINC/FUNARTE, 1998.

______ (Org.). *Pensar a República*. Belo Horizonte: Ed. UFMG, 2000.

______. Problemas atuais da teoria republicana. *In:* CARDOSO, Sérgio (Org.). *Retorno ao republicanismo*. Ed. UFMG, 2004a.

______. O que pode a *Fortuna*. *In:* CAVALCANTE, Berenice, STARLING, Heloisa, EISENBERG, José (Org.). *Decantando a República;*

inventário histórico e político da canção popular moderna brasileira. Rio de Janeiro; São Paulo: Nova Fronteira; Ed. Fundação Perseu Abramo, 2004b. vol. I.

______. O medo do acaso. *In:* NOVAES, Adauto (Org.). *O futuro não é mais o que era.* São Paulo: Edições Sesc, 2015.

______. Das barricadas à vida privada. *Nova Economia.* Belo Horizonte: FACE/UFMG, vol. 16, nº3, set.-dez. 2006.

BURKE, Peter. *A escola dos Annales (1929-1989): a Revolução Francesa da historiografia.* São Paulo: Ed. Unesp, 2011.

CARDOSO, Sérgio (Org.). *Retorno ao republicanismo.* Belo Horizonte: Ed. UFMG, 2004.

GORELIK, Adrian. "Dossier Republicanismo en el Brasil". *Prismas; revista de historia intelectual.* Universidad Nacional de Quilmes, 2003. nº7. p. 183-322.

FLORENZANO, Modesto. "República (na segunda metade do século XVIII – história) e Republicanismo (na segunda metade do século XX – historiografia)". *In:* SOIHET, Rachel, BICALHO, Maria Fernanda, GOUVÊA, Maria de Fátima (Org.). *Culturas políticas; ensaios de história cultural, história política e ensino da história.* Rio de Janeiro: Mauad, 2005.

LEFORT. Claude. *Desafios da Escrita Política.* São Paulo: Discurso Editoria, 1999.

POCOCK, J. G. A. *The machiavellian moment: florentine political thought and the atlantic republic tradition.* Princeton: Princeton University Press, 1975.

SALVADOR, Frei Vicente do. *Historia do Brazil 1560-1627.* Rio de Janeiro: Versal; São Paulo: Odebrecht, 2008.

VOVELLE, Michel. "História e longa duração". *In:* NOVAIS, Fernando A. e SILVA, Rogério F. da. (Org.). *Nova História em perspectiva.* São Paulo: Cosac Naify, 2011. vol. 1.

Fundação (continuada) de um Maquiavel republicano

Sérgio Cardoso

A consideração de uma obra de arte ou de um pensamento a uma certa distância, não obstante a atenuação dos detalhes (sempre fundamentais, entretanto), alarga a perspectiva do observador e permite alcançar uma apreciação adequada de sua consistência e de seu valor. Assim, trinta anos de existência (e atualidade continuada) permitem verificar, com bastante segurança, o que valeu e vale o *Maquiavel Republicano* de Newton Bignotto. Pois, se verifica nesse livro, de um lado, a agudeza de uma leitura abrangente da obra política do grande clássico, apoiada em um exímio exercício metodológico e uma considerável ousadia crítica; de outro lado, há a valia sem par e a utilidade dessa publicação para a cultura política acadêmica no Brasil dos anos noventa, e mais adiante. Não se trata de dizer que o perfil republicano do autor – bem diverso daquele que, então, ainda costumava frequentar as ciências sociais e políticas – fosse inédito entre nós. A leitura republicana de Maquiavel faz parte da tradição desde muito cedo (basta lembrar Espinosa ou Rousseau) e já no início dos anos setenta firmavam-se esses traços e renovava-se a exigência de ida aos *Discursos sobre a primeira década de Tito Lívio*, a obra propriamente republicana do autor, obscurecida pelos abalos sempre produzidos pelo *Príncipe*. Começavam a circular, também entre nós, em função do sucesso imediato que mereceram, os trabalhos, hoje clássicos, de Claude Lefort (*O trabalho da obra Maquiavel*, de 1972), de John Pocock (*O momento maquiaveliano*, de 1975), de Quentin Skinner (*As fundações do pensamento político moderno*, de 1978, cujo primeiro tomo procura reconstituir o longo trajeto de formação do 'vocabulário' e do surgimento das questões que moldaram o republicanismo florentino e a obra de Maquiavel), trabalhos precedidos e alicerçados por investigações inovadoras de historiadores como Hans Baron (1955), C. C. Bayley (1961), Roberto Ridofi (1954), Lauro Martines (1963), Felix Gilbert (1970), entre outros.

Tal bibliografia, no entanto, era ainda pouco familiar ao nosso ambiente acadêmico, seja no registro de seus interesses históricos (nosso Renascimento, por exemplo, ainda laborava fundamentalmente no domínio da arte), seja no registro da atenção ao ideário republicano. Esses caminhos foram se abrindo lentamente para nós e, àquela altura, a primeira publicação de Newton Bignotto teve um papel decisivo: seu livro, sem pretender, exerceu por aqui um patente papel pedagógico. Ele nos aproximou daquelas obras inovadoras; processou-as para nós, em ampla medida; desafiou nossa timidez diante daqueles volumes monumentais (os de Lefort, de Pocock, de Skinner), de tratamento difícil para os poucos recursos históricos e teóricos de que dispúnhamos na matéria; levou-nos ao ambiente da crítica italiana. Esta aclimatação intelectual aos conceitos e temas da tradição republicana e à compreensão 'atualizada' da obra de Maquiavel exigiu um empenho e um tempo que seus jovens leitores de hoje – trinta anos passados – terão, certamente, dificuldade para figurar.

É necessário recordar também que esse livro de Bignotto representou o ponto de partida de iniciativas de renovação intelectual importantes, nas quais o autor teve os papéis mais destacados. Desde 1998, por muitos anos, ao lado da historiadora Heloisa Starling e do literário Wander de Mello Miranda, ele animou e liderou um grupo multidisciplinar (historiadores, politólogos, filósofos, letrados) em um esforço notável, por muitos anos, de 'digestão' e assimilação da tradição do pensamento republicano e de atenção aos seus déficits, amplos, em nossa vida política, mas também à sua presença frequentemente esquecida em nossa história e cultura. Foram extraordinários os efeitos dessa empresa. Ela se desdobrou em livros como *Pensar a república* (2000), *Retorno ao Republicanismo* (2004), e certamente inspirou outros como *Matrizes do Republicanismo* (2013), organizado pelo próprio Bignotto, *Ser Republicano no Brasil Colônia* (2018), de Heloisa Starling, e ainda obras de referência como *Corrupção, ensaios e críticas* (2008) ou o recente *Dicionário da República* (2019), além de dossiês em revistas, teses e mesmo a criação de centros de investigação como o "Projeto República" e o CRIP (Cento de Referência do Interesse Público), na UFMG, ou o mais recente "Laboratório de Estudos Republicanos", na UFF. De outro lado, os estudos republicanos e maquiavelianos de Bignotto levaram também a outra eficacíssima iniciativa, a criação de um Grupo de Trabalho denominado 'Ética e Política na filosofia do Renascimento', abrigado pela ANPOF, que, nos últimos quase 20 anos já, tem promovido comunicação e colaboração entre pesquisadores e incentivado universitários de todo o país a estudar pensadores renascentistas, com resultados excepcionais nas áreas capitaneadas pelo autor de nosso *Maquiavel Republicano*. Desse modo, sobretudo devido à interlocução no interior desse grupo, os estudos do grande clássico florentino alcançaram entre nós um nível de solidez e originalidade hoje amplamente atestados. Não se pode hesitar em reconhecer que tais percursos têm seu ponto de origem (e seu DNA, digamos) nos estudos e, particularmente, no primeiro livro de Newton Bignotto. Não é difícil comprová-lo, como se verá.

* * *

Maquiavel Republicano tem sua origem em uma tese de doutorado realizada entre 1985 e 1989, na *École de Hautes Études en Sciences Sociales*, sob a direção de Claude Lefort. Não é ocioso marcar isto para lembrar a presença forte desse orientador no trabalho, ao lado, é preciso dizer, de comentadores italianos importantes, com destaque, sublinhado pelo próprio autor, para Genaro Sasso. O projeto de doutorado do jovem Bignotto era o de investigar, na obra política de Maquiavel, o conceito de liberdade, que, nela, é imediatamente referido a um regime político, a forma de governo republicana (assinalada, no capítulo nove do *Príncipe*, como um dos 'efeitos' possíveis da divisão civil: Principado, Liberdade ou Licença), o regime que encontrou na República romana seu paradigma e na Florença governada pelos oligarcas tradicionais seu mais tosco simulacro.

Sabemos que os acontecimentos da história recente de sua cidade, o momento da restauração dos Medici em 1512, motivam e impregnam a reflexão do ex-Secretário, de modo que a leitura de sua obra não pode prescindir – lembrando que já se pensou ver nela a racionalidade intemporal das 'relações de poder' – de alguma decifração desse contexto histórico, intelectual e político. Bignotto o sabe bem, recusando-se, pois, de imediato, a reduzir seu trabalho à "busca da coerência lógica da argumentação" (Bignotto, 1991, p. 8), na trilha 'textualista'; mas, recusando-se também a limitá-lo à repertoriação das ideias e temas assumidos pela obra, arriscando-se, como ocorreu muitas vezes, a abafar sua originalidade e motivações políticas sob o amontoado dos "lugares comuns do pensamento republicano da época" (Bignotto, 1991, p. 8). A crítica ao intelectualismo da compreensão objetiva de uma obra como sistema e articulação lógica de 'razões' vem, como é sabido, diretamente de Lefort; mas, aquela do historicismo fixado na identificação de heranças de ideias e princípios políticos vem, aqui, da sensibilidade e das leituras do discípulo, que converge com as ponderações de seu orientador no trabalho de reconhecimento e sondagem – em corpo a corpo com os textos – dos caminhos de um pensamento desafiado pelos problemas de seu tempo. Estão lá o vocabulário, temas e imagens da cultura literária e política acumulados e decantados pela história, porém agenciados em uma denúncia contundente do desastroso ideário conservador "*dei savii de' nostri tempi*", dos que produziram a ruína da liberdade republicana desejada pela cidade. Lefort, agastado com o objetivismo racionalista que se impôs num certo momento à História da Filosofia, vai buscar na posteridade da obra a *diafonia* das interpretações para voltar ao texto e procurar nas brechas de sua indeterminação um sentido. O jovem Bignotto, incomodado, desde o início, com o historicismo um tanto estreito dos historiadores das ideias, explora, por seu turno, o terreno da tradição, para apreciar na linguagem herdada pelo autor o exercício crítico, para identificar na obra um contra-discurso: "foi através da análise das relações de Maquiavel com a tradição, encarnada tanto no humanismo cívico, como no pensamento cristão e nos clássicos da Antiguidade, que decidimos conduzir nossas pesquisas" (Bignotto, 1991, p. 8).

Essa operação de vinda da tradição para o texto da obra implica em compreender que, por razões históricas (sendo a referência maior para o Secretário o legado do republicanismo florentino) e também propriamente contextuais (o entusiasmo de seus jovens interlocutores dos *Orti Oricelleri* por esse ideário que alicerça a hostilidade deles aos Medici), é preciso começar pelo Humanismo cívico, o estudo proposto na primeira seção do livro. Tal caminho proporciona igualmente a Bignotto a compreensão sagaz da utilidade, para o próprio Maquiavel, de tomar esse ideário como sua principal baliza e alvo crítico: ao fazê-lo, ele contorna o embate direto com o pensamento cristão e com o platonismo que começara a influenciar os pensadores italianos, observa o comentador, divisando o enorme benefício "tático" dessa neutralização da influência então exercida por Marsilio Ficcino e o círculo de Lourenço na cultura florentina (cf. Bignotto, 1991, p. 213).

O Humanismo cívico assume, assim, o papel de marco zero dessa operação de leitura das reflexões republicanas de Maquiavel. Somos levados a identificar em Petrarca, Salutati, Leonardo Bruni, o lastro da aclimatação florentina da tradição republicana: os *studia humanitatis*; a exaltação da vida ativa, dedicada à cidade; o papel proeminente dado à retórica, e também à história; a liberdade identificada ao viver sob leis constitucionais, associada à cidadania civil e militar; a busca das honras públicas e da glória; temas, todos, derivados do repúdio à tirania. E vêm, depois, outros nomes associados a esses temas: Giovanni Cavalcanti, Poggio Bracciolini, Niccolò Niccoli, Matteo Palmieri, Alamanno Rinuccini, até Leon Battista Alberti, produzindo-se nessa seção de abertura do livro, com amplo apoio bibliográfico, um consistente panorama de apresentação do Humanismo cívico, que continuará a ser aprofundado e trabalhado por Bignotto em estudos posteriores, sobretudo no exemplar *Origens do Republicanismo Moderno* (2001), que amplia e firma sua contribuição pioneira em nosso meio para o conhecimento da formação da matriz do republicanismo renascentista.

No início da segunda seção do livro, passamos à Florença contemporânea de Maquiavel, ao contexto não mais da formação de seu 'vocabulário normativo' – segundo a terminologia cambridgeana –, mas dos acontecimentos políticos do período que, estes, quase sempre determinam os temas em debate. Aqui o evento central é a queda dos Medici em 1494 e a "vontade de reconstruir a república" (Bignotto, 1991, p. 57) que, com a ruptura do antigo regime, se acende na cidade. São lembrados os embates sobre a melhor forma a dar a um novo governo; as divisões da aristocracia e a pressão popular; o papel de Savonarola na criação do *Consiglio maggiore*; os conflitos internos e as controvérsias de opinião espelhados nas *pratiche*; a designação do Gonfaloniero vitalício Soderini e as funções assumidas pelo Secretário até a queda da república em 1512 – enfim, o contexto histórico-político em que emerge a obra de Maquiavel. Bignotto anota sobre esse 'momento maquiaveliano': "(....) a derrota de 1512 forçou todos os participantes da vida pública a buscar novas soluções para os problemas que a tradição parecia incapaz de solucionar. A crise da liberdade, acompanhada pela crise teórica, encontrou em Maquiavel seu mais brilhante intérprete" (Bignotto, 1991, p.74).

É essa obra brilhante que passa, então, a ser escrutinada, com rigor, no andamento do livro, a começar, acertadamente, pelos primeiros capítulos dos *Discorsi*, o verdadeiro tratado republicano anunciado e legado pelo filósofo, segundo o amplo consenso afiançado, entre outras, pelas considerações histórico-filológicas de Felix Gilbert (*Machiavelli e il suo tempo*, 1970). Aqui o tom e o viés do comentário, pode-se dizer, de modo geral, é lefortiano, por convicção assumida na leitura que, evidentemente, guarda as marcas da empunhadura própria do jovem comentador. A agudeza de suas análises a constatamos em tomadas de posição exegéticas sólidas e ousadas, sobretudo considerado o 'estado da arte' do comentário nos anos oitenta. Há interpretações de passagens e temas que o autor teria revisto ao longo do tempo? Por que não haveria? Seria negar o 'trabalho da obra' nos seus leitores, o tempo do caminho sem fim que ela faz neles, enquanto permanecem capturados por sua indeterminação, atraídos, como diz Lefort, por seu enigma.

* * *

O trajeto de leitura dos *Discorsi* proposto por Bignotto, em seu primeiro segmento, caminha da Dedicatória ao capítulo oito, assinalando as rupturas do autor com as proposições basilares do Humanismo cívico. Esse trajeto, o próprio comentador o sumariza com precisão:

> (...) vemos aparecer nesses capítulos a consideração da importância dos conflitos, a associação da liberdade e da potência, a crítica da ilusão constitucional, a análise das leis que transformam a violência privada em violência pública, tantos elementos que nos lembram o Humanismo cívico e que demonstram, ao mesmo tempo, a amplitude da ruptura instaurada com a tradição (Bignotto, 1991, p.97).

A partir do capítulo nove desdobra-se o tema da fundação das repúblicas, um segmento que visa a solapar o mito da fundação perfeita (que seria a romana), capaz de garantir a boa ordem e a paz na duração. Associado a esse tema, vem aquele relativo ao "papel da religião na consolidação da vida institucional de um povo" (Bignotto, 1991, p. 98), a questão, pois, da conservação, dublada, ela, pelo tema da corrupção do corpo político, pela insistente advertência de Maquiavel relativa à ação do tempo sobre as instituições. Aqui tocamos, certamente, o ponto central da leitura proposta no livro: a questão da 'fundação contínua da liberdade', a exigência da ação continuada no sentido de barrar nas repúblicas, pela renovação do gesto fundador, os efeitos desestabilizadores do tempo. "É da combinação entre a ação criativa e a constituição que nascem os poderes de resistência à corrupção" (Bignotto, 1991, p. 101), diz. O alvo crítico principal da obra de Maquiavel estaria, portanto, apontado para a crença da maioria de seus contemporâneos florentinos de que uma boa solução constitucional (segundo uma "concepção puramente jurídica da liberdade", Bignotto, 1991, p.106), identificada à imagem idealizada das ordenações equilibradas de Veneza, seria capaz de conter os conflitos, gerar a paz e produzir a 'grandeza' da cidade (cf. Bignotto, 1991, p. 100). Tratar-se-ia, desse modo, particularmente, de desacreditar esta 'solução constitucional': não há superação definitiva do conflito, como mostravam os capítulos três e quatro; a divisão social é constitutiva da vida política, que as repúblicas 'tumultuárias', como Roma, realizam de modo paradigmático.

Esta centralidade do tema da 'fundação contínua' na leitura de Bignotto atesta-se também, claramente, pelo relevo que recebe nas páginas da conclusão do livro. O novo continente que, na Introdução dos *Discorsi,* seu autor diz abrir para a reflexão política, o comentador o localiza justamente nessa ideia de fundação contínua da liberdade – a outra face, a positiva, da recusa de modelos ideais, da ideia de uma cidade pacificada – e na atenção do Secretário aos "processos de conservação" (que, como veremos adiante, a leitura de Hannah Arendt rebaixaria, para destacar o "gesto magnífico da criação", o momento primeiro e livre da fundação (cf. Bignotto, 1991, p. 215). Aqui se ressalta a ação dos sujeitos políticos responsáveis pelo "retorno contínuo da *polis* às condições que presidem sua criação" (Bignotto, 1991, p. 216). O eixo principal da obra, desse modo, assenta-se nessa ideia da "conservação contínua das instituições que guardam a memória do momento original (...), que guardam os segredos da tradição" (Bignotto, 1991, p. 216), segundo lemos já no final do livro. Preserva-se o papel da fundação e das instituições criadas (preservando-se, pois, também o papel proeminente reservado pelos Antigos ao legislador, como ator político por excelência), mas acentua-se a exigência da ação da conservação, devolvendo ao povo a responsabilidade pela guarda da sua liberdade: "se o agir político é difícil de ser compreendido – diz – isso se deve sobretudo ao fato de que temos de compreender tanto a natureza do gesto criador – o gesto da fundação – como a natureza do gesto da conservação, num mundo marcado pela contingência" (Bignotto, 1991, p. 120). Trata-se, pois, para Bignotto, de mostrar, ainda uma vez, a importância das instituições, certamente menos valorizadas na leitura radical de seu orientador de tese.

É ainda o tema da fundação, da criação de novos regimes políticos ("em situações em que a corrupção já aperou a destruição das condições para a ação [de conservação]" - Bignotto, 1991, p. 120), que dá ao nosso comentador o diapasão de sua leitura do *Príncipe*, em chave, em grande parte, arendtiana, podemos dizer, por se destacar aí "o caráter criador da ação livre", (...) "a criação absoluta" (Bignotto, 1991, p. 120) ou o aspecto demiúrgico da intervenção do *nuovo principe*: o chamado ao espelhamento na ação dos grandes homens, os fundadores, e ao conhecimento das condições de criação de novas ordenações políticas. Ganha destaque, portanto, o apelo de Maquiavel a um homem de *virtù* excepcional, àquele Príncipe evocado no capítulo final, em sua exortação pela salvação da Itália. Porém, não são ignoradas nessa obra, observa o comentador, também as exigências da conservação; dado que, afinal, é pela duração das instituições "que podemos medir a eficácia de uma política" (Bignotto, 1991, p. 134). São as tarefas da fundação continuada que levam aí às considerações sobre o necessário apoio do povo, de preferência ao dos *grandi,* no que diz respeito ao *mantenere lo stato*; às observações sobre as relações entre *fortuna* e *virtù*; àquelas relativas ao vínculo entre o saber (técnico?) da política e sua indeterminação incontornável: seu lado, no dizer de Lefort, de aventura (cf. Bignotto, 1991, p. 140). Ao indicar, em seguida, a retomada desses ensinamentos do *Príncipe* no movimento do segundo para o terceiro livro dos *Discorsi*, Bignotto acentua a unidade da obra do Secretário, aquele eixo central que pretende mostrar que a perpassa: não apenas a destruição do mito da fundação perfeita, mas ainda seu anverso, o chamado à ação da fundação contínua, exigida pela corrosão trazida pelo tempo.

É verdade que essa proeminência conferida por Bignotto ao mote da fundação contínua (a ação necessária para a conservação das leis, sujeitas aos efeitos do tempo) parece discrepar ou talvez mesmo contestar o franco primado, atual, do interesse da crítica pelo tema da divisão civil e da natureza (política) do desejo popular – cujo caráter negativo é reiteradamente afirmado por Maquiavel –, a questão tida hoje, (quase) consensualmente, como o núcleo duro da obra. E, de fato, o tratamento mais breve dedicado no comentário a essas questões (abordadas fundamentalmente nas seções II, 6: "o desejo de liberdade", do primeiro capítulo e III: "A liberdade no *Príncipe*", do segundo) pode parecer confirmar esta suposição. Entretanto, é preciso que nos lembremos que, se o comentário, nesses temas, torna-se menos 'performático', é fundamentalmente porque o solo de interlocução que baliza e alimenta toda leitura não apresenta, nos anos oitenta e noventa, a mesma densidade crítica que alcança atualmente neles (e, por certo, não sem perda para a investigação de outros aspectos relevantes da obra). Evidentemente, esse tema da cidade cindida por dois humores opostos não pode ser contornado, presente que está, em termos quase idênticos, em todas as grandes obras do autor; e, de fato, nosso comentador não o esquece, como veremos.

Ao ler o capítulo quatro do Livro I dos *Discorsi* (na seção III, 3: "A liberdade romana e os conflitos sociais"), Bignotto comenta, com razão, que "a natureza dos conflitos não é fácil de ser elucidada" (Bignotto, 1991, p. 86); mas, não deixa de enfrentar a intrincada questão. De um lado, critica a interpretação de Pocock (que atribui esses conflitos à irracionalidade 'humana' e confere às leis a mera função de contê-la; não de produzir a liberdade); de outro lado, assume sem hesitação a posição de Lefort, que os atribui à (pura) negação popular da opressão, e lembra que "o desejo do povo está mais próximo da liberdade; pois, não sendo desejo de poder, mostra uma face importante da liberdade: a não-opressão" (Bignotto, 1991, p. 86). O jovem comentador se apressa, todavia, em esclarecer esta afirmação, em sondar a natureza desta negação. Das duas forças opostas – ele afirma – "não se pode dizer que sejam o inverso simétrico uma da outra" (Bignotto, 1991, p. 86), emendando que "daí resulta que a liberdade não é um meio estático que satisfaz os desejos dos dois oponentes. Tal fim – continua – é absolutamente impossível de ser alcançado por dois adversários que não têm o mesmo objetivo" (Bignotto, 1991, p. 86). Mas completa, em seguida, de modo a elucidar o sentido político da oposição: "a liberdade, mais do que a solução para as lutas internas da cidade, é o signo de sua capacidade de acolher forças que, não podendo ser satisfeitas, não deixam de buscar meios de se exprimir" (Bignotto, 1991, p. 86). Ele não só recusa, portanto, a conhecida interpretação relativa ao desejável equilíbrio constitucional dos dois humores, mas recorda que a república é o regime político que oferece canais institucionais para a expressão do ódio popular, permanente, contra a opressão (cf. Bignotto, 1991, p. 47), para o embate produtor da liberdade a ser colocado sob o abrigo das leis. "A liberdade – diz – tem sua origem nessa dessemelhança dos desejos e é o resultado da solução, sempre temporária, que os diversos povos dão à luta de classes" (Bignotto, 1991, p. 96) – dando, manifestamente, ao termo 'classe' um sentido político e não imediatamente econômico-social. Podemos observar que, mais uma vez, o jovem Bignotto insiste, com razão, na necessidade das mediações institucionais. A negação da opressão por si mesma não levaria à *constitutio libertatis*; não é por si mesma garantia contra a corrupção (cf. Bignotto, 1991, p.105): ela precisa "encontrar um modo de expressão", exige "um jogo de mediações" (Bignotto, 1991, p. 106); pois, sem os canais legais de expressão pode estar na origem não da liberdade, mas da tirania e da licença.

Ainda sobre a natureza negativa da pulsão política popular, encontramos aqui um comentário bastante original. Bignotto rejeita o entendimento de um grande número de comentadores (representados por Genaro Sasso – entretanto admirado pelo comentador – e Federico Chabod – cf. Bignotto, 1991, p.107) que tomam o desejo popular de liberdade como essencialmente passivo (como matéria, diz Sasso, "alheia ao processo que a torna ativa; o que significa que a *virtù* que por vezes a ilumina (...) é uma *virtù*, se assim podemos dizer, de segundo grau" – Bignotto, 1991, p.107). E a contestação endereçada a tal compreensão é certeira:

> nessas condições – pergunta nosso comentador – o saber da política, que é sempre um saber operativo, não seria unicamente aquele da nobreza [dos *Grandi*] que em sua objetividade se confrontaria sempre com o desejo cego de liberdade? (....) Maquiavel critica, é verdade, a indecisão do povo, mas não anula o alcance de sua ação (Bignotto, 1991, p. 107).

O povo é para ele um ator fundamental da cena política, por sua ação de defesa das leis e de resistência à opressão. Embora o desejo popular, na expressão de Lefort, seja 'sem objeto' (de onde viria sua indecisão e instabilidade), aliado ao príncipe ou a grandes condutores, tem um papel essencial na fundação e conservação da ordem política; só ele torna potente um principado ou uma república, observa Bignotto. O povo, enfim, não é matéria passiva a ser moldada por um agente político criador; sua resistência é produtiva, ativa e criativa: "não há ação de fundação que não implique, ao mesmo tempo, a presença do criador príncipe e a resistência criativa do povo" (Bignotto, 1991, p.133). Porém, seria igualmente verdade que, havendo um "ator responsável pela expressão dos desejos populares" (Bignotto, 1991, p. 108), há também espaço para a demagogia, para que o povo seja "*molte volte ingannato da uma falsa immagine di bene*" (Machiavelli, [D I, 53] 1997, p. 305), cooperando para a ruína de sua cidade (cf. Bignotto, 1991, p.108).

O último capítulo do livro, dedicado ao tema da corrupção – enquanto 'outro' inseparável da fundação contínua – vem completar o eixo que perpassa e sustenta a interpretação e também a estrutura do livro. Aí a indagação vai se enredar por vários caminhos, buscando, sobretudo, saber "se a ação humana é capaz de dominar o processo de corrupção" (Bignotto, 1991, p. 203). Para tanto, logo de início, o comentador nos adverte sobre duas maneiras de investigar o fenômeno político da corrupção: buscar suas causas, projetando-as na natureza humana, ou buscar, na história, alguma lógica da degradação das sociedades. No primeiro caso, ele indica, costuma-se partir da afirmação do *Príncipe* relativa à maldade natural dos homens, reduzindo-se a 'natureza humana' a uma essência, afrontada, em vão, pelas construções políticas (cf. Bignotto, 1991, p. 173). Esse caminho é prontamente recusado: se "Maquiavel não dá qualquer importância à ideia grega da sociabilidade natural, também não reduz seu pensamento à afirmação da corrupção da natureza humana e de suas consequências" (Bignotto, 1991, p. 174). A boa direção parece ser, portanto, aquela da reflexão sobre a história; e, aqui, a primeira referência assumida pelo Secretário seria o historiador Políbio – glosado na abertura dos *Discorsi* –, com o qual ele compartilha, se não a concepção cíclica da história, a convicção de "que a corrupção é um 'processo natural' que revela a lei intemporal à qual todas as repúblicas estão submetidas" (Bignotto, 1991, p. 176). A natureza é tão somente o obstáculo, um limite para a ação humana. Ela não tem "primazia na determinação dos negócios humanos" (Bignotto, 1991, p. 189-90); é a ação humana que é determinante para o destino da cidade (cf. Bignotto, 1991, p.193). A corrupção assinala, pois, os limites do poder de criação dos homens, a falta da *virtù*. Ela não diz mais respeito, como na tradição, à *metabole* dos regimes políticos, mas "ao processo de criação e destruição da liberdade" (Bignotto, 1991, p. 201), à capacidade de agir de um povo e aos limites do trabalho da fundação contínua da liberdade. Dessa maneira, alcançamos pelo comentário de Bignotto, com singular nitidez, a centralidade do tema da corrupção como parte integrante da teoria política de Maquiavel, sua condição de reverso constitutivo das determinações da ação política, como o próprio solo do labor contínuo requerido pelas fundações duradouras.

* * *

O que admira nesse estudo realizado por um Newton Bignotto muito jovem é, em primeiro lugar, a nítida originalidade de sua interpretação da obra de Maquiavel, conquistada – o que é um feito – em território lefortiano. Pois, a leitura do mestre privilegia o *topos* da indeterminação (alojada na negação, na 'pura negatividade' do desejo popular de não ser dominado) e, assim, aponta para a divisão temporal e a criação histórica; já a de nosso comentador, enfatizando a centralidade do tema da fundação, vem ressaltar o papel dos estabelecimentos constitucionais e as exigências da conservação de uma ordem política. Desse modo, sem negá-los, ele se distancia de Lefort e ainda de Arendt, convocada na conclusão do livro. Também ela destaca na obra de Maquiavel o papel da fundação; mas, mesmo assim, parece permanecer mais próxima do Lefort da indeterminação (fundamento da liberdade), da 'divisão temporal' e da historicidade da ordem política que de Bignotto, que lhe faz reparos:

> Arendt privilegia (...) a ideia de que a liberdade é sempre um começo, uma criação que é ao mesmo tempo uma fundação. Com isso ela despreza a análise mais aprofundada dos processos de conservação, que chega mesmo a identificar com certos processos automáticos das sociedades modernas. (...) Maquiavel também procurou mostrar a importância do gesto fundador, mas, contrariamente a Arendt, soube compreender que a grandeza do 'primeiro momento' retira sua força do interior do processo que chamamos 'conservação' (Bignotto, 1991, p. 215).

Estas observações críticas afiadas não deitam raiz apenas no destemor juvenil do autor; têm lastro forte no trabalho disciplinado de exegese – motivado pelo desejo de entender e aprender –, na coragem experimentada na batalha pela conquista do sentido.

Mas, além da originalidade das marcas próprias do jovem autor, impressas no comentário, é preciso ressaltar também a erudição, precoce, que alicerça e sustenta seu livro. Para um doutorando dos anos oitenta (tempos pré-internet) o volume das leituras efetuadas – atestado pela ampla lista de comentadores consultados (com importante abertura para nós à bibliografia italiana), pelos muitos excursos úteis relativos a autores clássicos (Platão, Aristóteles, Políbio, Agostinho e outros), pela erudição histórica – é verdadeiramente inusitado. E há, ademais, a abrangência e a perícia no trabalho de reconhecimento, balizamento e inspeção da própria obra do Secretário; pois, todos os seus temas essenciais são examinados com perspicácia: fundação, conservação, corrupção – que escandem o tratado republicano do início dos *Discorsi* e constituem o eixo da leitura proposta –, mas também *virtù/fortuna*, religião, cidadania militar, a escrita da história. É possível reconhecer quase todo o trabalho posterior de Bignotto como que embrionariamente gerado aqui. Pois, esse seu primeiro livro define não só o campo principal de suas investigações, mas também seu perfil intelectual e acadêmico, que tem definido igualmente, em grande medida, como já assinalamos, o caminho dos estudos maquiavelianos e renascentistas brasileiros.

É o próprio Maquiavel que nos ensina que uma obra fundante não é uma construção perfeita, acabada; mas aquela que pela força, ousadia (quase sempre de jovens) e inteligência de sua articulação – e mesmo por suas lacunas e indeterminação – suscita o desejo de dar continuidade ao trabalho de criação e de busca do sentido; finca balizas para um trajeto, por uma prolongada duração do tempo. Assim se passa, no seu domínio próprio, com o *Maquiavel Republicano* de Newton Bignotto. Esse livro seminal, trinta anos depois de sua publicação, continua a lastrear e a orientar nosso republicanismo, e também a apontar para outros jovens acadêmicos o caminho do trabalho intelectual vigoroso e útil, imune à sedução dos 'falsos brilhantes', dos brilhos efêmeros.

Referências Bibliográficas

AVRITZER, Leonardo; BIGNOTTO, Newton; GUIMARÃES, Juarez; STARLING, Heloisa (Orgs.). *Corrupção, ensaios e críticas.* Belo Horizonte: Ed. UFMG, 2008.

BARON, Hans. *The Crisis of the Early Italian Renaissance.* Princeton: Princeton University Press, 1955.

BAYLEY, C. C. *War and Society in Renaissance Florence.* Toronto: Toronto University Press, 1961.

BIGNOTTO, Newton. *Maquiavel republicano.* São Paulo: Loyola, 1991.

______. *Origens do Republicanismo.* Belo Horizonte: Ed. UFMG, 2001.

______ (Org.). *Matrizes do Republicanismo.* Belo Horizonte: Ed. UFMG, 2013.

______ (Org.). *Pensar a república.* Belo Horizonte: Ed. UFMG, 2000.

CARDOSO, Sérgio (Org.). *Retorno ao republicanismo.* Belo Horizonte: Ed. UFMG, 2004.

CHABOD, Federico. *Scritti su Machiavelli.* Torino: Einaudi, 1964.

GILBERT, Felix. *Machiavelli e Guicciardini.* Torino: Einaudi, 1970.

LEFORT, Claude. *Le travail de l'ouvre: Machiavel.* Paris: Gallimard, 1972.

MARTINES, Lauro. *The Social World of the Florentine humanists.* London: Routledge and Kegan Paul, 1963.

POCOCK, J. G. A. *The Machiavellian Moment.* Princeton: Princeton University Press, 1975.

RIDOLFI, Roberto. *Vita di Niccolo Machiavelli.* Roma: A. Belardetti, 1954.

SASSO, Gennaro. *Niccolo Machiavelli.* Bologna: Il Mulino, 1958.

SKINNER, Quentin. *The Foundations of Modern Political Thought.* Cambridge: Cambridge University Press, 1978.

STARLING, Heloisa. *Ser republicano no Brasil Colônia: a história de uma tradição esquecida.* São Paulo: Companhia das Letras, 2018.

SCHWARCZ, Lilia; STARLING, Heloisa. *Dicionário da República.* São Paulo: Companhia das Letras, 2019.

A liberdade republicana de Maquiavel

Alberto Ribeiro Gonçalves de Barros

Os recentes estudos sobre o republicanismo no Brasil têm uma clara origem e fonte de inspiração: o livro *Maquiavel Republicano,* de Newton Bignotto, publicado em 1991, fruto de uma tese de doutorado defendida em 1989 na *École des Hautes Études en Sciences Sociales* de Paris. O livro deu continuidade aos trabalhos que enfatizavam o pensamento republicano de Maquiavel, publicados a partir da década de setenta, como *Le travail de l'oeuvre. Machiavel* (1972), de Claude Lefort, *The Machiavelian moment* (1975), de John Pocock, *The foundations of political thought* (1978) e *Machiavelli* (1981), de Quentin Skinner.

Ao explicar sua decisão de partir do conceito de liberdade para abordar o pensamento político de Maquiavel, Bignotto deixa clara a intenção de vincular o seu trabalho à tradição interpretativa que associava o estudo da liberdade ao estudo da república (Bignotto, 1991, p. 9). Parte assim da hipótese de que para compreender o sentido da liberdade é preciso entender o significado da república. Ele lembra que foi guiado inicialmente pelas análises de intérpretes como Pocock e Skinner, mas logo percebeu a insuficiência de seus argumentos e buscou então apoio em autores como Lefort e Sasso, com os quais partilhava a convicção de que a interpretação não deve seguir um curso predeterminado, mas ser conduzida pela obra analisada, e de que a fecundidade de um estudo depende da pertinência das questões enunciadas. Não procura seguir os intérpretes que buscaram uma definição formal da liberdade ou ignoraram os problemas para os quais a obra de Maquiavel se dirigia e as rupturas que ela operou, abrindo novos caminhos para a reflexão do político.

I

Entre as interpretações mais influentes do pensamento republicano de Maquiavel, realizadas até a publicação de seu livro, destacavam-se os trabalhos dos historiadores da chamada Escola de Cambridge, cujos nomes mais conhecidos eram Pocock e Skinner. Apesar de algumas diferenças entre eles – Pocock estava mais preocupado em encontrar uma linguagem paradigmática para a compreensão dos enunciados de um autor do passado, enquanto Skinner enfatizava a necessidade de recuperar as convenções linguísticas do período a fim de reconstituir a intenção autoral – a perspectiva metodológica adotada por ambos visava se contrapor tanto à tradicional abordagem puramente textualista, que se limitava à exaustiva análise interna do texto, como se as ideias fossem perenes e completamente autônomas em relação ao contexto de seu surgimento, quanto ao contextualismo mais radical como do materialismo histórico, que se restringia a esclarecer a determinação causal das ideias, como se elas correspondessem a meros reflexos de uma realidade supostamente apreensível. Ambos sugeriam, para o estudo das ideias políticas, a reconstrução do contexto linguístico no qual o texto do autor foi elaborado e enunciado, o conhecimento das diferentes linguagens que estavam em uso e por meio das quais os problemas políticos do período foram tratados. Isto evitaria tanto o anacronismo – a atribuição ao autor de um conceito ou de um argumento que não estavam disponíveis em sua época – como a prolepse – a antecipação de um conceito ou de um argumento que só irá se consolidar no futuro (Pocock, 1964, p. 183-202; Skinner, 1969, p. 3-53).

Mas nem sempre eles alcançaram seus intentos ou chegaram aos mesmos resultados, como no caso da concepção maquiaveliana de liberdade. Com base na dicotomia enunciada por Isaiah Berlin (Berlin, 1969, p. 118-172), Skinner a interpretou como uma modalidade de liberdade negativa, enquanto Pocock como uma forma de liberdade positiva.

Em seus trabalhos historiográficos, Pocock distinguia dois discursos políticos diferentes e incompatíveis no início da modernidade: a linguagem republicana da virtude, na qual a liberdade seria adquirida pelo exercício das virtudes cívicas; e a linguagem jurídica dos direitos, na qual a liberdade seria um direito natural do indivíduo, que deveria ser assegurado pela lei civil. Sustentada na concepção aristotélica do homem como um animal político, cuja natureza só poderia ser plenamente realizada por meio da participação na vida pública, a linguagem da virtude teria inicialmente se manifestado nos escritos dos humanistas italianos do quatrocentos como Leonardo Bruni, Matteo Palmieri e Leon Battista Alberti. Do ponto de vista desses autores, engajados na defesa da liberdade de suas cidades, a liberdade não consistiria em gozar de direitos sob a proteção da lei civil, mas em participar de ações coletivas na construção de uma ordem política capaz de enfrentar as forças instáveis da contingência. Neste sentido, a linguagem republicana da virtude expressaria uma forma de liberdade positiva (Pocock, 1981, p. 353-368).

A tese de Hans Baron de que esses humanistas teriam retomado princípios republicanos e promovido uma ruptura na maneira de conceber a política – ao invés de considerar a vida contemplativa a forma suprema da existência, eles enalteciam a vida ativa; e ao invés de tratar a ação política numa perspectiva escatológica ou teológica, eles passaram a vê-la inserida na contingência histórica, em sua especificidade e particularidade, imersa na temporalidade e instabilidade de toda ação humana (ver Baron, 1955) – foi parcialmente mantida por Pocock. Ela foi atenuada pelo argumento de Jerrold Seigel de que esta preocupação com a vida ativa teria sido consequência muito mais de seus compromissos profissionais, que os vinculava com a arte retórica, do que de suas convicções republicanas (ver Siegel, 1968). Desse modo, o termo humanismo cívico foi utilizado por Pocock para marcar a diferença desses humanistas com os seus predecessores cuja preocupação seria mais literária. Porém, a ruptura era considerada apenas parcial, no sentido de que a ação política passou a ser tratada em sua autonomia, mas ainda no interior da tradicional prática retórica (Pocock, 1975, p. 49-59).

Segundo Pocock, a expressão mais significativa da linguagem da virtude, com sua concepção positiva de liberdade, teria sido a obra de Maquiavel, cujo principal ensinamento seria de que a república, ao incentivar a cidadania ativa na promoção do bem comum, permitiria a manifestação da liberdade pelo exercício da virtude militar e cívica de seus cidadãos. Diferentemente de Baron, que havia sustentado a continuidade entre os humanistas cívicos e Maquiavel (Baron, 1955, p. 428-429), Pocock procurava ressaltar as inovações do secretário florentino em relação aos seus predecessores, em particular no que se referia à ideia de *virtù*, que deixou de corresponder a *aretê* dos gregos ou a *virtus* dos romanos, em sua relação com a fortuna (Pocock, 1975, p. 156-182).

Na interpretação de Pocock, se o opúsculo dedicado ao principado focava o desafio do príncipe novo em superar a fortuna, apoiado apenas em sua própria *virtù*, os *Discursos* enfatizavam a necessidade da *virtù* dos cidadãos para a manutenção e estabilidade da república. Ao agir com *virtù*, os cidadãos poderiam efetivar a finalidade de sua existência, visto que o exercício da vida cívica (*vivere civile*) possibilitaria o pleno desenvolvimento da natureza política do ser humano (Pocock,

1975, p. 183-184). A antiga República de Roma, cujas instituições favoreceram o *vivere civile* e, consequentemente, a virtude cívica de seus cidadãos, era o modelo sugerido por Maquiavel para as repúblicas contemporâneas. Ao permitir a participação de todos os cidadãos no exército, até mesmo dos plebeus, a República Romana permitiu a expressão do sentimento cívico necessário ao *vivere civile*. A prática militar de seus cidadãos armados possibilitou o exercício da cidadania, universalizando a ação política e a experiência da liberdade como participação nos assuntos públicos (Pocock, 1975, p. 202-203).

A presença nos *Discursos* de uma concepção positiva de liberdade, vinculada com a partição política, era sustentada por Pocock principalmente com base na preferência de Maquiavel pelo povo como guardião da liberdade. O exemplo de Roma, que acolheu a participação popular, primeiro no exército e depois no governo, indicaria o caminho a ser seguido por todas as repúblicas que almejavam a potência (Pocock, 1975, p. 197). Esta seria a primeira tese inovadora dos *Discursos*: o dinamismo militar de repúblicas populares, que armavam o povo e incentivavam o exercício da *virtù* de seus cidadãos, era mais adequado do que a busca pela estabilidade e longevidade das repúblicas aristocráticas. A segunda tese seria consequência desta primeira: a plebe romana armada passou a demandar maior participação no governo, acentuando os conflitos com os patrícios, que não foram apenas uma etapa no processo de formação do governo misto, permitindo a forma institucional adequada à liberdade, mas a verdadeira causa da potência e da liberdade de Roma (Pocock, 1975, p. 213).

O principal ensinamento de Maquiavel, segundo Pocock, seria de que a república, ao promover e ampliar a cidadania, permitindo a manifestação da liberdade pela efetiva participação política, deveria ser capaz de mobilizar a *virtù* de seus cidadãos tanto no campo militar quanto na vida cívica. Com isso ela estaria melhor preparada para superar a fortuna, pois a *virtù* de muitos, pela sua diversidade e variedade, seria mais eficiente do que aquela de alguns ou de um só.

A interpretação de Skinner ia numa direção oposta e identificava a concepção maquiaveliana de liberdade a uma forma negativa, no sentido da ausência de interferência na escolha e na efetivação dos fins desejados por cada indivíduo, que exigia tanto o exercício da virtude cívica quanto a coerção das leis civis (Skinner, 1983, p.3-15; Skinner, 1984-a, p.193-221. Ambos ensaios foram revisados e publicados em 2002-a, p.160-85 e p.186-212).

Contrariamente a intérpretes que apontavam a falta de uma definição precisa de liberdade na obra de Maquiavel, Skinner julgava que ela era claramente enunciada, desde os primeiros capítulos dos *Discursos*, com base na oposição do direito romano entre pessoas livres (*liber*) e escravas (*servus*), isto é, entre aquelas que eram capazes de agir conforme a própria vontade e aquelas que dependiam da vontade arbitrária de outrem para agir. Como a escravidão era caracterizada pela interferência arbitrária da vontade de outras pessoas, a liberdade (*libertas*) era definida pela ausência desta forma de interferência arbitrária. Esta definição ficaria ainda mais explícita na observação feita nos capítulos seguintes de que em todo corpo político havia dois tipos de pessoas com disposições contrárias e razões distintas para querer a liberdade: os grandes desejavam adquirir poder e riquezas para dominar; e o povo desejava não ser dominado e viver em segurança. Todos queriam ser livres, no sentido de não encontrar obstáculos na realização de seus propósitos e no modo de vida que escolheram para si.

Segundo Skinner, a concepção maquiaveliana de liberdade como ausência de interferência arbitrária também se manifestava no vínculo estabelecido entre a liberdade da cidade e a liberdade de seus cidadãos. Na esteira da teoria romana das cidades livres, governadas de acordo com a própria vontade,

Maquiavel insistiria na necessidade da liberdade do corpo político para que os seus membros pudessem desfrutar dos benefícios de uma vida livre. Se o corpo político perdesse sua independência externa, submetendo-se a uma potência estrangeira, ou sua autonomia interna, sujeitando-se ao governo de um tirano, os seus membros deixariam de ser livres, sendo obrigados a viver numa condição análoga à de escravos, que só podiam agir de acordo com a vontade arbitrária de seus senhores. No entendimento de Skinner, o principal recurso contra a ameaça externa proposto por Maquiavel era um exército composto por cidadãos, que evitaria a ineficiência e os riscos de tropas mercenárias ou auxiliares. Além de prevenir os costumes ociosos, a prática militar despertaria nos cidadãos virtudes cívicas como a coragem e a disciplina, fundamentais para a manutenção da liberdade. A ameaça interna, por sua vez, seria evitada pelas virtudes cívicas necessárias à participação política e, principalmente, pelo estabelecimento de leis capazes de proteger os cidadãos de interferências arbitrárias de poderes discricionários. Além de servir como freio à ambição dos grandes, as leis combateriam a tendência natural do ser humano a buscar seu próprio benefício. Elas também controlariam os apetites desmedidos, ao instaurar um estado artificial de necessidade, levando os cidadãos a agir em benefício do bem comum.

Assim, na interpretação de Skinner, Maquiavel vincularia a liberdade com o exercício de virtudes cívicas, sem recorrer a uma concepção positiva de liberdade fundada na crença da existência de um único bem supremo e natural ao ser humano, ou seja, sem pressupor que o ser humano era por natureza um animal político, que só seria livre quando realizasse plenamente sua essência. A participação política não seria considerada o fim supremo da existência humana, objetivamente inscrita em sua natureza, mas um simples meio para que os cidadãos pudessem realizar as suas escolhas e efetivar os seus desejos, sem sofrer interferências arbitrárias. Como seria irracional recusar os meios necessários para alcançar o fim almejado, os cidadãos deveriam reconhecer que a prática de virtudes cívicas era condição indispensável para sua liberdade. Do mesmo modo, Maquiavel associaria a liberdade à coerção legal não apenas porque as leis civis coibiam a interferência arbitrária de poderes discricionários, mas também porque as leis civis impunham aos cidadãos o cumprimento de seus deveres cívicos, que nem sempre eram espontâneos.

Skinner avaliava que a concepção maquiaveliana de liberdade, inspirada em categorias do direito romano e retomada no republicanismo inglês do século XVII, seria capaz de superar a dicotomia dominante no debate político contemporâneo entre a liberdade negativa dos liberais e a liberdade positiva dos comunitaristas. Ela acolheria tanto o pluralismo de valores e a tolerância da diversidade de fins elegíveis pelo ser humano, com seu enunciado negativo, quanto o exercício da virtude cívica e a coerção legal, como condições de sua efetivação, sem gerar as contradições apontadas pelos liberais, que não admitiam que uma definição de liberdade pudesse comportar constrangimentos contrários à própria ideia de liberdade (Skinner, 1984-b, 227-250; Skinner, 1990, 293-309; Skinner, 2002-b, 237-268).

II

Bignotto se afasta da interpretação desses historiadores e não cai na armadilha de examinar a concepção maquiaveliana de liberdade com base em categorias normativas do debate contemporâneo, nem de buscar um conjunto coeso de enunciados partindo de lugares-comuns do pensamento republicano. Evitando uma discussão detalhada dos aspectos mais controversos e problemáticos dessas interpretações, ele prefere seguir o movimento sinuoso do texto maquiaveliano, de tal modo que a ideia de liberdade possa se esclarecer em suas tensões e imprecisões. Inspirado fortemente pelo trabalho de Lefort (ver Lefort, 1972), a sua opção é então deixar que a obra de Maquiavel guie o percurso analítico.

O seu primeiro passo é situar a questão da liberdade no contexto de crise constitucional pela qual Florença passava na época, principalmente após a expulsão dos Medici em 1494, e que colocava em xeque vários pressupostos do pensamento humanista. Lembra que na procura pela melhor forma de governo, capaz de assegurar a estabilidade da cidade, uma série de reformas políticas baseadas na tradição clássica foram exploradas pelos humanistas cívicos, principalmente depois do retorno dos Medici em 1512 (Bignotto, 1991, p. 59-74).

Bignotto destaca a intenção de Maquiavel de se distanciar radicalmente da tradição, explorando caminhos desconhecidos pelos seus predecessores. A imitação dos antigos e o aprendizado da história, típicos dos autores da Renascença italiana, revestia-se de um gesto criador, ao ultrapassar o simples interesse estético, que se limitava a admirar e louvar as ações do passado para se converter em parâmetros que pudessem orientar as ações no presente (Bignotto, 1991, p. 75-78).

Em seguida, ele percorre os capítulos dos *Discursos*, remetendo sempre que possível a algumas passagens d'*O Príncipe*, no intuito de elucidar o pensamento republicano de Maquiavel. Neste percurso a ideia de liberdade vai se manifestando na discussão de temas estruturantes da reflexão política do secretário florentino, como a fundação, os conflitos civis, as formas constitucionais e a corrupção.

O primeiro tema abordado é o da fundação, que se encontra logo nos primeiros capítulos dos *Discursos*. Os humanistas cívicos já haviam estabelecido o laço causal entre o momento da criação de um corpo político e o seu futuro, enfatizando a ideia de que a compreensão de sua trajetória deve necessariamente levar em conta a natureza de sua fundação. Como mostra Bignotto, Maquiavel dá um novo sentido a este momento por ser a mais clara manifestação da liberdade (Bignotto, 1991, p. 78-82). O ponto de partida é a fundação de Roma, que tinha em comum com Atenas e Veneza a origem livre da dominação de outros povos. Em consequência de sua liberdade inicial, Roma pôde se expandir e encontrar o caminho da grandeza, revelando assim o mecanismo gerador da potência: a liberdade (Maquiavel, [D I,1] 2007, p.7-12).

Entre as cidades que nasceram livres de toda servidão, Maquiavel ainda diferencia aquelas que puderam contar com um bom legislador, como Esparta com Licurgo, e tiveram sua constituição definida desde o início e puderam manter sua estabilidade por um longo tempo, e aquelas que foram adquirindo suas instituições por caminhos difíceis e por vezes obscuros, conforme as circunstâncias, como Roma, que teve de contar com a *virtù* de seus cidadãos. A sua preferência pelo modelo romano não era assim por ter tido uma fundação perfeita, mas por ter conseguido remodelar e aperfeiçoar sua constituição em função dos acontecimentos. Ela tornava-se o principal paradigma para o estudo da liberdade por ter sido capaz de estabelecer na contingência de sua história uma forma constitucional que assegurou sua independência e sua grandeza (Maquiavel, [D I, 2] 2007, p.12-19).

O tema da fundação de Roma é retomado posteriormente por meio da figura mítica e controvertida de Rômulo. Contra toda uma tradição que repudiava o fratricídio e o condenava sem ressalvas, o ato de Rômulo é justificado por Maquiavel pelos seus resultados. O argumento principal é de que se objetivo de Rômulo tivesse sido apenas a satisfação de uma ambição pessoal seu ato deveria ser realmente recriminado, mas como visou um interesse maior e teve como fruto a grandeza de Roma, ele deveria ser desculpado. O fratricídio é então justificável por dois motivos: a necessidade de estar só, de concentrar todo poder e de fazer, muitas vezes, uso da violência no momento da fundação de um corpo político; a finalidade e o resultado da ação. A avaliação do ato de Rômulo é feita por Maquiavel com base em critérios exclusivamente políticos, levando em conta o preço da emergência de uma nova ordem política. Por ser necessariamente pré-jurídico, antecedente a todo e qualquer direito, e independente de qualquer moral alheia aos valores da própria política, o gesto fundador não poderia ser avaliado por critérios jurídicos ou morais. Além disso, como todo ato político, ele não poderia ser julgado pelas impressões que produz, mas pelos seus efeitos no tempo (Maquiavel, [D I, 9] 2007, p. 40-44). Como observa Bignotto, a solução dada por Maquiavel ao tratar da fundação de Roma pelos atos de Rômulo foi de considerar que a liberdade já estava em germe nos princípios estabelecidos desde sua origem, que permitiu aos romanos retomá-la logo após a expulsão dos Tarquínios (Bignotto, 1991, p. 97-88).

Se Pocock diferencia a *virtù* do fundador-legislador, que impõe uma forma à matéria e ordena as instituições do novo corpo político, introduzindo a ordem civil por meio de um ordenamento legal, da *virtù* do príncipe novo, que apenas conquista o seu *stato*, impondo seu poder pela força, ele não explora suficientemente a relação da fundação com a liberdade. Já Skinner limita-se a enfatizar nos primeiros capítulos a diferença entre homens livres e escravos com base em categorias do direito romano. Mas o contraste é feito por Maquiavel na descrição da fundação de cidades por forasteiros. Os mencionados homens livres, que se diferenciam daqueles que dependem de outrem, são os fundadores estrangeiros, exemplificados pelas figuras excepcionais de Moisés e Enéas, cuja *virtù* se reconheceu na escolha do local e na ordenação das leis, que mantiveram um estado constante de necessidade, para que o povo não caísse na ociosidade (Maquiavel, [D I, 1] 2007, p. 09-10).

O segundo tema tratado por Bignotto é o dos conflitos civis. Se o tema ainda tem alguma relevância na análise de Pocock, como elemento diferenciador em relação ao humanismo cívico, ele não se destaca na interpretação de Skinner, cujo principal problema é a suposição de que Maquiavel concebe a possibilidade de conciliação dos conflitos civis por meio de uma estrutura constitucional. Skinner parte da leitura de que grandes e povo querem viver igualmente de maneira tão livre quanto possível, sem sofrer interferências desnecessárias na realização dos fins desejados e no modo de vida que escolheram para si. Dessa forma ele associa equivocadamente os objetivos de ambos e não considera as consequências das disposições contrárias dos grandes e do povo para estimar a liberdade.

Bignotto, por sua vez, destaca a impossibilidade de conciliação entre grandes e povo e, diferentemente de intérpretes que destacam apenas os aspectos negativos dos conflitos, ressalta o caráter positivo que podem ter na criação de leis e ordenações em favor da liberdade (Bignotto, 1991, p. 82-90). Ele lembra que, se os humanistas cívicos enfatizavam a necessidade da concórdia e da unidade para desfrutar da vida livre, Maquiavel sustenta que é preciso aprender a preservá-la no interior dos conflitos, uma vez que eles são inerentes ao corpo político e intransponíveis (Maquiavel, [D I, 4-5] 2007, p. 21-26. Ver também P IX e HF III, prefácio e proêmio).

De fato, a principal contribuição de Maquiavel ao republicanismo foi a constatação da existência em todo corpo político de humores distintos dos quais nascem apetites opostos: o desejo dos grandes de comandar e oprimir; e o desejo do povo de não ser comandado nem oprimido. Os diferentes humores expressam desejos irreconciliáveis e manifestam apetites irredutíveis. Se eles podem se afirmar concomitantemente, já que se definem na confrontação, não podem ser conciliados, pois não há acordo possível, nem saciados inteiramente, uma vez que a plena realização de um implica na impossibilidade de satisfação do outro. O equilíbrio será alcançado não pela integração, mas pela interação conflituosa entre eles.

Em razão da divergência de objetivos e da impossibilidade de transpor a dessemelhança entre os desejos dos grandes e do povo instaura-se um inevitável conflito no interior do corpo político, que não pode ser solucionado em definitivo por uma determinada estrutura constitucional ou por uma ordenação específica, mas apenas mediado temporariamente por mecanismos institucionais que possam expressar continuamente no espaço público os diferentes desejos. Sem tais mecanismos os humores são reprimidos, gerando facções que colocam em risco a existência do próprio corpo político. Portanto, a liberdade depende da resistência entre os desejos e do compromisso entre as partes de abandonar a plena realização de seu desejo e de conceder alguma satisfação ao desejo da outra parte.

Como observa Bignotto, o melhor exemplo para Maquiavel vinha de Roma, onde foram criados mecanismos institucionais capazes de dar vazão aos apetites irreconciliáveis de patrícios e de plebeus, evitando a ruptura do tecido social. A criação de mecanismos, como a acusação pública, possibilitou a mediação dos conflitos no espaço e por meios públicos, sem que eles fossem anulados, permitindo a liberdade. Já onde não há tais mecanismos, o recurso a meios privados gera o ócio e o facciosismo, colocando em risco o corpo político. A experiência romana era a prova de que os conflitos podiam ter efeitos positivos, quando mediados por mecanismos institucionais; e mostrava que uma sociedade justa é aquela capaz de encontrar uma solução pública para os conflitos civis (Maquiavel, [D I, 7-8] 2007, p. 33-40).

Mas os conflitos civis nem sempre resultam em leis favoráveis à liberdade. Em alguns casos eles podem levar à destruição do corpo político, como nas disputas que se seguiram em Roma após a promulgação da lei agrária pelos irmãos Graco. O que parece estar em causa é inicialmente o trabalho do tempo sobre a lei agrária, de modo que, o que era num primeiro momento necessário para refrear o desejo dos patrícios tornou-se em seguida um instrumento de ambição dos plebeus. Depois, o fato do desejo dos plebeus ter se equiparado ao desejo dos patrícios, ao querer também comandar e dominar. Ao abandonar seu desejo original e ter a mesma ambição dos patrícios, os plebeus passaram a disputar o mesmo objeto, conduzindo a República ao confronto armado (Maquiavel, [D I, 37] 2007, p. 112-116).

Como adverte Bignotto, na análise maquiaveliana dos desejos que povoam o corpo político não há considerações de ordem moral. O povo não é o depositário do bom desejo, oposto ao desejo mau dos grandes. O desejo excessivo do povo de ser livre pode resultar muitas vezes na destruição da república, principalmente quando o povo tem uma falsa representação de seu desejo. O caso da lei agrária e dos decênviros mostrava que o povo pode ser também um agente de corrupção. Desse modo, independemente de que as pratica, as ações devem ser avaliadas pela sua contribuição ou não para a manutenção da liberdade. (Bignotto, 1991, p. 95-96).

Na perspectiva de Maquiavel, os conflitos podem produzir leis em benefício da liberdade, como ocorreu incialmente em Roma, em razão da prevalência das ações necessárias sobre aquelas que dependem da simples escolha, visto que só a necessidade pode conduzir os homens a praticar o bem. Ao representar um perigo eminente para a existência do corpo político, os conflitos impõem um estado de necessidade que leva os homens a agir visando o bem (Maquiavel, [D I, 46] 2007, p. 136-138). Por isso, seria preciso que o legislador sempre tivesse em mente que a natureza criou os homens com a pulsão insaciável de tudo possuir e a impotência de atingir tudo que desejam, o que os torna ambiciosos e permanentemente insatisfeitos. Desse modo, o legislador deveria estabelecer leis que mantivessem um estado de necessidade artificial capaz de frear os impulsos destrutivos dos homens e de levá-los a praticar o bem, agindo de acordo com o interesse comum (Maquiavel, [D I, 3] 2007, p. 19-21).

Bignotto observa que a lei não é em si a origem da liberdade, no pensamento político de Maquiavel. No entanto, a liberdade não pode existir sem sua expressão legal. Uma cidade só pode ser livre se tiver leis que freiem os humores excessivos dos grandes e do povo e conduzam os cidadãos a servir ao bem comum. O respeito às leis se impõe assim porque elas representam a expressão visível da liberdade. Se Maquiavel não abandona a associação entre liberdade e regime de leis, ele atenua a crença de que é possível manter a liberdade simplesmente por meio do estabelecimento de uma constituição perfeita como o governo misto (Bignotto, 1991, p. 105-109).

O tema das formas constitucionais é abordado por Bignotto com base na discussão sobre a melhor garantia para a liberdade (Bignotto, 1991, p. 90-94). O silêncio de Skinner sobre a opção de Maquiavel em confiar a guarda da liberdade ao povo, o que mostra sua preferência por uma república de caráter popular, é mais um aspecto problemático de sua interpretação.

O debate nos *Discursos* sobre quem deve ser o guardião da liberdade opõe duas soluções. De um lado, encontram-se as repúblicas aristocráticas, como Esparta e Veneza, que confiaram a guarda da liberdade aos grandes; do outro, as repúblicas populares, como Roma, que confiou ao povo. Num primeiro momento, parece se tratar de uma escolha entre uma política de conservação ou de expansão. Se o objetivo for manter a estabilidade e assegurar a longevidade, a liberdade deve ser confiada aos grandes, restringindo a entrada de estrangeiros na cidade e a participação do povo no exército, como fez Esparta e Veneza, uma vez que a longevidade depende da estabilidade da classe dominante e de sua segurança em não se sentir ameaçada pelo povo. Já se a finalidade for a conquista e a expansão dos domínios, a liberdade deve ser confiada ao povo, como fez Roma, que ampliou o exercício da cidadania ao abrir as portas aos estrangeiros e usar o povo no exército.

No entanto, a escolha de Maquiavel é feita com base no argumento de que deve ser dada a guarda da liberdade a quem tem menos desejo ou menos esperança de usurpá-la. Primeiro, o desejo do povo revela uma face importante da manifestação da liberdade, que é a ausência de ambição de dominar. O povo teria assim uma propensão maior de salvaguardar a liberdade do que os grandes, que ambicionam sempre conquistar para manter o que já possuem, colocando em risco a república. O seu desejo de não ser dominado e sua vontade maior de viver livre faz com que tenha mais zelo pela liberdade e, não podendo se apoderar dela, não permitirá que outros o façam. A sua ação de resistência contra a opressão dos grandes, por meio da constante defesa das leis, contribui de maneira decisiva para a manutenção da liberdade (Maquiavel, [D I, 5-6] 2007, p.23-32).

A opção de Maquiavel também poderia ser explicada pela sua desconfiança em relação à política de conservação adotada por Esparta e Veneza. Se os humanistas viam com desconfiança a experiência romana, com seu caráter expansionista e imperialista, e enalteciam essas duas repúblicas aristocráticas pela concórdia e longevidade alcançadas, Maquiavel vai sustentar que a estabilidade de Veneza era decorrente principalmente da sua posição geográfica isolada e de sua população homogênea. Do mesmo modo Esparta havia assegurado a permanência de suas instituições ao impor uma igualdade entre seus cidadãos e impedir a entrada de estrangeiros. O equilíbrio dessas repúblicas era estático, garantido pelas dimensões reduzidas de seus territórios. Ao contrário, o equilíbrio de Roma era dinâmico, baseado na criação contínua das condições de potência. A sua estabilidade foi alcançada graças ao dinamismo de suas instituições que enfrentaram os desafios da contingência e se renovaram continuamente diante das circunstâncias. Desse modo, a política de expansão adotada por Roma revelava a identidade entre potência e liberdade, apontando o melhor caminho para as repúblicas contemporâneas.

O outro tema destacado na análise de Bignotto é o da corrupção (Bignotto, 1991, p. 163-169 e 194-211), considerada por Maquiavel como inevitável em todos os corpos políticos, pois os homens são incapazes de controlar o desgaste causado pelo tempo. Ao comentar a teoria clássica do ciclo das mudanças dos regimes políticos, Maquiavel sustenta que a corrupção do regime político se dá em consequência da distância temporal e do enfraquecimento do estado de necessidade que exigiu sua instituição: as gerações se sucedem, a urgência é esquecida e a corrupção se espalha. No caso de Roma, por exemplo, após a expulsão dos Tarquínios, os patrícios ainda se sentiam ameaçados pelo possível retorno da dinastia real e exerceram o poder com moderação por meio da mescla do elemento régio com o elemento aristocrático, representados respectivamente pelo Consulado e pelo Senado. Mas com a morte do último rei etrusco, eles passaram a governar de maneira discricionária, oprimindo a plebe. Os distúrbios civis aumentaram então de tal modo que ameaçaram a própria existência da cidade. Diante do novo perigo eminente, um estado de necessidade se impôs e os patrícios permitiram a criação do Tribunato da Plebe, que possibilitou a expressão institucional dos interesses da plebe, gerando então uma constituição caracterizada pela mistura dos elementos régio, aristocrático e popular, capaz de manter e assegurar a liberdade (Maquiavel, [D I, 2] 2007, p.12-19).

Se a corrupção era inevitável, haveria formas de combatê-la, segundo Maquiavel, desde que ainda não estivesse completamente disseminada por todas as partes do corpo político, principalmente entre o povo. Por exemplo, Roma conquistou sua liberdade, após a expulsão dos Tarquínios, porque o povo não estava totalmente corrompido. Porém, não conseguiu recuperá-la, após a extinção dos Césares, porque o povo já se encontrava contaminado pela mais profunda corrupção. A diferença estaria desse modo entre povos não totalmente corrompidos que anseiam pela liberdade e aqueles que não têm mais condições de alcançá-la em razão do nível de corrupção (Maquiavel, [D I, 16] 2007, p.64-68).

Nos casos em que se chegou a um grau máximo de corrupção, somente uma reforma ampla e radical do corpo político seria capaz de impedir sua ruína. Para isso, os recursos ordinários – leis e instituições – seriam insuficientes, sendo indispensável o recurso a métodos extraordinários, em geral pela ação de um só homem, que se apodere do poder para empregar os meios que considere necessários para esta reforma. Em outros termos, seria preciso retornar ao momento pré-jurídico da fundação, no qual o agente encontra-se fora de toda legalidade e moralidade. Mas Maquiavel adverte que seria muito difícil encontrar um cidadão virtuoso que se dispusesse a usurpar do poder por meios ilegítimos a fim de promover esta reforma; e se um cidadão ambicioso e corrupto o fizesse dificilmente faria um bom uso ao poder que conquistou com o mal (Maquiavel, [D I, 17-18] 2007, p.69-76).

Já nos casos em que a corrupção ainda não alcançou seu nível máximo seria possível combatê-la com a renovação contínua, isto é, o retorno preventivo aos princípios que se encontram no momento da fundação da república para que seja recordada a necessidade de seu surgimento. O retorno aos princípios não consiste numa simples reafirmação do conteúdo da constituição original, pois isso seria recusar a inevitável passagem do tempo, mas na rememoração do momento no qual se deu a união dos cidadãos para a formação da república. Os princípios para os quais é preciso retornar continuamente são de certa forma anteriores a todo conteúdo (Maquiavel, [D III, 1] 2007, p. 305-311).

Essa renovação contínua é pensada como resultado de três processos. O primeiro é totalmente extrínseco, quando a república fica exposta a um perigo externo, devido a um acaso qualquer, como uma invasão ou uma catástrofe natural, que impõem novamente um estado de necessidade e urgência. O segundo é intrínseco e depende do surgimento de homens virtuosos que se tornam modelos de conduta, incitando e incentivando a imitação nos demais cidadãos, como ocorreu em Roma com Brutus, que se colocou no limite do direito para se opor a um poder corrompido. Mas ambos os processos dependem da contingência e são perigosos: o primeiro pode resultar no fim da república; o segundo pode gerar um estado de terror, pois os cidadãos virtuosos normalmente se colocam à margem da lei e recorrem à violência. Já o terceiro processo, que não é muito detalhado por Maquiavel, parece consistir na criação de mecanismos legais que produzam o contínuo retorno às origens de maneira regular, revigorando as instituições da república. Menos contingente e mais eficaz, significaria tornar as leis efetivas e lhes dar novamente a sua força original, aplicando-as, e tornar as instituições mais atuantes (Maquiavel, [D III, 3] 2007, p. 313-315).

Como observa Bignotto, a corrupção é tratada por Maquiavel como um processo generalizado de decadência cujo início é difícil de precisar e desenvolvimento quase impossível de resistir. Ela não é fruto de uma lei histórica, no sentido platônico, nem desvio em relação ao melhor regime, no sentido aristotélico, mas simplesmente o resultado da inevitável mutabilidade das coisas humanas. Em todo caso, qualquer que seja a sua causa, ela é o maior empecilho à liberdade, esta construção frágil, submetida às mais diversas contrariedades, que é objeto de inúmeras críticas e de escassa defesa por parte daqueles que se beneficiam de seus efeitos na vida civil (Bignotto, 1991, p. 199-200).

III

Assim, a interpretação realizada por Bignotto se distancia claramente daquelas propostas pelos historiadores da chamada Escola de Cambridge. A concepção maquiaveliana de liberdade não é associada ao conceito de liberdade positiva, como sugerido por Pocock, inspirada na perspectiva aristotélica do homem como animal político cuja natureza só pode se efetivar na participação ativa nos assuntos públicos. Ela também não é vinculada ao conceito de liberdade negativa, como proposto por Skinner, desfrutada pelos indivíduos e pela comunidade quando não encontram obstáculos para a realização dos fins desejados e escolhidos por eles mesmos.

Bignotto evita o anacronismo de projetar categorias normativas do debate contemporâneo na concepção maquiaveliana. Ela é explicitada no processo analítico de interpretação da obra de Maquiavel, com todas as suas nuanças, indecisões e tensões. O resultado não é uma definição formal, única e explícita, mas um feixe de significados que possibilitam compreender melhor o sentido da liberdade no pensamento político de Maquiavel.

Referências Bibliográficas

BARON, H. *The Crisis of the Early Italian Renaissance*. Princeton: Princeton University Press, 1955.

BERLIN, I. "Two concepts of liberty". *In:* Berlin, I. *Four Essays on Liberty*. Oxford; Oxford University Press, 1969, p. 118-172.

BIGNOTTO, N. *Maquiavel Republicano*. São Paulo: Edições Loyola, 1991.

LEFORT, C. *Le travail de l'oeuvre. Machiavel*. Paris: Gallimard, 1972.

MAQUIAVEL, N. *Discursos sobre a primeira década de Tito Lívio*. São Paulo: Martins Fontes, 2007, I, 1, p.7-12.

POCOCK, J. *The Machiavellian moment: Florentine political thought and the Atlantic republican tradition.* Princeton: University Press, 1975.

______. "The History of Political Thought: A Methodological Inquiry". *In*: LASLETT, P. e RUNCIMAN, W. (Orgs.). *Philosophy, Politics and Society.* Oxford: Basil Blackwell, 1964. p. 183-202.

______. "Virtues, Rights, and Manners: A Model for Historians of Political Thought". *Political Theory*, vol. 9, n.3, 1981, p. 353-368

SIEGEL, J. *Rhetoric and Philosophy in Renaissance Humanism: The Union of Eloquence and Wisdom, Petrarch to Valla.* Princeton: Princeton University Press, 1968.

SKINNER, Q. *The foundations of political thought.* Cambridge: Cambridge University Press, 1978.

______. *Machiavelli.* Oxford: Oxford University Press, 1981.

______. "Machiavelli on the Maintenance of Liberty". *Politcs*, vol.18, n.2, 1983, p.3-15.

______. "The idea of negative liberty: philosophical and historical perspectives". *In: Philosophy in History* (Ed. R. Rorty, J. Schneewind and Q. Skinner). Cambridge: Cambridge University Press, 1984-a, p.193-221.

______. *Visions of Politics*, Vol.2: *Renaissance Virtues.* Cambridge: Cambridge University Press, 2002-a.

______. "The Paradoxes of Political Liberty". *The Tanner Lectures on Human Values*, 1984-b, p.227-50.

______. "The republican ideal of political liberty". *In*: BOCK, G; SKINNER, Q. e VIROLI, M. (eds). *Machiavelli and Republicanism.* Cambridge: Cambridge University Press, 1990, p.293-309.

______. "A Third Concept of Liberty". *Proceedings of the British Academy*, n.117, 2002-b, p.237-68.

______. "Meaning and understanding in the history of ideas". *History and Theory*, vol. 8, n. 1, 1969, p. 3-53.

Leis e ordenações como bases do *vivere civile e libero* em Maquiavel: a *contingência do político* como antídoto à *ilusão constitucional* no *Maquiavel Republicano* de Newton Bignotto[1]

José Luiz Ames

A função exercida pelas leis e sua relação com o político em Maquiavel é uma questão que remete ao problema de pensar a complexa e difícil relação entre a formalidade abstrata do direito – em grande parte estática – e o campo da ação política, com o dinamismo inerente a este. Newton Bignotto, em sua obra *Maquiavel Republicano* – que já se tornou um "clássico" entre os estudiosos brasileiros do pensamento maquiaveliano –, vai direto ao ponto (como sempre, aliás!) quando escreve: "o respeito às leis não se impõe por razões formais, mas porque representam a expressão visível da liberdade. Cada vez que são atacadas, é o 'vivere libero' que está em perigo" (Bignotto, 1991, p. 99). A conservação do *vivere libero* requer o comprometimento com a busca permanente do bem comum como objetivo essencial da vida republicana. Obviamente, requer estruturas jurídicas que,

1. Este texto é fruto de um trabalho de pesquisa desenvolvido com o apoio do Conselho Nacional de Desenvolvimento Científico e Tecnológico (CNPq), Brasil.

por um lado, são resultantes das divisões internas e, de outro, canalizam para dentro destas estruturas os confrontos que, de outro modo, não teriam como encontrar solução, a não ser pelas vias privadas (ou seja, nem políticas e nem jurídicas). Contudo, o argumento de Bignotto é de que – para Maquiavel – o aparato jurídico-legal pode constituir-se numa "ilusão constitucional" se confiarmos que ele por si só basta para assegurar a vida livre. É preciso ter em conta a "contingência do político", a qual não se deixa encerrar no quadro abstrato da lei. Bignotto expressa com sua clareza habitual esta ideia um pouco mais adiante quando escreve:

> É verdade que não podemos falar de república onde não existe uma expressão jurídica da liberdade, onde o bem público não domina o interesse privado, onde não existe igualdade entre os homens; mas todas essas instituições, todas essas condições não são essências capazes de garantir a paz e a tranquilidade de um povo para sempre. [...] O estudo das leis livra-nos da ilusão constitucional, para nos obrigar a aceitar a contingência do político (Bignotto, 1991, p. 102).

No modo como Bignotto articula seu argumento dá a impressão de que, para ele, no pensamento maquiaveliano a esfera jurídica estaria subordinada ao plano político. Com efeito, afirma ele que "o respeito às leis não se impõe por razões formais" e, mais adiante, completa e esclarece esta ideia ressaltando que a república pressupõe uma "expressão jurídica da liberdade", mas que ela não é uma "essência capaz de garantir a paz e a tranquilidade de um povo para sempre". O "jurídico" em Maquiavel, parece indicar Bignotto, recebe vida do "político". Se o primeiro se caracteriza pela abstratidade que lhe confere a aparência de permanência e estaticidade, o segundo é marcado essencialmente pela contingência e dinamicidade.

É em virtude da nota essencial da "contingência do político" que os ordenamentos políticos requerem, para sua permanência, estruturas que pareçam estar ao abrigo da contingência. O jurídico responde à essa necessidade.

A observação de Bignotto é importante para nos mostrar que a formalidade do jurídico pode constituir-se numa "ilusão" quando partimos do pressuposto de que sua eficácia estaria nele mesmo. O que dá *vida* ao jurídico é o contingente político ao impeli-lo para dentro da dinâmica histórica. É ao serem lançados no movimento contingente da história por obra do político que as leis e as instituições são permanentemente colocadas em xeque e forçadas a modificar-se para ajustar-se aos tempos. Assim, "obrigar-nos a aceitar a contingência do político" tem o sentido de lançar a vida política na História fazendo-nos perceber que as cristalizações do jurídico são ilusórias representações do real. Este não se deixa fixar em fórmulas legais, ainda que elas sejam fundamentais para a necessidade de permanência e continuidade da vida política acima da precariedade dos humores instáveis das pessoas que a governam.

Neste estudo pretendemos permanecer atentos ao alerta de Bignotto registrado em sua magistral obra *Maquiavel Republicano*. A precaução é ainda mais necessária porque o objetivo que temos em vista é o de investigar a importância que o aparato jurídico desempenha no pensamento maquiaveliano, particularmente no modo como se faz presente na obra *Discursos*. Com efeito, a ênfase maquiaveliana na importância dos aparatos jurídicos para a conservação de um *vivere civile e libero* facilmente poderia nos levar a deslizar para o risco alertado por Bignotto, de ver neles uma "ilusão constitucional" capaz de nos fazer esquecer da "contingência do político".

Assim, partimos da aceitação da tese de fundo expressa por Bignotto: seria uma "ilusão constitucional" imaginar que os aparatos jurídicos seriam capazes de produzir por si mesmos uma ordem livre, pois implicaria em esquecer a essencial "contingência do político". De certa forma, como dissemos acima, se pode depreender desta tese a ideia de que a "eficácia" do jurídico depende do político. Nossa argumentação muitas vezes enfatizará a ideia de que Maquiavel reconhece nos aparatos institucionais a segurança e permanência da vida política livre. Com isso não pensamos estar nos contrapondo ao argumento de Bignotto, e sim acentuando o "outro lado": enquanto Bignotto enfatiza a "contingência do político", nós enfatizaremos a ideia de que a existência, e seu cumprimento, de aparatos institucionais – "jurídicos" – são a condição necessária para a permanência do político.

O percurso analítico deste trabalho, por um lado, adota o argumento apresentado por Bignotto – de que para Maquiavel a expressão jurídica da liberdade não basta, por si só, para garantir paz e tranquilidade a um povo – e, por outro, examina a perspectiva apontada por Romain Descendre (2016, p. 35-47), para quem Maquiavel não apenas se utiliza da linguagem da jurisprudência, como defende Quaglione (1999; 2011; 2016), mas dá conteúdo preciso àquilo que o próprio florentino "considera como o exercício de um poder justo" (Descendre, 2016, p. 38). "Poder justo", explica Descendre, é caracterizado por Maquiavel pela noção de *civiltà*: "Nos *Discursos* ele chama 'civile' qualquer configuração de poder fundada sobre a legalidade, na qual 'leggi' e 'ordini' são respeitadas, também e sobretudo, por aquele que exerce o comando" (Descendre, 2016, p. 38). Isso mostra, conclui o comentador, que o *vivere civile* não se identifica com regime republicano, nem pode ser "definido pela participação ativa e virtuosa dos cidadãos no governo [...], mas se configura essencialmente como certa relação entre poder, direito e arranjo institucional" (Descendre, 2016, p. 38). Em outras palavras, o *vivere civile* não é exclusividade da forma republicana de governo, mas se identifica com qualquer organização política regida por leis e voltada à preservação do bem comum, seja qual for a forma do regime, de modo que o *vivere civile* pode se manifestar tanto em uma monarquia, quanto em uma república.

Assim, nos *Discursos* é definido como *vivere civile* tanto o ordenamento originário de Roma fundado por Rômulo quanto o contemporâneo da França, ambos monárquicos. Com efeito, em *Discursos* Rômulo é qualificado de "fundador de um *vivere civile*" apesar de haver "primeiro matado um irmão seu e depois consentido na morte de Tito Tácio Sabino, escolhido por ele como companheiro no reino" (Machiavelli, [D I, 9] 2000, p. 85). A qualidade de *civile* da obra de Rômulo decorre do fato de que "todas as primeiras ordenações daquela cidade foram mais conformes a um *vivere civile e libero* do que a um *assoluto e tirannico*" (Machiavelli, [D I, 9] 2000, p. 87). Um *vivere* é *civile* e *libero* e não *assoluto e tirannico* quando é suportado por instituições que regulam o exercício do poder em lugar de depender exclusivamente do arbítrio de um governante. Rômulo foi exemplo disso, pois instituiu "imediatamente um senado que o aconselhasse e em conformidade com a opinião do qual deliberasse [...] não reservando nenhuma outra autoridade além de comandar os exércitos [...] e de reunir o senado" (Machiavelli, [D I, 9] 2000, p. 86). Se formos traduzir isso na linguagem atual - conscientes do risco de anacronismo –, poderíamos dizer que, no exemplo romano, foi a existência de estruturas fundadas no *Direito* que estabeleceram a diferença entre um *vivere civile e libero* de um ordenamento *assoluto e tirannico.* Mais ainda: a essas estruturas jurídicas está submetido não somente o povo, mas também, e penso não ser exagero afirmá-lo, especialmente aqueles que estão na posição de comando. No exemplo em pauta, se trata do *Senado* encarregado de deliberar colegiadamente as questões que envolvem o ordenamento político, e cujas decisões Rômulo segue, fazendo de Roma um *vivere civile e libero.*

Evidencia-se aqui, pensa Descendre (2016, p. 39), que "para Maquiavel a oposição mais decisiva não é certamente aquela entre principado e república, mas aquela entre *vivere civile* e *vivere assoluto*, entre *vivere libero* e *vivere tirannico*". A propósito, o título do capítulo X do primeiro Livro dos *Discursos* dá testemunho disso: "Assim como são louváveis os fundadores de uma república ou de um reino, são vituperáveis os fundadores de uma tirania". No curso do capítulo esta afirmação é confirmada pelo sucedido com Roma que, "depois de tornar-se Império, mais mereceram louvores os imperadores que viveram de acordo com as leis e como príncipes bons do que aqueles que viveram de modo oposto" (Machiavelli, [D I, 10] 2000, p. 89). Entende-se, pois, que Maquiavel considera prejudicial ao *vivere civile* não o poder monárquico enquanto tal, como o exercido pelos imperadores romanos, e nem mesmo sob uma república a atribuição de poderes plenos a um único cidadão, como na Ditadura, e sim o poder absoluto e tirânico. O ditador sob uma república, argumenta o florentino,

> enquanto foi designado segundo as ordenações públicas, e não por autoridade própria, sempre fez bem à cidade. Pois o que prejudica as repúblicas são os magistrados que se fazem e a autoridade que se dá por vias extraordinárias, e não a autoridade que se concede por vias ordinárias: e vê-se que em Roma, durante tanto tempo, nunca ditador algum fez senão bem à república (Machiavelli, [D I, 34] 2000, p. 135).

O relevante desta passagem, a nosso ver, está no acento de Maquiavel sobre aquilo que confere *legitimidade* ao recurso à Ditadura: não decorre de sua limitação temporal, nem da urgência da questão a ser resolvida. Ela está relacionada ao fato de se tratar de uma "autoridade que se concede por *vias ordinárias*" e não de uma "autoridade que se dá por *vias extraordinárias*". Em outras palavras, a Ditadura romana era uma instituição que fazia parte da estrutura constitucional da república e, por conseguinte, permanecia legal e institucionalmente enquadrada.

Mostra-se aqui porque o político, em virtude de sua essencial contingência, precisa de certo modo realizar sua ação no âmbito do aparato jurídico. O que assegura a paz e a tranquilidade ao povo romano é a segurança de que o Ditador exercerá seus poderes no âmbito da legalidade, jamais segundo seu arbítrio pessoal. A liberdade fica preservada pela ação contingente do político na figura do Ditador, mas somente na medida em que a autoridade que lhe é conferida for exercida nos quadros da legalidade.

A diferença entre uma "autoridade concedida por vias ordinárias", ou seja no âmbito da legalidade e que permanece submetida às demais magistraturas, e uma "que se dá por vias extraordinárias", ou seja, à margem da lei e é exercida segundo o arbítrio de seus detentores, é evidenciado por Maquiavel quando analisa a instituição do Decenvirato. Enquanto na Ditadura as demais magistraturas (Senado, Cônsules, Tribunos etc.) permanecem com sua autoridade intacta, na instituição do Decenvirato estas magistraturas são abolidas. O resultado inevitável foi a conversão dos decênviros em tiranos.

Conforme o relato de Maquiavel, por causa "das disputas e contendas entre nobres e povo para constituir em Roma novas leis que fortalecessem mais a liberdade daquele estado" (Machiavelli, [D I, 40] 2000, p. 147), Roma tentou imitar o direito ateniense e criou o Decenvirato para codificar o direito romano. Para que os Dez "pudessem criar tais leis sem receios, foram eliminadas de Roma todas as outras magistraturas, em particular as dos Tribunos e dos Cônsules, sendo também eliminado o direito de recurso ao povo" (Machiavelli, [D I, 40] 2000, p. 147). Maquiavel descreve como Ápio procedeu para tornar-se líder dos Dez atraindo o apoio popular e depois o dos nobres. Concluído o trabalho da primeira comissão com a promulgação das Dez Tábuas, Ápio convenceu nobres e povo a constituir nova comissão, supostamente para ampliar o código para doze leis. "Essa nova nomeação, feita por mais um ano, começou a mostrar ao povo e à nobreza o erro que haviam cometido" (Machiavelli, [D I, 40] 2000, p. 149): em lugar de um código de Doze Tábuas, Roma criou a tirania. Provocados pela tentativa de Ápio de desonrar a filha do centurião Virgínio, a plebe se retirou da cidade, "onde ficaram até que os Dez depusessem a magistratura e fossem criados os Tribunos e os Cônsules e Roma fosse reconduzida à forma de sua antiga liberdade" (Machiavelli, [D I, 40] 2000, p. 149-150).

Segundo Maquiavel, "na constituição do Decenvirato, o Senado e o povo cometeram erros enormes" (Machiavelli, [D I, 40] 2000, p. 151). O maior deles, avalia Maquiavel, é que, "quando constitui magistrados, o povo deve fazê-lo de tal modo que algo os impeça de tornar-se celerados" (Machiavelli, [D I, 40] 2000, p. 151). Em vez disso, como procederam povo e Senado romanos? Em vez de "impor-lhes uma guarda, para mantê-los bons, os romanos a retiraram, criando uma única magistratura em Roma e extinguindo todas as outras" (Machiavelli, [D I, 40] 2000, p. 151). Quer dizer, o que mantém uma autoridade íntegra não é uma suposta inteireza moral ou de caráter dos indivíduos que a exercem, e sim determinado aparato jurídico: instituições e leis cuja autoridade se coloca acima de qualquer poder pessoal. Como escreve Maquiavel, é preciso "impor-lhes uma guarda para mantê-los bons". Sem essa "guarda" a autoridade se degrada inevitavelmente e se converte em tirania. Parece pertinente supor que essa "guarda" é um determinado aparato jurídico. Em certo sentido, Maquiavel retoma aqui a mesma ideia que havia desenvolvido no início dos *Discursos,* quando ressalta a importância do caráter coercitivo da lei para conter a "insolência dos homens": "os homens nunca fazem bem algum, a não ser por necessidade; [...] Por isso se diz que a fome e a pobreza tornam os homens industriosos, e as *leis os tornam bons*" (Machiavelli, [D I, 3] 2000, p. 70 – grifos nossos)[2]. Em suma, o que impede que a

2. Sobre a crítica à redução da concepção de lei como "freio" em Maquiavel, remeto aqui ao excelente trabalho de Helton Adverse (2018, p. 121-143). Adverse designa a concepção maquiaveliana de lei, que "ressalta seu papel coercitivo e sua origem na violência fundadora", de "convencional" ou "tradicional" (2018, p. 122). O comentador se opõe à tese de que em Maquiavel esta seria a única compreensão possível. Mesmo considerando "fora de propósito negar a dimensão coercitiva da lei", Adverse destaca: "estamos convencidos de que ela não pode ser reduzida a um dispositivo para refrear desejos (ou para criar artificialmente a necessidade), *porque ela dá efetividade ao desejo de liberdade*" (2018, p. 125 – grifos do autor). O problema que Adverse vê na redução da lei à dimensão coercitiva é o da "perda de contato com a relação mais profunda entre a lei, o conflito e a liberdade", o que acabaria por "endossar uma concepção negativa de liberdade", pois seu papel "consistiria *e*ssencialmente em impedir a dominação" (2018, p. 125 – grifos do autor). Quando Adverse passa para a análise da oposição entre grandes e povo nos *Discursos,* mostra que a aparição do povo como agente político "coincide com o surgimento das leis 'em favor da liberdade'" (2018, p. 129). Essas "leis que favorecem a liberdade - continua o comentador adiante - pouco têm a ver com uma dimensão originária da lei supostamente violenta" (2018, p. 131). Segundo Adverse, minha interpretação (Cf. AMES, 2011, p. 21-42) em consonância com a de Berns, acreditaria "em uma 'solução de continuidade' entre os capítulos 1 e 2 [...] e o capítulo 4" amparados "na constatação de que sempre é necessário refrear os desejos humanos" (2018, p. 131) e, por isso, a inevitável relação entre lei e violência. Entendo como pertinente a observação de Adverse, de que as leis que emergem do confronto de grandes e povo "não encontram sua origem na violência" (2018, p. 129), apesar de se tratar de um termo – violência – cujo significado não é evidente por si mesmo, sequer em Maquiavel. Mantenho, porém, a ideia de que a função da Lei – *leggi et ordini* –, mesmo daquela que emerge da luta de grandes e povo, é a de conter (limitar, refrear) o desejo de dominação dos grandes. A condição para que alcance este objetivo é a de possuir força coercitiva. Penso que o desejo de liberdade alcança efetividade por meio de ordenamentos - como o do Tribunato

um ordenamento *civile* desandar num *assoluto* é a instituição de uma *guardia*, isto é, ordenações e leis que promovam a contínua "vigilância" em relação à conduta daqueles que tem o encargo de comandar. Assim, com Descendre (2016, p. 40), podemos distinguir entre ordenamento *civile* e *assoluto* do seguinte modo: "'civil' é o poder limitado e moderado por leis e ordenações; 'absoluto' é o 'extraordinário', ou seja, o adquirido e mantido fora das 'ordenações'".

A utilização de *civile* como "o poder limitado e moderado por leis e ordenações" é ilustrado por Maquiavel, particularmente, pelo exemplo contemporâneo do reino da França. Já em *O Príncipe* (Maquiavel, [P IX] 2009, p. 191) ele escreve: "entre os reinos bem ordenados e governados de nosso tempo está o de França e neste se encontram infinitas boas constituições[3], das quais depende a liberdade e a segurança do rei, das quais a primeira é o Parlamento e a sua autoridade". Em *Discursos* ([D I, 16] 2000, p. 105) Maquiavel explicita em que sentido o Parlamento francês é *guardião da liberdade e segurança*: "exemplo disso está no reino de França, que vive seguro simplesmente porque seus *reis estão obrigados* (*obligati*) *a infinitas leis*, nas quais se inclui a segurança de todos os seus povos" (grifos nossos). Como

---

da Plebe romano ou a da Acusação Pública - capazes de manter sob controle (aqui a função *coercitiva* da lei...) a ambição dos grandes de "comandar e oprimir". Talvez, penso, não se aplique a ideia de Adverse, de que se trataria de "uma concepção negativa de liberdade", ainda que sua função consista "essencialmente em impedir a dominação".

3. Aqui *costituzione* não guarda relação com o seu significado contemporâneo. Antes, lembra a noção de *constitutio* na acepção daquilo que existe quando se fala de boa ou má *constituição* de um corpo físico para definir seu grau de saúde. Assim, por "boas constituições" Maquiavel compreende as "instituições" (como do Parlamento, no exemplo citado do reino de França), as "leis" e os "costumes". Em outras palavras, e para permanecer na linguagem médica cara a Maquiavel, elementos que atestam a "boa saúde" da *constituição* do "corpo político".

Maquiavel sublinha, a segurança dos povos se apoia na limitação do poder dos reis por um arranjo institucional que os impede de "fazer o que bem entenderem".

Com efeito, essa ideia da lei como "freio" será reafirmada por Maquiavel no capítulo LXVIII do Livro I de *Discursos*. A França, escreve ele neste capítulo, "é um reino moderado por leis mais que qualquer outro reino de que em nossos tempos se tenha notícia" (Machiavelli, [D I, 58] 2000, p. 180). A exemplaridade do reino de França decorre do fato de que ali os reis estão impedidos de "romper aquele *freio* que poderia corrigi-los" (Machiavelli, [D I, 58] 2000, p. 180 – grifos nossos)[4]. É bem verdade que o "freio" da lei precisa limitar igualmente a multidão, pois "o príncipe que pode fazer o que quer é louco; um povo que pode fazer o que quer não é sábio" (Machiavelli, [D I, 58] 2000, p. 183). Contudo, o dano ao bem comum causado por um príncipe não contido pelas leis e aquele provocado por um povo desimpedido delas não é igual. Com efeito, escreve Maquiavel, "se pensarmos num príncipe obrigado (*obbligato*) às leis e num povo acorrentado (*incatenato*) a elas, veremos mais *virtù* no povo que no príncipe; e se pensarmos em ambos desatados (*sciolti*), veremos menos erros no povo que no príncipe" (Machiavelli, [D I, 58] 2000, p. 183).

Maquiavel utiliza dois adjetivos diferentes para descrever a vinculação de príncipes e povo às leis, mas se serve do

---

4. Em *Discursos* I, 55 Maquiavel observa que, se na França e na Espanha os povos ainda não estão corrompidos no mesmo nível em que o estão na Itália, isso "não provém tanto da bondade dos povos [...], mas sim da existência de um rei que os mantêm unidos, não somente por sua *virtù*, como também pelas ordenações de tais reinos, que ainda não estão degeneradas" (Machiavelli, [D I, 55] 2000, p. 174). Em outras palavras, são os ordenamentos (aparatos jurídicos, portanto) que impedem a desintegração dos povos por obra da corrupção e não ações voluntariosas de indivíduos virtuosos.

mesmo adjetivo para indicar sua desvinculação. O príncipe está *obbligato* enquanto o povo está *incatenato* às leis. Estar *obbligato* às leis pode ser entendido no sentido de "submetido" ou "vinculado". Indica, pois, a *obediência* – no sentido de *sujeição* – devida por aquele que comanda a imperativos impessoais, como instituições e leis, que funcionam como "uma guarda para mantê-los bons" (Machiavelli, [D I, 40] 2000, p. 151). Já *incatenato* parece remeter a uma relação mais estreita, mais firme, uma vez que se serve do substantivo *catene* (correntes, grilhões ou cadeias) para descrevê-la. Assim, a vinculação do povo às leis tem o sentido de "preso às *correntes*" ou ainda preso aos *grilhões* ou *cadeias* (da lei). A desvinculação das leis, por sua vez, é descrita pelo mesmo adjetivo – *sciolto* – tanto para o príncipe quanto para o povo, termo que pode ser traduzido por "solto", "livre", "desatado" ou, ainda, "desembaraçado".

Não parece casual esta utilização por Maquiavel de termos distintos para descrever o modo pelo qual se dá a vinculação de príncipes e povo às leis. O fato de Maquiavel servir-se do adjetivo *obbligato* para caracterizar o vínculo do príncipe com as leis remete à ideia de que a autoridade do soberano brota não do arbítrio de sua vontade, e sim da lei, pois é "designado segundo as ordenações públicas, e não por autoridade própria" (Machiavelli, [D I, 34] 2000, p. 135). "Soberana" – com perdão do óbvio anacronismo do termo –, em certo sentido, é a lei e não a vontade do príncipe, pois também o príncipe está subordinado aos imperativos impessoais da lei. A força (ou êxito) do comando exercido pelo príncipe emerge de uma simetria formal entre "príncipe"[5] e povo em relação à lei. O povo aceita voluntariamente

---

5. Somos do entendimento de que a utilização do termo *principe* por Maquiavel na passagem citada dos *Discursos* não deve ser interpretado como referência a um "monarca", como um indivíduo que

sua condição de *acorrentado* à lei na medida em que percebe que aquele que o comanda está igualmente submetido – *obbligato* – à exigência de obedecer a ela. Os *grilhões* que aprisionam o povo à lei não são percebidos como algo limitante à liberdade, porque graças a isso se "vive seguro" (Machiavelli, [D I, 16] 2000, p. 105). Além disso, o "freio" está posto igualmente no príncipe, o qual também "está impedido de fazer o que bem desejar".

Assim, ainda que o aparato jurídico não seja capaz "de garantir a paz e a tranquilidade de um povo para sempre", como observa Bignotto (1991, p. 102), a letra de Maquiavel ressalta que está no aparato jurídico a fonte de sua percepção de segurança. Certamente seria uma "ilusão constitucional" grave imaginar – como com muito acerto nos alerta Bignotto – que esse aparato seria capaz de produzir *por si só* a segurança. Neste sentido tem razão Bignotto (1991, p. 99) quando afirma que "o respeito às leis não se impõe por razões formais", mas é preciso que o povo visualize nelas "a expressão visível da liberdade" (idem).

A passagem de *Discursos* III, 1 é, sobretudo, precisa neste aspecto quando Maquiavel escreve que o reino de França "vive sotto le leggi e sotto gli ordini". Aqui Maquiavel parece apontar explicitamente para o ideal do "governo da lei" como base da segurança e liberdade dos ordenamentos políticos. E neste caso sequer se trata de uma república, pois fala do "reino" (do regime monárquico, portanto) da França. Muito embora seja verdade que ainda não se pode falar de "soberania" como estrutura de poder impessoal e abstrato do modo como passará a ser entendido a partir da primeira modernidade, a começar por Hobbes, é inegável,

solitariamente governa um território. Aqui nos parece que o termo remete muito antes ao sentido romano de *princeps*, ou seja, o "primeiro" ou o "mais eminente".

nos parece, que aqui esta ideia já se faz presente, ainda que em seu estado "embrionário".

O que impede o povo de "soltar-se" das "correntes" da lei é tanto a *virtù*[6] da qual está revestido – no sentido de agir para o bem da coletividade – quanto o potencial coercitivo implicado na lei. Já o que impede o monarca de "soltar-se" ou "liberar-se" da lei são as *ordini*, como o Parlamento no reino de França. É, pois, um aparato institucional – jurídico como diríamos na linguagem atual – o que impede o soberano de "romper aquele freio que poderia corrigi-lo". Isso revela a clara consciência de Maquiavel acerca da importância e necessidade de mecanismos "jurídicos", como o Parlamento na França, para a conservação de um *vivero civile e libero*.

O reconhecimento da importância de leis e ordenações, dentre as quais o Parlamento no reino da França, é reconhecido por Maquiavel novamente no primeiro capítulo do Livro III dos *Discursos*, por ocasião de suas considerações sobre o "retorno aos princípios" como forma de dar vida longa a um ordenamento político:

> Também os reinos precisam renovar-se e reconduzir as leis destes [reinos] para os seus princípios. E vê-se quanto bom efeito isso faz no reino da França, o qual vive sob as leis e sob as ordenações mais que qualquer outro reino. *Destas tais leis e ordenações são mantenedores os Parlamentos*, sobretudo o de Paris, as quais são por ele [Parlamento de Paris] renovados todas as vezes que faz

6. Como referimos anteriormente, Maquiavel lembra que, "se pensarmos num príncipe obrigado *(obbligato)* às leis e num povo acorrentado *(incatenato)* a elas, veremos mais *virtù* no povo que no príncipe; e se pensarmos em ambos desatados *(sciolti)*, veremos menos erros no povo que no príncipe" (Machiavelli, [D I, 58] 2000, p. 183).

> uma execução contra algum príncipe do reino e quando condena o rei em suas sentenças (Machiavelli, [D III, 35] 2000, p. 464-465 – grifos nossos)[7].

Como podemos notar, Maquiavel aponta o Parlamento francês como "guardião institucional" do *vivere civile e libero* daquele ordenamento político. É a este aspecto "jurídico" ou do "direito" (termos evidentemente anacrônicos em relação à linguagem maquiaveliana, mas que nos ajudam entender o ponto) que gostaríamos de chamar a atenção. Eles vão *além* daquilo a que Diego Quaglione (1999, p. 65) descreveu como "língua da jurisprudência como língua da experiência do poder". Aqui não estamos mais tão somente diante do uso de determinada "linguagem" de jurisprudência, mas do uso mesmo de *conceitos* daquilo que mais tarde pertencerá ao "direito constitucional" ou ao "direito público", ainda que, evidentemente, com maior refino e precisão[8].

---

7. Ainda que seja provável que Maquiavel atribua importância excessiva à capacidade efetiva de o Parlamento controlar as ações do rei na França, isso é uma questão que se torna irrelevante no quadro da compreensão teórica do lugar que o florentino atribui aos mecanismos institucionais (ou do "Direito", como diríamos atualmente) para a edificação de ordenamentos políticos "civis e livres". A questão se tornaria relevante, nos parece, no quadro de um estudo histórico que tivesse em vista averiguar como *de fato* se davam as relações entre rei e Parlamento na França naquele tempo, algo que não é nosso objetivo no presente estudo.
8. A propósito desta questão, Gianfranco Borrelli, examinando a função da lei no corpo do projeto teórico maquiaveliano, aponta para a adesão de Maquiavel "à corrente dos *studia humanitatis* dedicada à recuperação das lições dos juristas e dos oradores romanos, e de colocar à luz [...] o que eram considerados graves defeitos do modo de agir dos glosadores e comentadores" (Borrelli, 2016, p. 98). Assim, pondera o comentador italiano, "Maquiavel permanece essencialmente interessando nos aspectos constitucionais e administrativos dos ordenamentos jurisdicionais, consequentemente, na produção e nos procedimentos do direito comum público" (Borrelli, 2016, p. 99).

A propósito da função de "guardiã institucional" conferida por Maquiavel ao Parlamento, este corresponde – na reflexão levada a efeito no capítulo primeiro do Livro III de *Discursos* – às mesmas "ordenações que fizeram a república romana voltar aos seus princípios [ou seja] os tribunos da plebe, os censores e todas as outras leis que iam contra a ambição e à insolência dos homens" (Machiavelli, [D III, 1] 2000, p. 182). Maquiavel refere na sequência como exemplos "notáveis" de aplicação das leis e ordenações na Roma antiga "a morte dos filhos de Bruto, a morte dos dez cidadãos, a do frumentário Melio [...], a morte de Mânlio Capitolino, a do filho de Mânlio Torquato, a execução imposta por Papírio Cursor a Fábio [...] e a acusação dos Cipiões" (Machiavelli, [D III, 1] 2000, p. 182). No exemplo do reino da França, "tal reino se manteve por ter sido um obstinado executor contra aquela nobreza" (Machiavelli, [D III, 1] 2000, p. 184). Nos exemplos citados, tanto da Roma Antiga quanto da França contemporânea, prevalece a supremacia da lei sobre qualquer outra consideração em relação aos julgados. Dentre os exemplos mencionados da Roma Antiga, Maquiavel dedicará o capítulo III do Livro III à morte dos filhos de Bruto:

> Foi menos necessária que útil a severidade de Bruto para manter em Roma aquela liberdade que ele lhe acabara de conquistar, o que é exemplo raro em todas as memórias das coisas: ver o pai tomar assento nos tribunais e não só condenar os filhos à morte, mas também estar presente à execução deles (Machiavelli, [D III, 3] 2000, p. 467).

Maquiavel dá a este exemplo um destaque particular, pois mostra que na Roma republicana a lei se sobrepõe a todos: Bruto, em vez de valer-se de sua autoridade consular para livrar os filhos da condenação, faz valer a lei como princípio geral aplicável a todos por igual e os condena à morte.

Na mesma perspectiva da supremacia das leis e ordenações pode ser lido o caso da expulsão de Tarquínio Soberbo, com a consequente queda do reino. Sua expulsão, explica Maquiavel, não foi devida "ao *modo extraordinário* e odioso com que subiu ao trono [pois] se ele tivesse observado as antigas ordenações dos outros reis teria sido tolerado e o senado e a plebe não teriam se revoltado contra ele para tirar-lhe o estado" (Machiavelli, [D III, 5] 2000, p. 469 – grifos nossos). Sua expulsão também não se deu, continua o florentino, "porque seu filho Sexto violentou Lucrecia". O real motivo da queda de Tarquínio "foi porque ele mesmo *passou por cima das leis do reino* (*per avere rotte le leggi del regno*) e o governou tiranicamente, despojando o senado de autoridade, que acumulou toda em si" (Machiavelli, [D III, 5] 2000, p. 470 grifos nossos). A queda de Tarquínio se explica por sobrepor-se às leis e ordenações segundo as quais o reino de Roma era governado. "Passar por cima das leis"[9] cobra seu preço, adverte Maquiavel: "Saibam, portanto, os príncipes que se começa a perder o poder (*perdere lo stato*) quando se começa a transgredir (*rompere*) as leis e os modos e costumes antigos, segundo os quais os homens viveram muito tempo" (Machiavelli, [D III, 5] 2000, p. 470). Leis e ordenações, somadas aos costumes, são a base do *vivere civile e libero*. Quando são transgredidas – e o são quando o arbítrio pessoal se sobrepõe a elas –, tem por efeito a destruição mesma do ordenamento político. Retorna nesta passagem a mesma ênfase na importância do aparato jurídico na conservação do *vivere civile e libero*: a paz e segurança de

9. Em vez de uma tradução não literal, optamos aqui por captar o *sentido* da expressão. O adjetivo *rotto*, derivado do verbo *rompere*, utilizado por Maquiavel pode ser traduzido literalmente por "rompido", "destruído", "arruinado", entre outras. Nossa opção de captar o sentido implicado na expressão deriva do entendimento de que "ter *rompido* (destruído, arruinado) as leis do reino" implica na atitude de sobrepor-se a elas, de ignorá-las, na medida em que as substitui por seu arbítrio pessoal.

um povo está no respeito às leis e instituições em base às quais é governado.

Maquiavel faz disso um exemplo contemporâneo com o caso da perda do prestígio de Savonarola e sua posterior condenação e execução. Maquiavel, lembrando o exemplo de Ápio levado a julgamento por Virgínio, escreve: "não creio que haja pior exemplo numa república do que fazer uma lei e não a observar, sobretudo quando não é observada por quem a fez" (Machiavelli, [D I, 45] 2000, p. 137). Em seguida ilustra esta ideia com o sucedido com Gerônimo Savonarola. Este, "entre outros ordenamentos que visavam assegurar os cidadãos", criou "uma lei que possibilitava o recurso ao povo das sentenças proferidas pelos Oito e pela Senhoria em delitos contra o estado" (Machiavelli, [D I, 45] 2000, p. 137). Acontece, conta Maquiavel, que "pouco depois da aprovação, cinco cidadãos foram condenados à morte por delitos contra o estado, e querendo estes recorrer, não lhes foi permitido, deixando-se de observar a lei" (Machiavelli, [D I, 45] 2000, p. 156). Isto, continua Maquiavel, "prejudicou mais a reputação daquele frade do que qualquer outro acontecimento" (Machiavelli, [D I, 45] 2000, p. 156), pois colocou "à mostra seu ânimo ambicioso e partidário, destruiu-lhe a reputação e causou-lhe muitas críticas" (Machiavelli, [D I, 45] 2000, p. 156). O "caso Savonarola" se enquadra na mesma situação daquele de Tarquínio lembrado há pouco: "passar por cima das leis". Savonarola também, em vez de orientar a Senhoria de Florença a cumprir a lei, permitiu que prevalecessem as paixões partidárias – o "ânimo ambicioso e partidário" –, as conveniências circunstanciais daqueles que estavam no governo da cidade. E se confirma o princípio que Maquiavel apresenta naquela reflexão sobre Tarquínio: "se começa a perder o poder (*perdere lo stato*) quando se começa a transgredir (*rompere*) as leis e os modos e costumes antigos" (Machiavelli, [D III, 5] 2000, p. 470). O mais danoso disso, porém, não é "perder o poder", e sim a destruição das bases de sustentação do *vivere civile e libero* do ordenamento político e o risco de precipitá-lo numa tirania.

Considerando o que temos dito até aqui, torna-se significativa a observação de Descendre (2016, p. 44), ao defender que "o ideal jurídico e legal da *civilitas*, ou do *civilis princeps* presente na tradição historiográfica romana cara a Maquiavel, se configura como uma fonte provável da sua ideia de '*vita civile*'". Ora, se pergunta o comentador, valeria isso também da definição que Maquiavel fornece do "príncipe civil" em *O Príncipe*? Nesta obra, como sabemos, a definição "civil" atribuída a um príncipe decorre do modo como este chega ao poder e não do modo como o exerce: "quando um cidadão privado [...] se torna príncipe da sua pátria com o favor dos outros cidadãos, se pode chamar principado civil" (Maquiavel, [P IX] 2009, p. 109). Descendre (2016, p. 44) chama a atenção de que "em Roma, no período régio, esta era, precisamente, a via ordinária (em conformidade com as 'ordenações' romanas) de aceder ao poder".

Um exemplo desse procedimento se pode ler em *Discursos* quando Maquiavel recorda os eventos que se seguiram "à morte de Tarquínio Prisco, por obra dos filhos de Anco, e a morte de Sérvio Túlio, por obra de Tarquínio Soberbo" (Machiavelli, [D III, 4] 2000, p. 468). Maquiavel se refere ao procedimento sucessório romano para acentuar o cumprimento das formalidades legais (embora se servindo de subterfúgios[10]) no processo de

10. Não nos ocuparemos aqui com os detalhes da descrição dos eventos históricos que se seguiram à morte de Anco e a elevação ao reinado de Tarquínio Prisco. Tutor dos filhos de Anco, Tarquínio Prisco afastou de Roma os filhos de Anco com o objetivo de reivindicar o trono para si por meio da aprovação popular, no que obteve êxito. Quando Maquiavel escreve que "Tarquínio Prisco se *enganou* ao julgar que possuía aquele reino juridicamente", o *engano* se refere à ilusão na qual incorreu de imaginar que bastaria o cumprimento da formalidade legal para que o reino fosse seu. No exemplo em questão interessa-nos recuperar os aspectos do *procedimento* legal de investidura e não o exame dos detalhes históricos.

acesso ao poder de Tarquínio Prisco: "e veja-se como Tarquínio Prisco se enganou ao julgar possuir aquele reino *juridicamente* (*possedere quel regno giuridicamente*), visto que ele lhe fora dado pelo povo e confirmado pelo senado" (Machiavelli, [D III, 4] 2000, p. 469 – grifos nossos). Aqui Maquiavel aponta para o papel *constituinte* exercido pelo povo na elevação ao reinado, pois a elevação de alguém à função régia acontece por delegação popular (o reino "lhe fora dado pelo povo"). O emprego da expressão *giuridicamente* é indicativa, igualmente, de que Maquiavel tem a pretensão de chamar a atenção aos aspectos de legalidade (ou de "direito" como diríamos na linguagem atual) que envolvem o processo de sucessão monárquica. Há uma *legitimidade* a ser considerada nisso, e que brota precisamente do respeito à legalidade.

Em suma, Maquiavel não era em absoluto estranho aos elementos *jurídicos* do governo da cidade. Mais ainda, sua reflexão política é marcada pela preocupação legal, pela conformidade com os princípios jurídicos vigentes, fossem estes do *ius commune* construído em base ao *Corpus iuris* de Justiniano, ou pelos costumes e tradições enraizadas na vida dos povos. A concepção política de Maquiavel é uma concepção juridicamente orientada. Nada mais longe de Maquiavel do que a visão estereotipada do maquiavelismo vulgar, de que se trata de um pensador que concebe a política como ação voltada ao êxito, sem quaisquer considerações outras. Um pensador que enfatiza a necessidade de "possuir o reino *juridicamente*" revela uma compreensão "política" no pleno sentido da expressão, ou seja, de uma atividade que envolve atores públicos e estruturas jurídicas como condição de legitimidade para o exercício do governo da cidade.

O reconhecimento das estruturas jurídicas em *Discursos* de Maquiavel poderia ser complementado, ainda, pela consideração de algumas instituições, cuja importância é grandemente afirmada pelo florentino: o Tribunato da Plebe, a

Acusação Pública e a Ditadura. Considerando as limitações de espaço, vamos restringir nossa análise a uma delas, que praticamente não mereceu até aqui nossas considerações: a Acusação Pública.

Maquiavel trata esta instituição no capítulo VII, mas é útil confrontar o dito aqui com o dito no capítulo VIII, onde examina a questão das calúnias. Maquiavel concebe o mecanismo da Acusação Pública e de julgamento político consequente como forma direta de participação popular no governo da cidade, isto é, como prática institucionalizada que faz com que todos, mas particularmente autoridades e membros de famílias proeminentes, sejam colocados na situação de ter que tornar transparentes suas ações de natureza pública.

Na abertura do capítulo VII do Livro I de *Discursos* arrola este mecanismo entre os melhores instrumentos disponíveis para aqueles que recebem o encargo de guardar a liberdade: "àqueles que numa cidade são encarregados da guarda da liberdade não se pode conferir autoridade mais útil e necessária do que a de poder acusar, perante o povo ou qualquer magistrado ou conselho, os cidadãos que porventura pecarem de algum modo contra o estado livre" (Machiavelli, [D I, 7] 2000, p. 79).

Este instrumento legal, segundo Maquiavel, oferece duas vantagens. Primeira, pune aqueles que merecem e impede os demais de pensar em cometer tais delitos no futuro: "os cidadãos, por medo de serem acusados, nada intentam e intentando, são reprimidos de imediato e sem consideração" (Machiavelli, [D I, 7] 2000, p. 79). Segunda, evita a escalada da violência entre facções, que em tais casos muitas vezes resulta em punições arbitrárias e não públicas; nas palavras de Maquiavel, "permite o desafogo daqueles humores que, de algum modo, crescem nas cidades contra qualquer cidadão, e quando estes humores não têm como desafogar-se por *modos ordinários*, recorre-se aos *extraordinários*, que leva a república inteira à ruína" (Machiavelli, [D I, 7] 2000, p. 79-80 – grifos nossos). Como podemos notar, a contraposição entre *ordinário* e *extraordinário* está estreitamente ligada à contraposição entre *público* e *privado*. Com efeito, o sistema institucionalizado da *acusação* pública elimina as consequências desestabilizadoras que derivariam do uso de meios privados de proteção e autodefesa ligados às *parti* e aos *partigiani*. Em *Histórias Florentinas* Maquiavel identificará precisamente nisso o caráter corrosivo dos conflitos que marcaram a história de Florença. Isso nos possibilita entender porque a insistência de Maquiavel na resolução pelos "modos ordinários", isto é, ações em conformidade com as estruturas legais vigentes, e não pelos "extraordinários", ou seja, extra-legais. Os conflitos resultantes da pluralidade de interesses presentes num ordenamento político precisam de "canais" apropriados da Lei para seu caminho de saída: "não há algo que torne tão estável e firme uma república do que ordená-la de tal modo que a alteração dos humores que a agitam encontre via de *desafogo ordenada pelas leis*" (Machiavelli, [D I, 7] 2000, p. 80 – grifos nossos). Deste modo, pondera Varioti,

> O tema da acusação e da calúnia pode ser lido como uma articulação particular, mas conceitualmente fundamental, do problema da institucionalização do dissenso, ou seja, da possibilidade de dar voz aos humores [...] que se agitam no interior da sociedade evitando que eles se exprimam nas formas não institucionais, e por isso desestabilizadoras, dos protestos de praça, incontroláveis e sujeitas à degeneração (Varoti, 2014, p. 4).

A Acusação Pública evita as consequências deletérias das "calúnias". A diferença entre ambas, escreve Maquiavel, é que "as calúnias não têm necessidade de testemunhas nem de qualquer outra particular confrontação para prová-las [...]; as acusações precisam de confrontações verdadeiras e de circunstâncias que mostrem a sua verdade" (Machiavelli, [D I, 8] 2000, p. 83). Enquanto as calúnias se prestam à exploração demagógica que leva ao sectarismo e à ruína, as acusações públicas servem à república. Florença é seguidamente criticada por Maquiavel por ser suscetível às calúnias devido ao fato de não contar com o mecanismo da Acusação Pública: "Se em Florença tivesse havido uma ordenação que possibilitasse a acusação dos cidadãos e punisse os caluniadores, não teriam ocorrido os infinitos tumultos que ocorreram" (Machiavelli, [D I, 8] 2000, p. 84). Nas palavras de Varoti (2014, p. 3), as acusações públicas "se convertem em instrumentos necessários à conservação da liberdade [...], seja contribuindo para preservá-las das prevaricações dos poderosos privados [...], seja abrindo uma via legal e não revolucionária à expressão do descontentamento em relação aos cidadãos individuais".

Com o objetivo de tornar mais clara a diferença que existe quando um ordenamento político dispõe da instituição da Acusação Pública e quando não conta com ela, Maquiavel ilustra a situação partindo do quadro em que ela *existe* servindo-se do exemplo romano de Coriolano. Esse, aproveitando-se da irritação da nobreza com a plebe "por lhe parecer que esta tinha excessiva autoridade devido à criação dos Tribunos que a defendiam" (Machiavelli, [D I, 7] 2000, p.80), sugeriu castigar a plebe retendo os alimentos para fazê-la passar fome a fim de subtrair-lhe a autoridade. Este plano, uma vez chegado ao conhecimento do povo, "provocou tanta indignação contra Coriolano que este, ao sair do Senado, teria sido morto tumultuariamente, se os Tribunos não o tivessem intimado a comparecer para defender sua causa" (Machiavelli, [D I, 7] 2000, p.80). Maquiavel chama a atenção para a diferença que haveria se Coriolano fosse morto violentamente pela plebe (por "modos extraordinários") em vez de ser executado de acordo com a lei (pelos "meios ordinários"): no primeiro caso se constituiria num ato privado contra um cidadão; no segundo, num julgamento formal em assembleia pública. Enquanto a primeira alternativa alimenta partidários que levam a república à ruína, da segunda "segue-se pouca ou nenhuma desordem na república" (Machiavelli, [D I, 7] 2000, p. 80). Novamente, a ênfase da segurança do *vivere civile e libero* é colocada no aparato jurídico.

Em seguida, acrescenta dois exemplos contemporâneos extraídos da história de Florença para ilustrar o que sucede quando *não existe* o instrumento legal da Acusação Pública. O primeiro é o de Francesco Valori. Pelo fato de a cidade não contar com uma via institucional para que a multidão pudesse *sfogare l'animo suo* contra Francesco Valori, Florença se viu obrigada a lidar com a animosidade popular por meio da utilização de "modos extraordinários", o que levou ao desenvolvimento de facções de ambos os lados (nobres e povo) e à eliminação de muitos nobres. Francesco Valori, escreve Maquiavel, "estava como príncipe da cidade" e sua ambição era elevar-se a tirano. "Como não houvesse na república meio de opor-lhe resistência, a não ser com uma seita contrária à sua, isso fez com que, não temendo nada senão os *modos extraordinários*, começasse a reunir partidários que o defendessem; por outro lado, aqueles que se lhe opunham, não contando com uma *via ordinária* para reprimi-lo, pensaram nas vias extraordinárias: a tal ponto que se enfrentaram com armas" (Machiavelli, [D I, 7] 2000, p. 81 – grifos nossos). E Maquiavel conclui: se houvessem mecanismos institucionais (isto é, uma *via ordinária*) capazes de conter a ambição de Valori, a autoridade deste "se teria extinguido com seu dano apenas"; como não existiam, foi preciso apelar aos meios extralegais (isto é, aos *modos extraordinários*), e "o dano foi não somente seu, mas de muitos outros nobres cidadãos" (Machiavelli, [D I, 7] 2000, p. 81).

Maquiavel completa o exemplo contemporâneo com o sucedido com Piero Soderini, Gonfaloneiro vitalício da república de Florença. A oposição o acusava de abusar do poder, o que facilitou o retorno dos Medici e a destruição da república. Nas palavras de Maquiavel, o que aconteceu com Piero Soderini "se deu por não haver naquela república nenhum modo de acusação contra a ambição dos cidadãos poderosos. [...] Se houvessem tais modos, ou os cidadãos o teriam acusado, caso ele tivesse se comportado mal, e por tal meio, sem precisar chamar o exército espanhol, teriam desafogado seu ânimo, ou, caso ele não tivesse se comportado mal, nada teriam ousado fazer contra ele para não serem eles mesmos acusados" (Machiavelli, [D I, 7] 2000, p. 81). Traduzindo o argumento de Maquiavel: tivesse existido um mecanismo popular amplo de julgamento – à semelhança do instituto romano da Acusação Pública –, o exército espanhol não precisaria ter sido trazido à Itália para resolver o assunto e, consequentemente, a república não teria sido arruinada.

Maquiavel levanta ainda a questão das dimensões e diversidade da estrutura julgadora: quanto mais ampla a assembleia, tanto menor será a possibilidade de o julgamento refletir os interesses particulares de um grupo: "É preciso que os juízes sejam muitos, porque os poucos sempre agem ao modo dos poucos" (Machiavelli, [D I, 7] 2000, p. 81). Em suma, (a) os órgãos jurídicos com a função de decidir acusações políticas devem ser maiores do que os comitês executivos de Florença; (b) as acusações devem ser apoiadas por provas e se elas não forem convincentes o acusador será considerado um caluniador e deve sofrer punição tão dura quanto a que paira sobre a pessoa acusada.

Voltamos aqui, para concluir, ao argumento de Bignotto ao qual fizemos menção na abertura deste trabalho: não existe um *vivere civile e libero* sem a existência de um aparato jurídico adequado; no entanto, uma vez que não existem remédios infalíveis – como poderiam erroneamente ser entendidos os mecanismos jurídicos –, a política permanece um âmbito que jamais pode ser colocado definitivamente em segurança. Dada a contingência do político e considerando a esterilidade dos aparatos jurídicos de produzir por si mesmos efeitos, é ilusória a pretensão de erigir a segurança como horizonte mais elevado e definitivo da vida política. Na vida política o máximo que se pode alcançar é a produção de arranjos institucionais destinados a responder, ainda que jamais de forma absolutamente segura, às variações da fortuna. Unicamente por meio de ordenações [*ordini e legge*] dinâmicas, ajustadas às variações de tempo e lugar, será possível conservar o *vivere politico e civile*. No entendimento de Maquiavel, trata-se de construir – no sentido de *constituir* e *instituir* – uma ordem aberta e dinâmica que alcance envolver os cidadãos na produção da *virtù* necessária ao seu funcionamento. Ainda que as ordenações não sejam garantia absoluta contra a dissolução da vida política e civil, não tolhe delas a possibilidade de serem instrumentos de produção e conservação de uma vida política livre. Para Raimondi (2015, p. 155), transparece aqui o caráter paradoxal do pensamento de Maquiavel: "a maior segurança é possível somente vivendo e agindo dentro de certo grau de insegurança, porque toda segurança que se acredita definitiva é sempre ilusória satisfação de um desejo que impede ver o real gerando os pressupostos da ruína. Somente dentro da desordem é possível nascer a ordem". A elevação da segurança como horizonte definitivo da vida política, antes de conduzir a uma ordem livre, tende a produzir formas autoritárias e, no extremo, tirânicas.

Quando se compreende a dinâmica da vida política como o equilíbrio tenso, permanentemente exposto ao desequilíbrio, entende-se também o caráter contingente da Lei (ou das "ordenações"). A historicidade radical da Lei resulta do caráter mutável do jogo de forças em confronto, que inviabiliza a sua cristalização. A dinamicidade inerente ao conflito faz também com que todo o legislado esteja permanentemente exposto à mudança. Nada é definitivo, nem as conquistas constitucionais (*legge* ou *ordine*), nem mesmo a liberdade enquanto tal. Com efeito, também ela está exposta ao risco contínuo de ser subvertida em tirania. Assim, também a liberdade deve ser compreendida como resultado do esforço conservativo contínuo que faz com que jamais possa ser tida como uma conquista definitivamente dada, livre de qualquer ameaça. Em outras palavras, e contra todo pensamento hobbesiano, a liberdade é um bem pelo qual é preciso combater permanentemente.

Referências Bibliográficas

ADVERSE, Helton. Lei e liberdade em Maquiavel. *In:* BIRCHAL, Telma de Souza e THEOBALDO, Maria Cristina (Orgs.). *Espaços da Liberdade*: Homenagem a Sérgio Cardoso. Cuiabá: EdUFMT, 2018, p. 121-143.

BIGNOTTO, Newton. *Maquiavel Republicano*. São Paulo: Loyola, 1991.

BORRELLI, Gianfranco. Praticare i conflitti. Il primato del "vivere politico" e il posto della legge in Machiavelli. *In:* LABRIOLA, Giulia Maria e ROMEO, Francesco (a cura di). *Niccolò Machiavelli e la tradizione giuridica europea*. Napoli: Editoriale Scientifica, 2016, p. 97-119.

DESCENDRE, Romain. Possedere quel regno giuridicamente. Machiavelli, il diritto e il potere 'civile'. *In:* LABRIOLA, Giulia Maria e ROMEO, Francesco (a cura di). *Niccolò Machiavelli e la tradizione giuridica europea*. Napoli: Editoriale Scientifica, 2016, p. 35-47.

______. Le pouvoir 'civil' chez Machiavel, entre Tite-Live et le droit romain. *Parole Rubate*, Fascicolo n. 13 / Issue no. 13 – Giugno 2016b, 153-169.

MACHIAVELLI, Niccolò. *Discorsi sopra la prima Deca di Tito Livio*. Introdução de Gennaro Sasso; preâmbulo e notas de Giorgio Inglese. Milano: Rizzoli Editore, 2000.

MAQUIAVEL, Nicolau. *O Príncipe* (edição bilíngue). Tradução de José Antônio Martins. São Paulo: Hedra, 2009.

QUAGLIONE, Diego. Machiavelli e la lingua della giurisprudenza. *Il pensiero politico*, XXXII (1999), p. 171-185.

RAIMONDI, Fabio. Les 'tumultes' dans Le Prince et dans les Discours. Notes pour um lexique machiavélien des luttes. *In:* ZARKA, Ives Charles e Ion, Cristina. *Machiavel: Le pouvoir et le peuple.* Paris: Mimesis, 2015. p. 157-173.

VAROTI, Carlo. Accuse e Calunnie. *In:* SASSO, Gennaro (Org.). *Machiavelli: enciclopedia machiavelliana*, Volume 1. Roma: Istituto della Enciclopedia Italiana, 2014, p. 3-5.

Maquiavel e a Tirania

Helton Adverse

Quando, trinta anos atrás, Newton Bignotto publicou *Maquiavel Republicano* (Bignotto, 1991) abria-se, para os pesquisadores brasileiros, a possibilidade de examinar sob uma luz completamente nova o pensamento político de Maquiavel. Se até meados dos anos 1980 a recepção brasileira de Maquiavel se encontrava sob a égide de uma reflexão sobre o Estado (Monteiro, 2015), com o livro de Newton Bignotto a ênfase se desloca para os problemas da ação e da liberdade, que definem o eixo da tradição republicana. Embora a questão da tirania não seja abordada no livro de Bignotto, ela também encontra seu lugar tanto no interior dessa tradição quanto no universo conceitual que o livro mobiliza. E ao colocarmos o problema da tirania sob este prisma não ficamos surpresos com o fato do livro seguinte de Newton Bignotto ter tratado justamente do aparecimento da tirania como problema político e filosófico. O percurso que Bignotto segue nesse livro parte do surgimento da tirania nas cidades gregas do século VI a. C. (em especial, Atenas) em direção à sua captura conceitual pela filosofia política de Platão e Aristóteles. Não sendo possível refazer esse percurso, gostaríamos de destacar a intuição que lhe serve de diretriz e que é formulada da seguinte maneira:

> O tirano, assim como a democracia, nasceu do confronto entre uma parcela considerável da população, que se sentia excluída e que pagava por isso, e as diversas famílias aristocráticas, que de formas muito diferentes, mas sempre baseadas no princípio da diferença, exerciam o

> poder nas mais importantes cidades. Não podemos falar de um processo único, ou mesmo de acontecimentos que guardam entre si um estrito nexo causal; o certo, no entanto, é que a tirania apareceu muitas vezes como uma solução, ou um desdobramento necessário de uma crise, que ameaçava a própria sobrevivência das cidades (Bignotto, 1998, p. 22).

O fundo histórico dessa tese não deve obscurecer o fato de que ela contém em seu núcleo um elemento conceitual, a saber, a noção de conflito (indicada na passagem acima pela evocação da crise que está na origem da tirania). *O Tirano e a Cidade* mostrará como os conflitos que dividem a cidade – e que são inelimináveis da vida política – operam no registro histórico, cumprindo uma função causal no surgimento do regime tirânico, mas operam também em um registro que poderíamos chamar de *epistêmico*, pois que eles são a condição de possibilidade para que a cidade possa refletir sobre si mesma, assumindo-se como um objeto para o pensamento especulativo (como vemos nos discursos trágico, histórico e filosófico). Em certa medida, Bignotto inverte a tese de Leo Strauss – que defendia ser o melhor regime o problema central para a filosofia política clássica – para mostrar que a tirania coloca a cidade em questão, exatamente porque não pode ser desvencilhada da crise que a engendra. Ora, se para elaborar essa tese Bignotto serviu-se dos trabalhos de Nicole Loraux (sobretudo de suas análises de Sólon)[1], é inegável sua matriz maquiaveliana. Afinal de contas, foi o florentino que, como poucos, conferiu papel primordial ao conflito no interior da vida política, ao mesmo tempo em

1. Em especial, seu texto "Solon au Milieu de la Lice" (Loraux, 1984, p. 199-214). No Brasil, este texto foi publicado como "Sólon na Arena" (Loraux, 2009, p. 157-74)

que, como assinala a interpretação de Claude Lefort, transformou a divisão social na chave para o deciframento da ontologia do político. Nesse sentido, o livro sobre a tirania prolonga os estudos sobre o republicanismo de Maquiavel, deslocando seu objeto no tempo e espaço, mas substituindo também a liberdade pelo seu oposto, a saber, a própria tirania. No texto que segue, vamos ensaiar uma aproximação entre os problemas explorados nesses dois livros de Newton Bignotto, mas voltando à obra de Maquiavel para examinar como a tirania aparece em suas análises como questão política primordial que apenas é capturada conceitualmente quando recorremos a sua teoria do conflito. Em nosso percurso, vamos conferir maior atenção ao *Príncipe* e aos *Discursos sobre a primeira década de Tito Lívio*[2].

1. A tirania em *O príncipe*

Não escapou a muitos comentadores que o termo *tirania* não consta em *O príncipe*. Desde o século XVI, com Reginald Pole e Inocent Gentillet, este fato foi interpretado como a obliteração da diferença entre príncipe e tirano, prova da afinidade de seu autor com o regime tirânico ou, mais simplesmente, como a evidência do caráter anticonvencional do ensinamento de Maquiavel[3]. Por outro lado, não faltam

---

2. Daqui em diante, referiremo-nos, por comodidade, a essa obra como *Discursos*.
3. Esta é a leitura de Leo Strauss, em seu conhecido *Thoughts on Machiavelli* (1958). Strauss já havia defendido essa tese em obra anterior, onde declarava que "*O príncipe* se caracteriza pela deliberada indiferença com relação à distinção entre rei e tirano" (Strauss, 1948, p. 24). Vale notar que trabalhos recentes, como o de Robert Black, reafirmam esse ponto de vista. "Embora os termos 'tirano' e 'tirania' nunca sejam usados no texto, está claro que o novo príncipe, para Maquiavel, é sinônimo de tirano" (Black, 2013, p. 99).

comentadores para defender a tese contrária, enfatizando que a diferença entre principado e tirania é crucial para o entendimento da obra[4]. Nosso propósito não é colocar em xeque essas interpretações, mas examinar em que medida a reflexão sobre o principado cruza o problema da tirania e, em contrapartida, como a análise da tirania é imprescindível para a compreensão da natureza da ação política. Abrimos mão, portanto, de qualquer tentativa de buscar no texto algo que, no final das contas, não está lá, a saber, uma definição de tirania[5]. Mas acreditamos que uma de suas passagens abre um caminho para se refletir sobre o regime tirânico. Ela se encontra no capítulo IX.

Antes de iniciarmos nosso breve exame desse capítulo, gostaríamos de explicitar uma de nossas convicções teóricas que orientam a leitura do *Príncipe*. Esta convicção, como veremos, é na verdade uma hipótese que teremos ainda de demonstrar. Mas é preciso lançá-la neste momento para esclarecer nosso ângulo de abordagem: o problema da tirania em Maquiavel não pode ser compreendido quando utilizamos as categorias bartolianas que predominaram no final da Idade Média e durante boa parte do Renascimento. Como é bastante conhecido, Bartolo de Sassoferrato distingue duas formas de tirania: *ex defectu tituli* e *ex parte exercitii*. Como argumentaram recentemente Giovanni Giorgini e James Hankins, o enquadramento ao mesmo

4. Para ficarmos apenas com exemplos mais recentes, Giovanni Giorgini defende este ponto de vista em um importante artigo publicado há alguns anos (Giorgini, 2008), assim como James Hankins em seu último livro, especialmente o capítulo 19 (Hankins, 2019).
5. E, na verdade, não é um de nossos objetivos esboçar uma conceitualização precisa do termo, mesmo quando analisarmos o problema nos *Discursos sobre a primeira década de Tito Lívio*. Para um empreendimento dessa natureza, remetemos o leitor ao verbete "tirannide", de autoria de Jean-Louis Fournel e Jean-Claude Zancarini (2020).

tempo legal e moral de Bartolo deixa escapar a dimensão propriamente política da tirania, o fato de que ela corresponde, essencialmente, a uma forma de ação, a uma tática a ser utilizada em momentos cruciais[6]. Mas a perspectiva de Hankins e Giorgini apresenta um inconveniente: ela obscurece um aspecto da tirania, a saber, sua natureza de regime, quer dizer, ela é uma configuração do poder político. Por esse motivo, Maquiavel pode, em diversas passagens dos *Discursos*, fazer um uso não qualificado de tirania, coincidindo-a com o governo principesco ou o poder "absoluto"[7]. Mas há um uso marcado, qualificado, da tirania, em que ela surge como uma forma de governo resultante do confronto entre as forças políticas e inimiga da liberdade, como veremos. A partir desse uso, nós podemos compreender como a reflexão de Maquiavel é capaz de lançar uma luz sobre a tirania diferente da tradição que lhe era mais próxima, isto é, a bartolista. Mas diferente também da tradição da filosofia clássica, que alimentava o pensamento político do Renascimento.

Vamos, então, ao capítulo IX do *Príncipe*. Como dissemos, está fora de questão realizar uma análise minuciosa desse texto, mas somente colocar em destaque alguns elementos que são cruciais para equacionarmos o problema da tirania em Maquiavel.

---

6. Mais precisamente, diz Hankins que "a tirania é uma tática, não uma estratégia" (2019, p. 455). Para uma abordagem diferente do tema, isto é, o cotejamento entre Bartolo e Maquiavel, vale ler Jérémie Barthas (2007).
7. Por exemplo, em *Discursos*, I, 16, onde Maquiavel se refere a um "stato tirannico" de um "principe" (Machiavelli, [D 1, 16] 2000, p. 103); ou ainda no capítulo 25 do mesmo livro onde escreve: "quello che vuole fare una potestà assoluta, la quale dagli autori è chiamata tirannide" (Machiavelli, [D 1, 25] 2000, p. 120). O pode "absoluto" também qualifica um principado. Vamos nos servir, sobretudo para a tradução das passagens mais longas, da edição brasileira dos *Discursos* (Maquiavel, 2007).

1.1. Principado Civil e Tirania

Em um artigo célebre, publicado originalmente em 1983, Gennaro Sasso lança a tese segundo a qual o capítulo IX de *O príncipe* deveria ser lido a partir dos primeiros dezoito capítulos do livro I dos *Discursos sobre a primeira década de Tito Lívio.* De acordo com Sasso, teríamos aí um "pequeno tratado sobre as repúblicas", exatamente o texto que teria sido anunciado no segundo capítulo de *O príncipe*, de modo que a redação deste último teria sido antecedida pelo primeiro trabalho[8] (Sasso, 1987, p. 355). Para nossos propósitos, não é relevante discutir a consistência da tese de Sasso, mas nos interessa sua sugestão de que a espécie de principado descrita no capítulo IX de *O príncipe* ter sua origem em uma crise *da república.* Com efeito, o capítulo VIII reforça esta intepretação, pois seu parágrafo inicial faz alusão à república[9]. Além disso, sempre seguindo a sugestão de Sasso, há motivos razoáveis para acreditar que a crise da república que origina o principado civil coincide com um momento de corrupção. O argumento mais forte em favor dessa suposição é a óbvia afinidade entre o capítulo IX

---

8. Sasso defende o mesmo ponto de vista em obra posterior (1993), especialmente nos capítulos V e VI. Comentadores importantes, como Paul Larivaille, Felix Gilbert e Roberto Ridolfi, endossam essa tese. A respeito, vale a pena conferir o trabalho de José Antônio Martins (2007), sobretudo o primeiro capítulo. Para um ponto de vista contrário, apostando na completa inteligibilidade do capítulo IX no interior da argumentação do livro, ver Alberto Ribeiro G. de Barros (2015).
9. "Mas uma vez que se chega de privado a príncipe de mais dois modos, os quais é impossível atribuir totalmente seja à fortuna, seja à virtude, não me parece que deva deixá-los em claro, ainda que *um* deles se pudesse discutir mais desenvolvidamente se se tratasse das repúblicas. São eles quando por uma qualquer via celerada e nefanda se ascende ao principado, ou quando um cidadão privado, com o apoio dos outros cidadãos, se torna príncipe de sua pátria" (Maquiavel, [P VIII] 2017, p. 139, grifo nosso). Este "um" é, sem dúvida, o caso do principado civil. Corroborando este ponto de vista, ver também Paul Larivaille (2001, p. 81-103).

do *Príncipe* e o capítulo XVI do livro I dos *Discursos*, um dos capítulos em que Maquiavel descreve o processo de corrupção do corpo político (voltaremos a esse ponto). Além disso, precisamos chamar a atenção para a presença de Nábis de Esparta como exemplo de príncipe "civil" bem-sucedido neste capítulo, fazendo notar que nos *Discursos* o mesmo personagem é chamado de tirano[10]. Por fim, Maquiavel se refere, no último parágrafo desse capítulo, a uma "ordem absoluta", que caracterizaria o principado civil quando da consolidação do poder do príncipe (como vimos acima, "poder absoluto", diz Maquiavel, é, ao menos de acordo com os antigos, característica da tirania). Podemos, então, esquematizar da seguinte maneira os elementos do capítulo IX que nos interessam para a análise do regime tirânico: 1) o principado civil se origina de uma crise; 2) esta crise coincide com o momento de corrupção de uma república; 3) o príncipe civil entra em um tirano uma de suas figuras exemplares; 4) o principado civil, como a tirania, pode ser definido como "poder absoluto". Vamos retomar alguns momentos da argumentação que Maquiavel desenvolve neste capítulo tendo em vista compreender com mais clareza como esses elementos estão articulados.

Como já sabemos, o capítulo dá continuidade àqueles que examinavam as formas de conquista do poder: no capítulo VI, ele é conquistado pela *virtù*; no VII, pela Fortuna; no VIII, pela criminalidade. Maquiavel escreve, então:

> Mas vindo ao outro aspecto, quando um cidadão privado, não por crime ou outra violência intolerável, mas com o apoio dos outros cidadãos, se torna príncipe da sua pátria – o que se pode chamar principado civil, para atingir o qual não é necessária toda a virtude ou toda a fortuna,

---

10. Maquiavel o chama de tirano em três capítulos distintos: D, I, 10 e 40; III, 6.

> mas antes uma astúcia afortunada –, digo que se ascende a este principado ou com o apoio do povo, ou o dos grandes. (Maquiavel, [P IX] 2017, p. 147)

Na sequência, Maquiavel introduz sua famosa teoria da divisão social, afirmando que em toda cidade há dois humores que "nascem" do desejo de comandar, característico dos "grandes", e o desejo de não ser dominado pelos grandes, característico do povo. Do embate entre esses desejos inconciliáveis irá se definir o destino político da cidade, que deverá adquirir uma dessas três formas: principado, liberdade ou licença (Maquiavel, [P IX] 2017, p. 147). Como o objeto do livro são os principados, Maquiavel concentra sua atenção sobre a primeira possibilidade do desfecho do conflito:

> O principado é causado ou pelo povo ou pelos grandes, consoante seja uma ou outra dessas partes que tem a ocasião: porque os grandes, vendo que não podem resistir ao povo, começam a dirigir a reputação para um deles e fazem-no príncipe a fim de poderem, à sua sombra, saciar os apetites deles; o povo também, vendo não poder resistir aos grandes, dirige a reputação para um só e o faz príncipe, para ser defendido pela sua autoridade. (Maquiavel, [P IX] 2017, p. 147)

Resta examinar como deve se comportar o príncipe novo diante dessas duas possibilidades de ascensão ao poder, isto é, com o apoio dos grandes ou do povo. Isso significa analisar as vantagens e desvantagens da busca do apoio de cada uma das partes da cidade. Maquiavel apresenta uma lista de argumentos para convencer seu leitor de que a aliança com o povo é melhor para o príncipe: o povo é mais numeroso do que os grandes, ele não rivaliza com o governante, seu desejo é mais "honesto", ele é mais constante etc. Diante desse fato, o príncipe, mesmo que tenha chegado ao poder com o auxílio dos grandes, deve procurar o apoio do povo, tal é sua superioridade política frente aos grandes. E essas ponderações encontram no exemplo histórico de Nábis a prova de sua efetividade[11].

Dois elementos devem ser retidos dessas considerações de Maquiavel: em primeiro lugar, o principado civil emerge em um momento de crise, de confronto entre as partes da cidade. Essa crise enseja uma disputa pelo poder, que não será resolvida pela imposição de uma das partes sobre a outra, mas pela escolha de um terceiro[12], incumbido de restituir a ordem política; em segundo lugar, Maquiavel afirma a necessidade de uma aliança entre o príncipe novo e o povo[13], o que abre a possibilidade de adoção de uma série de estratégias que definirão as relações de poder na cidade, incluindo a relação com os grandes. Sasso, e muitos outros comentadores, chamaram a atenção – com toda razão – para o fato de que nessas circunstâncias nos deparamos com a possibilidade de emergência de um principado civil, onde o poder político adquirido pelo governante encontrará certos limites (legais ou políticos, sob a forma da partilha do poder), ou de uma tirania, onde a autoridade será "absoluta", isto é, não será limitada pela lei, estando concentrada nas mãos de um só. O cotejamento com o capítulo XVI do livro I dos *Discursos* reforça essas conclusões. Levando isso em conta, o que se apaga não é a distinção entre

11. "Nábis, príncipe dos espartanos, aguentou o bloqueio de toda a Grécia e de um exército romano vitoriosíssimo, e defendeu contra eles a sua pátria e o seu estado. e bastou-lhe unicamente, ao sobrevir o perigo, precaver-se de poucos: se ele tivesse tido o povo como inimigo, isso não lhe teria bastado" (Maquiavel, [P IX] 2017, p. 149). Esta passagem será retomada praticamente termo a termo em D, I, 40.
12. Para um exame detalhado da figura do príncipe como terceiro, remetemos ao livro clássico de Claude Lefort (1972).
13. Um ótimo estudo sobre a necessidade dessa aliança se encontra em José Luiz Ames (2013).

principado novo e tirania, mas a diferença de origem desses regimes. Porém, Maquiavel não avança este ponto em *O príncipe*. Ele apenas pode ser compreendido se levarmos em conta suas análises da degradação da república nos *Discursos* (como faremos mais adiante).

Cabe ainda observar que o capítulo IX, ao desenhar o perfil do príncipe "absoluto", aponta não apenas o lugar onde ele pode aparecer, mas também as táticas que deve adotar para consolidar seu poder. Alguns comentadores pretendem encontrar nesse capítulo os fundamentos de um elogio de Maquiavel à tirania clássica[14]. Para McCormick – provavelmente um dos mais conhecidos dentre eles – o florentino é "o mais fervoroso defensor moderno dos tiranos da Grécia antiga" (2015, p. 61)[15]. Seu argumento se baseia em uma suposta exemplaridade dos tiranos gregos nos textos maquiavelianos e, em especial, em *O príncipe*. Partindo das considerações sobre o principado civil feitas por Maquiavel no capítulo IX, McCormick acredita que os tiranos gregos, em especial Hierão, Agátocles, Nábis e Clearco (este examinado somente nos *Discursos*) levaram a cabo, de modo plenamente exitoso, o preceito da aliança com o povo. Além disso, quase todos foram capazes de restabelecer em suas cidades as bases para a reconstrução de um regime republicano (2015, p. 68). De nossa parte, temos muitas reservas com relação à interpretação de McCormick, sobretudo porque irá rapidamente resvalar em uma defesa do empoderamento popular, uma espécie de populismo (McCormick, 2018), que é dificilmente compatível com as ponderações de Maquiavel sobre o papel do povo na cena política. E no que concerne propriamente a nosso tema, parece-nos que

14. Entendendo por esse termo a tirania histórica, tal como a vemos na Grécia clássica.
15. McCormick já havia apresentado esses argumentos em artigo anterior (2012, p. 714-35).

McCormick tem em vista a figura histórica do tirano para dar apoio à sua interpretação populista, deixando escapar o que, em nossa opinião, é o mais importante; assumindo, com Sasso, a proximidade entre principado civil e tirania, vemos, nesse capítulo, a delimitação do lugar em que a tirania aparece. Este lugar se define pela cena originária da vida política, quer dizer, o conflito entre grandes e povo e, por isso, Maquiavel pode assinalar nesse mesmo capítulo as três possibilidades de seu desfecho (principado, liberdade ou licença). Isto que estamos chamando de "cena originária" coincide com a crise na qual se encontra em suspenso o destino da cidade. Mas isso não basta, sem dúvida, para esclarecer a questão da tirania, visto que o fato de ela se originar de uma crise não a especifica. Em última instância, todo poder tem sua origem no conflito social, para Maquiavel. O que marca a tirania é o fato de sua aparição coincidir com um momento de corrupção da república. Mas isso não é dito no capítulo IX. Apenas podemos inferi-lo[16]. O laço entre tirania e corrupção será atado nos *Discursos*, mas o *Príncipe*, embora não possa avançar o suficiente nessa direção, já havia lançado os fundamentos para se pensar o fenômeno, referindo-o ao momento crucial da divisão civil.

2. A Tirania nos Discursos sobre a primeira década de Tito Lívio

Diferentemente de *O príncipe*, nos *Discursos* os termos "tirania" e "tirano" aparecem à profusão, o que não deve causar surpresa quando levamos em conta que se trata de uma obra que tem seu foco na liberdade, identificada com a forma de governo

16. Paul Larivaille não tem dúvidas a esse respeito: "... a ocasião em que se cria um principado novo nasce de uma situação de crise ou – para falar como Maquiavel – de corrupção do funcionamento das instituições civis" (2001, p. 92-3).

republicana. Nada mais natural, nesse contexto, do que operar com a distinção entre república e tirania, esta última encarnando a negação radical do *vivere libero*. Em diversas passagens, como naquela que já citamos e que se encontra no capítulo 25 do livro I dos *Discursos*, a tirania, entendida como "poder absoluto", ou "autoridade absoluta" (*potestà assoluta*) se opõe claramente à liberdade republicana, significando a destruição da vida civil regida pelas leis[17]. O maior ganho teórico que os *Discursos* podem nos oferecer a esse respeito consiste na explicitação do processo pelo qual a tirania pode surgir (afinal de contas, essa definição de tirania é, em larga medida, convencional). Mais do que a simples qualificação da tirania como regime marcado pela excessiva ambição pessoal, pela violência e ausência de leis, encontramos nos *Discursos*, em especial na sequência de capítulos que vai do 33 ao 40 do primeiro livro, uma explicação profundamente inovadora, que rompe com tanto com a perspectiva jurídica (como já sugerimos) quanto com a tradição da filosofia política antiga. John Najemy – com quem estamos de acordo e de cujas análises nos serviremos amplamente no que se segue – coloca a questão nos seguintes termos:

> Ele [Maquiavel] redefiniu o conceito de tirania, afastando-a da simples realização das ambições e desejos ilícitos de um homem e seguindo em direção a uma análise mais complexa que enfatiza o papel crucial dos antagonismos de classe, o resultante crescimento das facções, e a transformação da autoridade política e do poder militar em condições nas quais as leis e as instituições públicas se esfacelam na crescente privatização dos conflitos (...) Maquiavel viu a tirania como um aspecto, ou resultado,

17. Ver ainda *Discursos*, I, 16, 40; III, 7, 22, 28.

> dessa "corruzione" que, em seu léxico teórico, ocorre quando as instituições políticas e militares igualmente caem nas mãos de cidadãos privados excessivamente poderosos (Najemy, 2007, p. 99).

Se nos detivermos sobre os capítulos indicados acima, poderemos ver de forma mais nítida a inovação maquiaveliana.

2.1. As dificuldades de se manter a Liberdade

Antes do capítulo 33, porém, o capítulo 16 já havia indicado o mecanismo pelo qual as cidades livres podem se tornar vítimas de um tirano. Dando início a uma análise das causas e possíveis soluções para a corrupção nas repúblicas – análise que vai se ocupar boa parte do primeiro livro dos *Discursos* –, Maquiavel se interroga sobre a possibilidade de um povo acostumado a viver na servidão (sob o domínio de um príncipe) conservar sua liberdade quando se livra desse jugo. O hábito da servidão tem como um de seus efeitos mais perversos, do ponto de vista político, a corrupção do povo (ou daquilo que Maquiavel denomina de "matéria", em oposição à "forma" da lei). No caso em tela, a corrupção não é absoluta, mas mesmo assim são pequenas as chances de manutenção da liberdade, exatamente porque a força dos costumes e o grau de corrupção não podem ser negligenciados quando se trata da definição do modo de vida político. Mas em um trecho crucial, que nos interessa fortemente, Maquiavel coloca a nu a dinâmica política que é, em última instância, a responsável pelo fracasso da instituição da liberdade na cidade recém liberada:

> Que se acrescente às dificuldades acima ditas uma outra dificuldade, a saber, que o estado que se torna livre se faz partidários inimigos e não partidários amigos. Partidários

> inimigos se tornam todos aqueles que tiravam proveito do estado tirânico, aproveitando-se das riquezas do príncipe; esses, desaparecendo a possibilidade de tirarem proveito, não podem viver contentes e são forçados todo dia a reinstituir a tirania para retomar sua autoridade (Machiavelli, [D I, 16) 2000, p. 103; 2007, p. 65).

Esta passagem ganha considerável importância na medida em que redimensiona o problema da corrupção do estado e sua relação com a liberdade. Maquiavel introduz uma nuance no momento em retrata as dificuldades do povo habituado à servidão fundar um regime de liberdade; o que desponta em suas análises é a presença da corrupção também nos grandes, exatamente aqueles que tiravam proveito da tirania deposta. Os grandes cumprem uma função decisiva na derrocada do projeto político republicano, favorecendo a restituição da tirania. Comentando também essa passagem, Najemy observa que a "tirania está aqui vinculada aos interesses de grupos sociais cujos propósitos são atendidos pela concentração do poder nas mãos de um único homem" (Najemy, 2007, p. 100). Está desenhado aqui o quadro no interior do qual vão se estabelecer as relações entre corrupção, conflito e tirania. Se, por um lado, é evidente sua similaridade com a cena descrita no capítulo IX do *Príncipe*, por outro, está fora de dúvida que Maquiavel insere o problema da tirania no ambiente no qual ela vai adquirir nova inteligibilidade. Antes, porém, de avançarmos em direção à explicitação desse quadro, é imprescindível fornecer uma definição de corrupção. Ela já está anunciada no texto de Maquiavel quando ele se refere à inadequação entre "forma" (lei) e matéria (povo), cujo resultado é o enfraquecimento das instituições, sobretudo a neutralização das forças das leis. A esse respeito, Gabriel Pancera nos oferece, acerca do fenômeno, uma formulação precisa e esclarecedora: "trata-se de uma progressiva perda do referencial das leis e das instituições para a ação política e, portanto, para a efetivação da liberdade" (Pancera, 2019, p. 180).

No conjunto de suas análises sobre a corrupção, Maquiavel deterá sua atenção sobre os "erros" cometidos pelas cidades (grande e povo) na tentativa de ampliar, instituir ou recuperar a liberdade política. Duas espécies de erro são facilmente identificadas: ambas concernem aos costumes e modo de proceder (*modi*) a respeito das grandes conquistas militares. Maquiavel acredita que a "glória", por si só um bem, coloca um problema político de grande importância (tanto para as repúblicas quanto para os principados), pois o cidadão que se destaca pode significar uma ameaça à liberdade caso aumente excessivamente sua "reputação". Por outro lado, não compensá-lo por seus feitos (cometer o mal da ingratidão) produz um ressentimento que pode igualmente estar na origem de uma tirania. Maquiavel nos esclarece que a "qualidade" da resposta depende do grau de corrupção que afeta a república. Assim, aquelas mais saudáveis encontrarão a solução adequada para compensar seus cidadãos eminentes, ao passo que, nas corrompidas, abre-se a brecha para o surgimento de uma tirania:

> Quanto aos erros para manter-se livre, são eles, entre outros: ofender aqueles cidadãos que se deveria se premiar, suspeitar daqueles nos quais se deveria confiar. E embora estes modos em uma república corrompida sejam causa de grandes males – e que muitas vezes a conduzem à tirania, como ocorreu na Roma de César, que à força tomou aquilo que a ingratidão lhe negava –, no entanto, em uma república não corrompida são causas de grandes bens, e a fazem viver livre, conservando, por medo de punição, os homens melhores e menos ambiciosos (Machiavelli, [D I, 29] 2000, 126; 2007, p. 95).

Como observou corretamente Najemy, mais uma vez é afirmada, nessa passagem, a origem da tirania no interior da vida política da cidade[18]. Mas é quando se propõe a examinar as instituições criadas pelas repúblicas tendo em vista a manutenção da liberdade que Maquiavel pode adentrar o núcleo da tirania. A discussão se inicia no capítulo 33, que trata da ditadura romana. Do ponto de vista de Maquiavel, estão enganados os autores que a consideraram a causa da tirania inaugurada com Júlio César. A ditadura foi justamente o contrário. Sem ela, os romanos teriam perdido sua liberdade muito mais cedo, pois teriam sucumbido aos ataques dos povos vizinhos que temiam sua grandeza. A "criação" do ditador, afirma Maquiavel, foi o "remédio" que permitiu aos romanos superar todos os perigos, sobretudo quando se leva em conta o fato de que em uma república o processo deliberativo requer tempo, o que a torna, muitas vezes, vítima de sua própria liberdade. Para corrigir esse inconveniente, o instituto do ditador assegura à cidade livre rapidez e agilidade na tomada de decisão, pois ele detém poderes especialmente conferidos para enfrentar as urgências que decorrem, sobretudo, de uma situação de guerra. O ditador, portanto, concentra poderes que ordinariamente estão distribuídos de acordo com as "ordens" da cidade[19]. Mas, avisa Maquiavel, essa extraordinária concentração de poderes não se confunde com uma *potestà assoluta*. De fato, o poder do ditador – uma criação do povo de Roma, vale frisar – é limitado pela extensão de suas prerrogativas (ele não podia outorgar lei, não podia estabelecer

18. "Outra vez a tirania não é algo imposto de cima ou de fora, mas os resultados dos costumes, modos de conduta e erros dos cidadãos" (Najemy, 2007, p. 101).
19. Eis como Maquiavel apresenta o dispositivo do ditador: trata-se de "dar poder a um homem que sem qualquer consulta possa deliberar e sem qualquer apelação possa executar suas deliberações" (2000, p. 132; 2007, p. 102).

novas instituições nem desfazer as antigas) e pelo tempo[20]. Em suma, os poderes extraordinários são conferidos por via ordinária, o que significa tanto seu enquadramento em um regime legal, mas também a garantia de que nenhum cidadão poderia chegar à ditadura por via "privada". Na verdade, a condição para que a ditadura beneficiasse a república era precisamente a de que um cidadão a recebesse "pelas ordens públicas" (Machiavelli, 2000, [D I, 34] p. 135; 2007, p. 106).

A figura do ditador é de fundamental importância para se compreender aquela do tirano. Em larga medida, ela é seu negativo. O ponto em comum, evidentemente, é a concentração do poder, mas o do ditador, como acabamos de ver é limitado, conseguido por "via ordinária" e contribui para a preservação da liberdade. Valeria a pena fixar esses pontos para melhor compreendermos a natureza da tirania, à qual Maquiavel aborda explorando o mesmo campo de problemas, a saber, aqueles concernentes à conservação da liberdade de uma república.

2.2. A República corrompida e as Origens da Tirania

O capítulo 35 prolonga o desenvolvimento argumentativo dos capítulos que tratavam do ditador com uma grande novidade: agora, trata-se de examinar o caso de uma instituição política cuja origem, como a do ditador, remonta à

20. "... o ditador era instituído durante um tempo, não perpetuamente, e apenas para obviar à situação para a qual fora criado. E sua autoridade se estendia ao poder de deliberar por si mesmo acerca dos remédios para aquele perigo urgente, e fazer qualquer coisa sem consulta, e punir qualquer um sem apelação, mas não podia fazer nada que diminuísse o estado, como retirar a autoridade do senado e do povo, desfazer as velhas ordens da cidade e fazer novas. De modo que, somando o breve tempo de sua ditadura e a autoridade limitada que tinha, e o povo romano não corrompido, era impossível que saísse de seus limites e prejudicasse a cidade; e por experiência se vê que sempre beneficiou" (2000, p. 135; 2007, p. 107).

vontade popular ou, como diz Maquiavel, o sufrágio público e livre (Machiavelli, 2000, [D I, 35] p. 137; 2007, p. 109). Como é bem sabido, Maquiavel retoma, nesse capítulo, o episódio dos Decênviros, eleitos pelo povo romano para reformar suas leis e que deram azo a uma tirania que, se não tivesse sido reprimida pela virtude romana, teria arruinado a república. O episódio é tão mais emblemático quanto antecipa a série de acontecimentos que conduzirá Roma à tirania de César. A ditadura ensaiada no episódio dos Decênviros mobilizou os principais elementos que estarão presentes mais de trezentos anos depois, no momento em que a cidade mudará de regime. Eis o motivo para acompanharmos de perto o texto do florentino.

Maquiavel não tem nenhuma dúvida a respeito da natureza tirânica do governo dos Decênviros. Malgrado o fato de não terem ocupado o poder "com violência", mas com o consentimento do povo de Roma, a autoridade recebida converteu-se em tirania. Para compreender as razões é preciso "considerar os modos de dar a autoridade e o tempo pelo qual ela é dada" (Machiavelli, 2000, [D I, 35] p. 137; 2007, p. 109). O tempo concedido aos Decênviros – inicialmente um ano – é superior àquele concedido ao ditador, o que costuma resultar "em coisa perigosa e produzir efeito bom ou ruim" (Machiavelli, 2000, [D I, 35] p. 137; 2007, p. 109) de acordo com a qualidade dos que a receberam. Além disso, a autoridade conferida aos Decênviros também foi maior do que aquela conferida ao ditador. Como Maquiavel havia dito nos capítulos anteriores, a nomeação do ditador não suprimia a autoridade dos senadores, cônsules, tribunos e, o mais importante, ele não podia legislar. Ora, os Decênviros foram eleitos justamente para formular novas leis para os romanos. O grave erro dos romanos, portanto, consistiu em conceder um poder ilimitado aos decênviros, tanto no que concerne ao tempo de seu exercício quanto às suas prerrogativas (especificamente, a legislação). Tal poder absoluto torna os homens "insolentes" (Machiavelli, [D I, 35] 2000, p. 137; 2007, p. 109) e – o que é de muito maior consequência política – pode produzir a corrupção da "matéria" na medida em que seus detentores se veem diante da oportunidade de angariar "amigos e partidários", o que é o mesmo que utilizar o poder para benefício privado[21].

Estes são elementos imprescindíveis para que a tirania possa emergir em uma república, mas o quadro que nos oferece sua plena compreensão não está completo: é preciso ainda referir-se, como vai fazer Maquiavel a partir do capítulo 37, ao conflito político. É imprescindível passar brevemente por esse capítulo para retomar o episódio dos Decênviros e, finalmente, explicitar o problema da tirania, como o próprio Maquiavel o faz no capítulo 40 do livro I.

O capítulo 37 examina as consequências da introdução da lei agrária em Roma em um período muito posterior àquele dos Decênviros. O episódio se passa no final do século II a. C., quando sucessivamente (com um intervalo de pouco mais de dez anos) os irmãos Tibério e Caio Graco propuseram, por meio da referida lei, a limitação do direito à propriedade das terras adquiridas em campanhas militares, assim como sua partilha entre a plebe. A discussão a que esse capítulo dá prosseguimento é a mesma do capítulo 33, isto é, aquela que concerne aos procedimentos adotados pelas repúblicas para conservar a liberdade. Da perspectiva de Maquiavel, como já vimos, a avaliação

---

21. Vale notar que, no capítulo 28 do livro III dos *Discursos*, Maquiavel afirma que a via que conduz à tirania passa pelo ganho de reputação: "... a reputação dos cidadãos é causa da tirania nas repúblicas" (Machiavelli, [D III, 28] 2000, p. 536; 2007, p. 406). Mas trata-se, aqui, da reputação que é adquirida por "meios privados", ao passo que aquela adquirida por "meios públicos" (os bons conselhos, as conquistas no campo de batalha) favorece a liberdade (a mesma distinção aparece no livro VII das *Istorie fiorentine*).

desses procedimentos deve levar em consideração o grau de corrupção da cidade, as mesmas causas não produziram os mesmos efeitos em todas as circunstâncias[22]. No caso da lei agrária, sua tentativa de implementação pelos irmãos Gracos ocorreu em um período no qual Roma já se encontrava em um avançado estado de corrupção o que significa, para Maquiavel, que se formavam em seu interior facções que disputavam entre si o controle da autoridade política[23]. O aparecimento dessas facções correspondia a uma degradação do conflito político que dividia a cidade entre o senado e a plebe, o qual não encontrava mais as condições adequadas de sua expressão por via institucional. As facções emergiam exatamente no contexto em que as disputas políticas se resolviam por "via privada". Assim, a lei agrária encontrou, de um lado, apoio da plebe e, de outro, a recusa violenta dos patrícios. Dessa divisão surgiram os dois partidos que combateram no interior da cidade posteriormente ao desfecho trágico do episódio dos Gracos, no quadro de uma guerra civil que teve como líder da plebe Mário e, como líder dos patrícios, Silas. Maquiavel pode, então, resumir esse episódio da seguinte maneira: quando a lei foi reativada pelos Gracos, ela "arruinou totalmente a liberdade romana porque a potência de seus adversários era redobrada e, por causa disso, despertou tanto ódio entre a plebe e o senado que chegaram às armas e ao sangue, fora de todo modo e costume civil" (Machiavelli, [D I, 37] 2000, p. 141; 2007, p. 115). Em seguida, ele completa sua análise:

---

22. A lei agrária era na verdade bastante antiga, jamais tendo sido plenamente implementada. Do ponto de vista de Maquiavel, enquanto a república tinha "bons costumes", ela beneficiava Roma. Mais tarde, exatamente na época dos Gracos, com Roma em pleno processo de degradação política, a lei foi perniciosa.
23. Para uma análise detalhada desse processo, remetemos, mais uma vez, a Gabriel Pancera (2019), bem como a seu livro de 2010.

> De tal modo que, não podendo os magistrados públicos remediar a situação, e nenhuma facção tendo esperança neles, recorreram aos remédios privados, e cada uma das partes escolheu um chefe que a defendesse. Quem primeiro incidiu nesse escândalo e desordem foi a plebe e concedeu reputação a Mário, tanto que o fez cônsul por quatro vezes (...). Contra a esse mal a nobreza não tendo nenhum remédio, passou a favorecer Silas, e o elegeu chefe de seu partido, tendo eles chegado assim à guerra civil e depois de muito sangue e mudanças de fortuna a nobreza prevaleceu (Machiavelli, [D I, 37] 2000, p. 141; 2007, p. 115).

Está aberta a porta para tirania. A vitória da nobreza não será duradoura. Os mesmos humores que opunham plebe e senado serão revividos algumas décadas depois no embate entre Pompeu e César, este último favorecido pela plebe e primeiro tirano de Roma. Sua chegada ao poder decreta o fim da liberdade republicana.

O capítulo 37 ainda nos informa as razões que levaram ao acirramento do conflito. Elas são, aparentemente, de ordem econômica. Com efeito, Maquiavel diz no primeiro parágrafo que

> À plebe romana não bastou assegurar-se dos nobres pela criação dos tribunos, ao qual desejo foi constrangida pela necessidade; em pouco tempo, obtido aquilo, começou a combater por ambição e querer, com a nobreza, dividir as honras e as substâncias [as riquezas], como as coisas mais estimadas pelos homens (Machiavelli, [D I, 37] 2000, p. 140; 2007, p. 113).

Tudo leva a crer que a corrupção se instaura inicialmente na plebe para, em seguida, contaminar todo o corpo político. Ora, no decorrer de sua análise Maquiavel vai nos dizer que é exatamente o contrário. São os nobres que, aferrados a seus privilégios econômicos, se recusam ferozmente a partilhar sua riqueza. Durante séculos, a sombra da lei agrária serviu de freio a essa ambição desmesurada. Mesmo assim, os grandes puderam se aproveitar de sua imperfeita aplicação, mas isso fatalmente conduziu a cidade à ruína porque terminou por engendrar uma grande desigualdade. Como Maquiavel irá mostrar no capítulo 55 deste mesmo livro I dos *Dsicursos*, a desigualdade econômica é um grande obstáculo para a implementação e conservação da vida livre[24]. E chegado o momento em que os Gracos tentam reativar a lei (e, além disso, fazê-la retroativa), o embate torna-se inevitável. Vale a pena reproduzir na íntegra a passagem em que Maquiavel esclarece esse ponto:

> Tais foram o princípio e o fim da lei agrária. E embora tivéssemos mostrado em outro lugar como a inimizade em Roma entre o Senado e a Plebe a mantiveram livre, por daí nascerem leis em favor da liberdade[25], e por isso não pareça conforme a tal conclusão o fim da lei agrária, digo que não mudo por isso de opinião. Porque é tanta a ambição dos grandes que, se ela não sofresse oposição por várias vias e por vários modos, rapidamente arruinaria aquela cidade. De modo que se o conflito da lei agrária

---

24. Convém lembrar que neste mesmo capítulo 37 o florentino manifesta sua convicção de que "o público deve ser rico" e "os cidadãos pobres" (Machiavelli, [D I, 37] 2000, p. 141; 2007, p. 115). A literatura sobre a desigualdade econômica em Maquiavel tem-se avolumado, valendo a pena destacar o trabalho de Ricardo Silva (2013).
25. Maquiavel refere-se aos capítulos 4 e 5 do primeiro livro dos *Discursos*, onde, retomando a teoria dos humores já anunciada no *Príncipe* (como vimos), atribui à plebe o desejo (ou humor) de não ser dominado, ao passo que os grandes desejam dominar. Todas as leis que favorecem à liberdade têm sua origem nesse confronto (Machiavelli, [D I, 4] 2000, p. 71; 2007, p. 22).

> levou trezentos anos para fazer Roma serva, ela teria sido reduzida à escravidão muito mais cedo se a plebe, com esta lei e com seus outros apetites, não tivesse freado a ambição dos nobres. Vemos por isso, ainda, o quanto os homens estimam mais o patrimônio do que a honra. Porque a nobreza romana sempre cedeu, sem escândalos extraordinários, à plebe. Mas quando se tratou do patrimônio, foi tanta sua obstinação em defendê-lo que a plebe teve de recorrer à via extraordinária para defender-se, como foi dito acima. Os Gracos foram os causadores dessas desordens, e deles devemos louvar mais a intenção do que a prudência (Machiavelli, [D I, 37] 2000, p. 71; 2007, p. 116).

Maquiavel realiza uma notável inversão de perspectiva, que será fundamental para sua argumentação no capítulo 40. Finalmente, a plebe, ao escolher o caminho da facção, estava reagindo ao desejo desmesurado da nobreza. Má escolha, é verdade (como veremos logo em seguida). Para nossos propósitos, temos aqui os elementos suficientes para compreender a fundação do regime tirânico.

2.3. A Fundação da Tirania

O capítulo 40 parece concluir a linha argumentativa desenvolvida por Maquiavel nos capítulos anteriores, apresentando um quadro completo em que é possível tornar inteligível o fenômeno da tirania. O episódio dos Decênviros é retomado, mas agora com uma grade analítica melhor estruturada.

A personagem central do capítulo é Ápio Cláudio, que tentou implementar sua tirania após servir à cidade como um dos Decênviros. Seu caso é emblemático e, por meio dele, podemos ver, como diz Maquiavel, os "erros" do senado e da plebe que quase levaram Roma a perder sua liberdade. E ela não a perdeu sobretudo por causa dos erros do próprio Ápio, que agiu "em desfavor da tirania" (Machiavelli, [D I, 40] 2000, p. 147; 2007, p. 123)[26]. Seguindo Tito Lívio, Maquiavel reconstitui também as circunstâncias que deram origem ao episódio, a saber, a decisão dos romanos de formular novas leis e, para isso, enviaram três embaixadores a Atenas com a intenção de examinar a reforma legislativa de Sólon, que poderia servir de ponto de partida para sua própria. Essa aproximação se explica pelo fato de tanto o legislador quanto o tirano ocuparem a autoridade absoluta em um momento no qual os conflitos na cidade se intensificam. Mas a proximidade também define suas diferenças, pois que no exercício da autoridade absoluta pelo tirano o regime de leis é negado. Maquiavel demonstra plena consciência dessa proximidade e distância quando coloca lado a lado, no capítulo 9 do livro I dos *Discursos*, o tirano e o fundador/legislador[27] e sela com uma frase memorável os diferentes resultados de suas ações: "porque aquele que é violento pra destruir, não aquele que o é para ordenar, deve ser reprovado" (Machiavelli, [D I, 9] 2000, p. 86; 2007, p. 42). A comparação se prolonga no capítulo 10, que não podemos analisar neste momento. Cabe apenas ressaltar que o quadro analítico fixado por Maquiavel capaz de capturar o fenômeno da tirania é o mesmo com o qual é possível esclarecer a natureza do fundador/legislador: a concentração do poder como resposta à crise política provocada pela impossibilidade de resolução dos conflitos[28]. Porém, deve

---

26. Cabe notar que a fonte maior de Maquiavel na leitura desse episódio, Tito Lívio, em nenhum momento qualifica Ápio de "tirano".
27. É Maquiavel quem os equipara: "Moisés, Licurgo, Sólon, e outros fundadores de reinos e de repúblicas..." (Machiavelli, [D I, 9] 2000, p. 87; 2007, p. 41).
28. Não é relevante para nossas análises a diferença entre um legislador como Rômulo (que foi, de fato, um fundador) e outro como Sólon (que foi, sobretudo, um reordenador). Preferimos apontar a convergência entre ambos, que ocupam, sozinhos, o lugar do poder (e vale lembrar

estar claro a esta altura que a principal razão para que a concentração do poder degenere em tirania, segundo Maquiavel, é a corrupção. Eis o que se esclarece no capítulo 40, ao qual voltamos a partir de agora.

Os Decênviros governaram, em seu primeiro mandato, "muito civilmente", diz Maquiavel. Isso significa que, apesar de detentores da "autoridade absoluta", não a utilizaram de modo tirânico, cumprindo a contento a função para a qual foram eleitos pelos romanos, a saber, fornecer novas leis à cidade (Machiavelli, [D I, 40] 2000, p. 148; 2007, p. 124). Nosso interesse pela narrativa de Maquiavel se dirige justamente às causas que ele apresenta para entender a modificação no uso dessa autoridade e a consequente transformação dos "dez", passando de legisladores a tiranos. Esse estado de coisas não durou muito. Seguindo de perto Tito Lívio[29], Maquiavel mostra como o chefe dos Decênviros, Ápio Cláudio, manobrou para assegurar sua recondução ao segundo mandato e decidiu a lista, a ser submetida ao povo, contendo o nome dos demais nove Decênviros. E logo no começo do segundo ano de sua autoridade, Ápio dá sinais inequívocos de sua inclinação tirânica ao multiplicar por dez o número dos lictores (12 para cada Decênviro, ao todo 120)[30] e ao maltratar a plebe (Machiavelli, [D I, 40] 2000, p. 149; 2007, p. 125). Quando Ápio, por causa da recém-declarada guerra contra os Équos e os Volscos, passa

---

que Maquiavel retoma o mesmo para designar este lugar: *estar só*, como vemos já no título do capítulo 9. Mas a expressão retorna em diversas outras passagens, como naquela do próprio capítulo 9 em que Maquiavel escreve, a propósito de Cleomene, *sola autorità*).

29. Tito Lívio dedica mais da metade do terceiro livro de sua História romana aos acontecimentos que envolveram os Decênviros. Maquiavel segue as linhas gerais de sua exposição, não sendo por acaso este um dos capítulos em que ele mais cita textualmente Lívio em latim.
30. Os lictores, que originalmente acompanhavam os reis e, posteriormente, os cônsules, faziam as vezes de guarda pessoal do magistrado.

a, sozinho, governar Roma, desvela sem ambiguidades o caráter tirânico de seu poder, especialmente no caso envolvendo Virgínia, a quem ele desejava, mas teve seus plano frustrados pelo pai da jovem, que prefere matá-la a entregá-la aos caprichos do tirano. Este episódio, que evoca o estupro de Lucrécia por ocasião da expulsão do último Tarquínio, precipita o fim do poderio de Ápio e dos Decênviros. Certamente, não é o caso de retomar aqui os detalhes da narrativa de Maquiavel, sendo mais adequado a nossos propósitos chamar a atenção para o seguinte: concordando com Tito Lívio, Maquiavel atribui aos erros do povo e da nobreza de Roma a responsabilidade pelo "erro" que levou ao segundo mandato dos Decênviros e, por extensão, à tirania que quase pôs fim à liberdade. Mas, diferentemente, do historiador, ele apresenta as causas desse erro em uma passagem que temos de reproduzir:

> Por esse texto, portanto, nota-se, em primeiro lugar, que em Roma se incorreu nesse inconveniente de criar essa tirania pelas mesmas razões pelas quais nascem as tiranias nas cidades: pelo excessivo desejo do povo (*troppo desiderio*) de ser livre e pelo excessivo desejo dos nobres de comandar. E quando eles não se acordam na criação de uma lei em favor da liberdade, mas põe-se alguma das partes a favorecer alguém, então nasce subitamente a tirania (Machiavelli, [D I, 40] 2000, p. 150; 2007, p. 127).

A situação descrita aparenta-se fortemente àquela referida no capítulo IX do *Príncipe*, assim como àquela do capítulo 37, e Maquiavel reafirma, nessa passagem, sua convicção de que a tirania decorre dos conflitos entre os humores da cidade. Mas há aqui uma importante diferença: a tirania não se estabeleceu, o que apenas foi possível porque o candidato a tirano não foi capaz de tirar proveito da situação e assentar seu poder sobre a plebe (Machiavelli, [D I, 40] 2000, p. 150; 2007, p. 127);

mas também porque Roma não se encontrava corrompida[31]. E não apenas isso: o que conduz à criação dos Decênviros não se identifica plenamente com o conflito descrito no *Príncipe* IX nem em *Discursos*, I, 37, porque não se trata de uma reação da plebe à violência desabrida dos grandes em um estado corrompido. Maquiavel, de fato, acusa as duas partes de "excesso", o que ele explica na passagem que segue a anterior:

> O povo e os nobres de Roma concordaram em criar os Dez – e criá-los com tanta autoridade – pelo desejo que cada parte tinha: uma de eliminar o consulado, outra o tribunal da plebe. Assim que foram criados, parecendo à plebe que Ápio houvesse se tornado popular e combatia a nobreza, voltou-se o povo a favorecê-lo. E quando um povo comete esse erro – dar reputação a alguém para que combata aqueles que odeia – e se este for sábio, sempre ocorrerá que ele se tornará tirano da cidade (Machiavelli, [D I, 40] 2000, p. 152; 2007, p. 127-128).

O excesso, como podemos ver, está no desejo de eliminar o adversário político por meio da violência, sem obedecer às instituições e às leis. Em suma, trata-se de recorrer às vias "extraordinárias", a base de todo processo de corrupção. Assim, Maquiavel pode dizer que o povo romano, mas também os

31. É verdade que Maquiavel não afirma claramente a não corrupção da cidade. Mas é legítimo fazer essa pressuposição levando em consideração a argumentação desenvolvida nos capítulos anteriores, onde ele opera com a distinção entre os efeitos produzidos pelos mesmos dispositivos em cidades corrompidas e não corrompidas. Além disso, parece-nos decisiva a frase que encerra o capítulo: "Por este discurso, ficamos conhecendo, como propus no início, o erro do povo romano, ao querer salvar a liberdade, e os erros de Ápio, ao querer ocupar a tirania" (Machiavelli, [D I, 40] 2000, p. 152; 2007, p. 127-128). A busca pela resolução dos conflitos, portanto, se dava no horizonte da liberdade.

nobres, estiveram "cegos" pelo desejo excessivo de retirar da cena política a classe oposta concedendo uma autoridade ilimitada aos "dez", e dando origem a um poder que acabaria por arruinar a cidade:

> Porque os homens, como diz o rei Ferrando, muitas vezes são como as pequenas aves de rapina, nas quais há tanto desejo de conseguir sua presa , à qual a natureza as incita, que não presentem outra ave maior, acima delas, prestes a matá-las (Machiavelli, [D I, 40] 2000, p. 152; 2007, p. 130).

À primeira vista, Maquiavel coloca, nesse texto, em pé de igualdade, as inclinações de grandes e povo no surgimento da tirania. Entretanto, há outra possibilidade de leitura, aquela sugerida por Najemy que se apoia sobre a passagem em que Maquiavel define o desejo dos grandes como o de "tiranizar" (Machiavelli, [D I, 40] 2000, p. 150; 2007, p. 128)[32], de modo que o "excesso" do desejo do povo ainda seria uma reação ao desejo de dominar. De nosso ponto de vista, a interpretação é perfeitamente plausível. Ademais, convém ter em mente a última frase do capítulo que citamos há pouco em nota[33]. Como quer que seja, fica esclarecido o mecanismo que está na origem do regime tirânico: o conflito que opõe grandes e povo, quando não é resolvido por vias institucionais, abre a possibilidade da tirania. Em um estado não corrompido é possível ainda resistir-lhe. Mas resta entender o que ocorre exatamente nessa crise e qual é a natureza da tirania. O capítulo 40 – à semelhança do capítulo IX do *Príncipe* e outras passagens – apresenta, em uma chave que remonta a Aristóteles, os meios que aquele

32. Ver também Najemy (2007, p. 104).
33. "Por este discurso, ficamos conhecendo, como propus no início, o erro do povo romano, ao querer salvar a liberdade, e os erros de Ápio, ao querer ocupar a tirania" (Machiavelli, [D I, 40] 2000, p. 152; 2007, p. 130).

que pretende "tiranizar" deve colocar em prática. Essas recomendações interessam mais por aquilo que revelam acerca da natureza dos conflitos no interior da cidade do que por seu caráter pragmático. Podemos constatar que o florentino, em completa ruptura com a tradição clássica, não se interessa em explicá-la por uma *metábole*, por uma mudança de regime em direção à sua degradação que seguiria uma direção mais ou menos previsível, mas pelo dinamismo das relações de poder. Finalmente, a tirania, como este capítulo dos *Discursos* parece nos dizer, é uma forma autocrática de exercício do poder que se apoia sobre uma das classes sociais que se enfrentam em um conflito no qual a institucionalidade está fragilizada ou prestes a ser dissolvida.

Considerações Finais

O que define a tirania, finalmente, não é o modo de exercício do poder: afinal de contas, o fundador de um Estado, o legislador, o reformador, todos podem se ver diante da necessidade de "entrar no mal", de agir com crueldade; a ausência de consenso ou o apoio popular, embora sejam identificados na tirania, também não são suficientes para caracterizá-la. O que define a tirania – e acreditamos que as análises de Maquiavel lançam uma forte luz sobre esse ponto – é a permanência no lugar da autoridade absoluta, o exercício desse poder sem o desejo de seu abandono. Por isso, a tirania é analisada em maiores detalhes justamente na parte dos *Discursos* que se seguem às considerações sobre o dispositivo da ditadura. O ditador, afirma Maquiavel, detém o poder absoluto apenas por um determinado tempo, entregando-o no final do prazo estabelecido pela lei (submetendo-se à autoridade desta, portanto). Em contrapartida, o tirano conserva essa autoridade, dissolvendo a lei cuja proteção ele deveria assegurar. Por essa via, podemos compreender também porque o tirano está próximo do legislador, que tem por tarefa refundar o Estado no horizonte da lei. O legislador, assim como o ditador, também se retira deste lugar assim que seu trabalho está concluído. O tirano pretende permanecer. Como observou Eleonora Travanti, "a tirania que Maquiavel parece delinear entre as linhas dos *Discursos* é, então, aquele regimento que tem como seu único fundamento próprio o 'prolongamento sem tempo dos modos extraordinários e cruéis' que foram necessários, no entanto, à sua gênese" (Traversanti, 2020). Newton Bignotto explicitou, em um texto contemporâneo a *O tirano e a cidade*, a natureza solitária do legislador (1999, p. 7-38). Em alguma medida, ela caracteriza igualmente o tirano, com a diferença de que este assume a solidão *como seu modo próprio de existência política.* Ao ocupar o lugar do poder absoluto (e Maquiavel usa em ocasiões muito precisas a expressão *occupare la tirannide*), o tirano despolitiza a cidade, rompendo, portanto, os laços políticos que o ligariam aos demais seres humanos. Rompendo até mesmo os laços com aqueles que o apoiaram[34]. Como diz Maquiavel em *Discursos*, I, 9[35], para fundar é preciso concentrar

34. É o que Maquiavel mostra no capítulo 40 do livro I dos *Discursos*, especialmente em uma passagem reveladora: "Porque ele [o tirano] irá, com o favor do povo, eliminar a nobreza, *e apenas se empenhará em oprimir o povo quando ela terá sido extinta e, nesse momento, quando o povo perceber que é servo, não terá onde se refugiar*" (Machiavelli, [D I, 40] 2000, p. 150; 2007, p. 128. Grifo nosso).

35. *"... uno prudente ordinatore d'una republica, e che abbia questo animo, di volere giovare non a sé ma al bene comune [ ] debbe ingegnarsi di avere l'autorità, solo; né mai uno ingegno savio riprenderà alcuno di alcuna azione straordinaria, che, per ordinare un regno o constituire una republica, usasse. [ ] Debbi bene in tanto essere prudente e virtuoso, che quella autorità che si ha presa non la lasci ereditaria a un altro: perché, sendo gli uomini più proni al male che al bene, potrebbe il suo successore usare ambiziosamente quello che virtuosamente da lui fusse stato usato. Oltre a di questo, se uno è atto a ordinare, non è la cosa ordinata per durare molto, quando la rimanga sopra le spalle d'uno; ma sì bene, quando la rimane alla cura di molti e che a molti stia il mantenerla"* (Machiavelli, [D I, 9] 2000, p. 86).

o poder, mas para conservar é preciso muitos. Não há, portanto, vida verdadeiramente política sem a participação desses muitos. Desse modo, podemos ver que o problema da tirania nos conduz diretamente ao coração da política. As imagens fortes atribuídas ao tirano (o bestial, o animal, o desumano) são, sob esse aspecto, justas, pois que ele é essencialmente o governante que não se submete à lei. Contudo, corremos o risco de ser enganados por elas, acreditando que a chave para a questão da tirania está na antropologia: a tirania é uma possibilidade da cidade, a qual ela não pode eliminar pois que está inscrita em sua estrutura política. Essa possibilidade se apresenta, como quisemos mostrar aqui, a cada vez que se agudiza a crise política, a cada vez que as relações de força no interior da cidade basculam em direção a uma nova fundação.

Referências Bibliográficas

AMES, José Luiz. Função do Conflito sob um Governo Principesco: Poder Político e Jogo de Alianças em Maquiavel. *In:* ADVERSE, Helton (Org.). *Filosofia política no Renascimento italiano.* São Paulo: Annablume, 2013, pp. 97-144.

BARROS, Alberto Ribeiro G de. O enigmático Principado Civil. *In:* ADVERSE, Helton (Org.). *Reflexões sobre Maquiavel. 500 anos de O príncipe.* São Paulo: Loyola, 2015, pp. 219-38.

BARTHAS, Jérémie. De la Tyrannie: Machiavel avec Bartole. Préliminaire pour une confrontation. *In:* BARTHAS, Jérémie (Org.). *Della tirania. Machiavelli con Bartolo.* Florença: Leo S. Olschki Editore, 2007.

BIGNOTTO, Newton. *Maquiavel republicano.* São Paulo: Loyola, 1991.

______. *O tirano e a cidade.* São Paulo: Discurso editorial, 1998.

______. A Solidão do Legislador. *In: Kriterion,* 99, 1999, pp. 7-38.

BLACK, Robert. *Machiavelli.* Londres: Routledge, 2013.

FOURNEL, Jean-Louis e ZANCARINI, Jean-Claude. *Enciclopedia machiavelliana,* acessível em https://www.treccani.it/

enciclopedia/tirannide_%28Enciclopedia-machiavelliana%29/ (acesso em 26/05/2020).

GIORGINI, Giovanni. The Place of the Tyrant in Machiavelli's Political Thought and the Literary Genre of The Prince. *In: History of Political Thought*. Vol. XXIX, no. 2, 2008, p. 230-56.

HANKINS, James. *Virtue politics. Soulcraft and statecraft in Renaissance Italy.* Londres: The Belknap Press, 2019.

LARIVAILLE, Paul. Le Chapitre IX du Prince. La Crise de la Principauté Civile. *In:* MÉNISSIER, Thierry; ZARKA, Yves-Charles Zarka (Org.). *Machiavel, le prince ou le nouvel art politique.* Paris: PUF, 2001, pp. 81-103.

LEFORT, Claude. *Le travail de l'œuvre Machiavel.* Paris, Gallimard, 1972.

LORAUX, Nicole. Solon au Milieu de la Lice. *In:* VAN EFFENTERRE, Mel (Org.). *Aux origines de l'hellénisme, la Crète et la Grèce.* Hommage à Henri Van Effenterre Paris: Centre Gustave Glotz, 1984, p. 199-214.

______. Sólon na Arena. *In:* LORAUX, Nicole. *A Tragédia de Atenas.* Trad. de Paula S. R. Coelho da Silva. São Paulo: Loyola, 2009, p. 157-74.

MACHIAVELLI, Niccolo. *Discorsi sopra la prima deca di Tito Livio.* Milao: Rizzole Editore, 2000.

MAQUIAVEL, Nicolau. *Discursos sobre a primeira década de Tito Lívio.* Tradução de MF. São Paulo: Martins Fontes, 2007.

______. *O príncipe.* Edição bilíngue com tradução de Diogo Pires Aurélio. São Paulo: Ed. 34, 2017.

MARTINS, José Antônio. *Os fundamentos da república e sua corrupção nos Discursos de Maquiavel.* Tese de doutorado defendida na USP em 2007 (inédita).

McCORMICK, John P. Subdue the Senate: Machiavelli's "Way of Freedom" or Path to Tyranny. *In: Political Theory*, 40 (6), 2012, pp. 714-35.

______. Le Tyran Grec en Réformateur de la République chez Machiavel. *In:* ION, Cristine Ion e ZARKA, Yves-Charles (ed). *Machiavel: le pouvoir et le peuple.* S/l: Éditions Mimésis, 2015.

______. *Reading Machiavelli.* Princeton: Princeton University Press, 2018.

MONTEIRO, Rodrigo Bentes. Maquiavel Brasileiro. *In:* MONTEIRO, R. B; BAGNO, S. (Org.). *Maquiavel no Brasil. Dos descobrimentos ao século XXI.* Rio de Janeiro: Ed. FGV, 2015.

NAJEMY, John. Machiavelli, the Militia, and Guicciardini's Accusation of Tyranny. *In:* BARTHAS, Jérémie (Org.). *Della tirania. Machiavelli con Bartolo.* Florença: Leo S. Olschki Editore, 2007.

PANCERA, Gabriel. *Maquiavel entre repúblicas.* Belo Horizonte: Ed. UFMG, 2010.

______. República e Facções em Maquiavel. *In:* ADVERSE, Helton e PANCERA, Gabriel (Org.). *As faces de Maquiavel. História, república, corrupção.* Belo Horizonte: D'Plácido, 2019.

SASSO, Gennaro. Principato Civile e Tirannide. *In:* SASSO, Gennaro. *Machiavelli e gli antichi e altri saggi,* vol 2, Milão/Nápoles: Riccardo Ricciardi Editore, 1987, pp. 351-490.

______. Niccolo Machiavelli. Bolonha: Il Mulino, 1993.

SILVA, Ricardo. Da Honra e ao Patrimônio: Conflito Social e Instituições Políticas nos Discorsi de Maquiavel. *In: Revista Brasileira de Ciência Política,* no. 12, dezembro de 2013, pp. 43-66.

STRAUSS, Leo. *On tyranny.* Chicago: University of Chicago Press, 1948.

______. *Thoughts on Machiavelli.* Chicago: University of Chicago Press, 1958.

TRAVERSANTI, Eleonora. Machiavelli e l'Autodissoluzione di ogni Tirannide. *In: Ritiri filosofici,* fevereiro de 2020. Disponível em http://ritirifilosofici.it/machiavelli-e-lautodissoluzione-di-ogni-tirannide/ Acesso em 27/05/2020.

República e Liberdade em Maquiavel

Flávia Benevenuto[1]

Maquiavel inicia *O Príncipe* afirmando que "todos os estados, todos os domínios, que tiveram e têm império sobre os homens, foram e são repúblicas ou principados"[2] (Maquiavel [P I] 2017, p. 91). As principais características de repúblicas e principados são expostas paulatinamente nas obras políticas do autor e a distinção entre essas aparece de imediato. Ao distinguir todos os estados ou domínios em repúblicas ou principados não se pode deixar de notar que o critério adotado é o da liberdade. Assim, nos principados haveria algum modo de subordinação ao governante, no caso ao príncipe, entendido como homem primeiro daquele domínio, e é justamente isso que o caracteriza[3]; ao passo que nas repúblicas pressupõe-se a liberdade política, que basicamente consiste no fato de que nelas todos estão igualmente subordinados às ordenações, ou seja, às leis e às instituições. Essa distinção inicial que abre *O Príncipe* parece marcar a maneira como o autor compreende a

1. Esse texto é parte do resultado de pesquisa financiada pelo Conselho Nacional de Desenvolvimento Científico e Tecnológico – CNPq.

2. *Tutti gli stati, tutti e' dominii che hanno avuto e hanno imperio sopra gli uomini, sono o republiche o principati.* (Machiavelli, [P I] 1997, p. 119)

3. Maquiavel parece manter a terminologia usada pelos antigos romanos (*princeps*) ao se valer do termo príncipe. Deve-se notar que, ainda que o principado possa ter a liberdade em germe, como no caso da monarquia dos romanos, é a submissão ao homem primeiro o que jaz dele efetivamente principado. Sobre a possibilidade de a liberdade existir em germe nos principados ver Bignotto (1991, p. 82).

política e permeia suas obras. No entanto, caberia questionar: no que diz respeito à forma de governo, quais seriam, para Maquiavel, as vantagens e desvantagens da vida livre? Tendo em vista a atualidade do tema da liberdade política e, dado que vivemos em um momento em que assistimos manifestações públicas contrárias à forma de governo livre, trata-se de buscar no pensamento político de Maquiavel fundamentações teóricas que possam, de alguma maneira, contribuir aos inquietantes debates atuais em torno da liberdade e seu cerceamento.

Tem-se por objetivo apresentar as maneiras como principados e repúblicas lidam com a liberdade, seja enquanto elemento externo, relacionado à conquista ou perda de um determinado domínio; seja enquanto elemento interno, constitutivo de suas ordenações, como no caso das repúblicas. No caso dessas, trata-se de delimitar minimamente suas principais características destacando-as como forma de governo onde se vive livre, apresentando suas ordenações e as possibilidades delas consequentes. Para fazê-lo parte-se da tese lefortiana da unidade teórica nas obras de Maquiavel (ver Lefort, 1972)[4] como pressuposto para se pensar as dificuldades que a liberdade, própria das repúblicas, impõe aos principados que desejam conquistá-las. O presente trabalho pretende evidenciar a pertinência da liberdade nas repúblicas nos assuntos que dizem respeito aos principados, explicitando as vantagens da forma livre de governo.

Para pensar a liberdade nas repúblicas e as soluções próprias dessa forma livre de governo para as questões de ordem interna e externa impõe-se revisitar o principal texto em língua portuguesa que suscita tais questões: o *Maquiavel Republicano,* de Newton Bignotto; esse tem como tese a investigação do conceito de liberdade em Maquiavel. Assim, comemoramos seus trinta anos em meio a muitos resultados de pesquisa que perseguiram

4. Tratamos especificamente da relação entre as obras de Maquiavel, tal como apresentada por Claude Lefort em Benevenuto, 2018.

o tema da liberdade republicana. No que diz respeito à filosofia política, o livro se tornou uma das publicações de maior impacto no Brasil e, passados trinta anos, permanece como uma das principais referências tanto para o tema da liberdade e do republicanismo como, e especialmente, para os estudos sobre Maquiavel. *Maquiavel Republicano* segue atual. Ademais, assume uma atualidade que ultrapassa as questões teóricas específicas dos textos de Maquiavel e conduz seu leitor a refletir sobre os dilemas da política atual, sobre os ataques à liberdade, a corrupção do regime político e os riscos de seus caminhos sombrios.

O objeto de investigação da obra não nos permite esquecer que investigar o tema da liberdade política em Maquiavel é ir ao encontro a um autor que contribuiu para consolidar o ambiente próprio da política como um espaço marcado pelas dissenções. Tal como afirma Bignotto, pode-se pensar, a partir dos textos de Maquiavel, "que é da propensão ao conflito que nasce a possibilidade da liberdade. A liberdade é, portanto, o resultado dos conflitos, uma solução possível de uma luta que não pode ser extinta por nenhuma criação humana" (Bignotto, 1991, p. 86). Trata-se, assim, de reconhecer o espaço público, próprio da política, como espaço de discordâncias e disputas. Desse modo, se se pretende pensar na consolidação de um espaço público que favoreça a liberdade política, faz-se necessário pensar meios para que as dissenções possam ser expostas e abrigadas de forma ordenada, ao invés de reprimi-las ou até suprimi-las. Não há liberdade onde não há espaço para divergências. Não há liberdade onde não há lugar para o contraditório. As tensões de vozes dissonantes são parte constitutiva do espaço público e qualquer tentativa de mitigá-las tende a passar pela via do medo ou pela via do esgotamento da esperança de uma vida melhor. Pretende-se, aqui, recorrer ao tema da liberdade política para que se possa, a partir dele, contribuir para pavimentar um caminho de conhecimento construído ao longo do tempo, capaz de iluminar uma discussão mais recente em torno da liberdade política, evidenciando sua origem, seu vigor e também suas fragilidades.

Os Principados e a vida livre nas Repúblicas

Maquiavel, no *Príncipe*, logo após dividir todos os domínios em repúblicas e principados, analisa os tipos de principado. Tal como anunciado pelo autor, os capítulos seguintes são dedicados a expor suas características e seus desafios. Ao fazê-lo, no entanto, Maquiavel expõe seu leitor à potência daquilo que só um governo livre é capaz de produzir. O texto vai evidenciando que alguns dos maiores problemas impostos aos principados, no que diz respeito às questões externas, são consequentes da liberdade característica das repúblicas. Assim, no quinto capítulo intitulado *De que modo se deve administrar as cidades ou principados que antes de serem ocupados viviam com suas próprias leis*[5], ele expõe o quanto as dificuldades de conquista de um povo acostumado à liberdade são maiores. Diferentemente dos principados hereditários em que bastava "apenas não preterir as ordens dos antepassados e, depois, contemporizar os imprevistos"[6] (Maquiavel [P II] 2017, p. 93); povos acostumados ao modo de vida livre podem se impor de modo eficiente à conquista, dificultando-a e, por isso, exigem mais atenção e até medidas extremas, que passam pela necessidade de arruinar tais domínios.

No terceiro capítulo Maquiavel havia apresentado os principados mistos e o tema das dificuldades em conquistar

5. *Quomodo administrandae sunt civitates vel principatus qui ante quan occuparentur suis legibus vivabant.* (Machiavelli, [P V] 1997, p. 129)
6. (...) *basta solo non preterire gli ordini de' sua antinati e di poi temporeggiare con gli accidenti.* (Machiavelli, [P II] 1997, p. 120)

povos habituados à liberdade aparecia. Para o autor, "ao serem adquiridos se juntam a um estado antigo daquele que adquire, ou são da mesma província e da mesma língua ou não são"[7] (Maquiavel [P III] 2017, p. 99). Tais distinções culminam em resultados diferentes, já que na primeira situação

> é mais fácil detê-los, mormente quando não estão habituados a viver livres: para os possuir com segurança basta ter extinto a linhagem do príncipe que os dominava, porque, nas outras coisas, mantendo-se-lhes as condições anteriores e não havendo diferença de costumes, os homens vivem tranquilamente[8] (Maquiavel [P III] 2017, p. 99).

Essa distinção apresentada por Maquiavel pressupõe haver uma especificidade no modo de vida de um povo livre. Ela se apresenta inteiramente no quinto capítulo, quando as medidas mais duras são apresentadas como meios necessários para conquistá-los. Tais medidas circunscrevem o vigor das repúblicas e exibem o quão difícil pode ser tentar conquistá-las. Ao descrevê-las Maquiavel afirma haver três modos eficazes para conquistar estados[9] acostumados à liberdade: "o primeiro, pô-los em ruínas; o segundo, ir para lá pessoalmente; o terceiro, deixá-los viver com suas leis, extraindo-lhes

---

7. *Dico pertanto che questi stati, quali acquistandosi si aggiungono a uno stato antico di quello che acquista, o e' sono della medesima provincia e della medesima lingua, o non sosno.* (Machiavelli, [P III] 1997, p. 121)
8. (...) *è facilità grandi a tenerli, massime quando non sieno usi a vivere liberi: e a possederli sicuramente basta avere spenta la linea del principe che gli dominava, perché, nelle altre cose, mantenendosi loro le condizioni vecchie e non vi essendo disformità di costumi, gli uomini si vivono quietamente* (...). (Machiavelli, [P III] 1997, p. 121)
9. Maquiavel utiliza o termo estado referindo-se, no mais das vezes, à estrutura política italiana em seu tempo.

uma pensão e criando lá dentro um estado de poucos, que o conservem teu amigo"[10] (Maquiavel [P V] 2017, p. 117).

A conquista necessariamente impõe aos conquistados algum tipo de submissão e, no caso dos povos livres, pressupõe, em algum grau, a perda de liberdade. Essas três medidas parecem indicar algumas das maneiras pelas quais essa perda pode se concretizar historicamente. A sequência do texto expõe que, no caso dos povos livres, medidas mais brandas se mostram pouco eficientes, de modo que quanto mais austeras as imposições dos conquistadores mais eficazes elas são (quando se trata da conquista de repúblicas). As razões que explicam a necessidade de tais medidas são apresentadas por Maquiavel:

> Porque, verdadeiramente, não existe um modo seguro de as possuir que não seja a ruína; e quem se torna dono de uma cidade acostumada a viver livre e não a desfaz, espere que há de ser desfeito por ela: porque na rebelião ela sempre tem por refúgio o nome da liberdade e as suas antigas ordens, as quais nem com o passar do tempo, nem com os benefícios, alguma vez se esquecem. E por mais coisas que se faça ou providencie, se não se desunem ou destroçam, os habitantes não esquecem esse nome nem essas ordens e, a qualquer imprevisto, imediatamente recorrem a eles[11]. (Maquiavel [P V] 2017, p. 117)

10. (...) *il primo, ruinarle; l'altro, andarvi ad abitare personalmnete; il terzo, lasciàgli vivere con le sua legge, traendone una pensione e creandovi dentro uno stato di pochi, che te lo conservino amico* (...). (Machiavelli, [P V] 1997, p. 129)
11. *Perché in verità non ci è modo sicuro a possederle altro che la ruina; e chi diviene patrone di una cittá consueta a vivere libera, e non la disfaccia, aspetti di essere disfatto da quella: perché sempre ha per refugio nella rebellione el nome della libertà e gli ordini antiqui sua, e' quali né per lunghezza di tempo né per benifizi mai si dimenticano. E per cosa che si faccia o si provegga, se non si disuniscono o dissipano gli abitatori non dimenticano quello nome né quegli ordini, e subito in ogni accidente vi ricorrono* (...). (Machiavelli, [P V] 1997, p. 131)

Pela dificuldade de se conquistar cidades livres, Maquiavel, nos primeiros capítulos do *Príncipe*, acaba cedendo espaço a uma discussão sobre a liberdade política e à força que emana dela, haja vista que o hábito de viver livre, por si só, torna a cidade menos suscetível à dominação externa. O tema da liberdade vai deixando de ser pensado somente enquanto forma de governo livre, característico das repúblicas e começa a indicar uma consequência importante da liberdade: as repúblicas são mais difíceis de serem conquistadas. Para Maquiavel, isso ocorre porque

> quando as cidades ou as províncias estão habituadas a viver sob um príncipe e esse sangue é extinto, estando por um lado habituadas a obedecer e não tendo, por outro, o antigo príncipe, não se põem de acordo para fazer um dentre eles, nem sabem viver livres: de modo que tardam mais a pegar em armas e com mais facilidade um príncipe pode ganhá-las e precaver-se delas. Mas nas repúblicas há mais vida, maior ódio, mais desejo de vingança: a memória da antiga liberdade não as deixa nem pode deixar repousar; de tal maneira que a via mais segura é aniquilá-las ou habitar lá[12] (Maquiavel [P V] 2017, p.119).

As repúblicas, assim, parecem assumir uma ampla relação com a liberdade. São inicialmente identificadas como livres pelo fato de sua forma de governo submeter todos às leis. Tal definição, que pressupõe os assuntos de ordem interna, tem

---

12. *Ma quando le città o le provincie sono use a vivere sotto uno principe e quello sangue sia spento, sendo da uno canto usi a ubbidire, da l'altro non avendo il principe vecchio, farne uno in fra loro non si accordano, vivere liberi non sanno: di modo che sono piú tardi a pigliare l'arme e con piú facilità se gli può uno principe guadagnare e assicurarsi di loro. Ma nelle republiche è maggiore vita, maggiore odio, piú desiderio di vendetta: né gli lascia, né può lasciare riposare la memoria della antiqua libertà; tale che la piú sicura via è spegnerle o abitarvi.* (Machiavelli, [P V] 1997, p. 130)

implicações que concernem aos assuntos de ordem externa e dizem respeito às dificuldades que tal regime impõe aos que pretendem conquistar repúblicas.

Essa separação entre questões de ordem interna e externa é apresentada de forma mais sistemática no capítulo XIX do *Príncipe*, intitulado *Como Fugir do Desprezo e do Ódio*[13]. Nele o autor afirma que "um príncipe deve ter dois receios: um dentro, à conta dos súditos; o outro, de fora, à conta dos potentados do exterior"[14] (Maquiavel [P, XIX] 2017, p. 205). O objetivo do capítulo é pensar soluções para ambas, pressupondo-se tratar os principados. As soluções especificadas no capítulo passam pelos temas das armas e das conjurações. Tendo em vista esse capítulo, uma reflexão que pondere as afirmações sobre as dificuldades de se conquistar uma cidade livre poderia nos levar a considerar que esse receio de ordem externa que passa pela questão das armas. Ao mesmo tempo, no que diz respeito ao receio de ordem interna, o tema inclui a questão das conjuras, das quais nem principados nem repúblicas podem escapar definitivamente, mas nas repúblicas perpassaria ainda pelo desejo de liberdade (ou receio de perdê-la).

Independentemente das distinções próprias das repúblicas e principados, percebe-se, ao longo do *Príncipe*, que a recorrência ao tema da liberdade, assim como às especificidades das repúblicas, é frequente. Ao chegar no capítulo supracitado, Maquiavel já havia dado muitos indícios de que as repúblicas são mais difíceis de serem conquistadas e, portanto, parece que estariam menos suscetíveis aos problemas de ordem externa. Mas, e quanto às questões de ordem interna? Seriam as repúblicas mais sólidas diante dos

---

13. *De contempto et ódio fugiendo.* (Machiavelli, [P IX] 1997, p. 167)
14. *Perché uno principe debbe avere dua paure: una dentro, per conto de' sudditi, l'altra di fuori, per conto de' potentati esterni.* (Machiavelli, [P XIX] 1997, p. 168)

problemas de ordem interna também? Em outras palavras, teriam as repúblicas um cenário mais frutífero para pensar meios de consolidar maior resistência às adversidades próprias tanto das questões de ordem externa quanto das questões de ordem interna? Ao afirmar que nelas haveria *mais vida, maior ódio, mais desejo de vingança*, Maquiavel estaria sugerindo também que haveria mais dificuldades de ordem interna nas repúblicas do que nos principados?

Não se pode desenvolver suficientemente esse tema sem recorrer aos *Discursos sobre a Primeira Década de Tito Lívio*. Ainda que ao tratar os principados Maquiavel mencione seguidamente as repúblicas, restringir a investigação ao *Príncipe* dificilmente possibilitaria avançar na formulação de uma reflexão a partir de tais questões. Antes de nos dirigirmos ao tratamento que Maquiavel confere às repúblicas, faz-se necessário compreender brevemente um dos principais temas relacionados ao da liberdade em Maquiavel: as dissenções entre os grandes e o povo[15]. Trata-se de compreender minimamente o ponto de partida de Maquiavel para pensar a origem da liberdade.

Os Humores e os Pressupostos da Liberdade

Maquiavel parece forjar as questões que dizem respeito à liberdade face ao que compreende por humores. Trata-se do reconhecimento das distinções entre os desejos dos grandes e do povo e das dissenções que lhes são consequentes. Essa questão, tema recorrente nas obras do autor, molda os assuntos

15. Pretende-se apresentar as dissenções entre grandes e povo apenas enquanto dizem respeito às questões específicas abordadas aqui. Tratamos a questão dos humores em outro lugar (ver Benevenuto, 2016) e sabemos que o tema é muito mais amplo. Há, em língua portuguesa, muitas publicações importantes que aprofundam o assunto e debatem seus desdobramentos. Ver, sobretudo, Adverse (2007; 2017), Ames (2009; 2018), Cardoso (2018), Falcão (2017) e Ferreira (2015).

de ordem interna e repercute também nos de ordem externa. Para Maquiavel "em todas as cidades se encontram esses dois humores distintos: e disto nasce que o povo deseja não ser comandado nem oprimido pelos grandes e os grandes desejam comandar e oprimir o povo"[16] (Maquiavel [P, IX] 2017, p. 147). Afirmação semelhante consta também nos *Discursos sobre a Primeira Década de Tito Lívio*[17] e nas *Histórias Florentinas*[18], mas em cada uma das obras a afirmação é seguida de um tema específico. No caso do *Príncipe* Maquiavel menciona a estrutura política, afirmando que "desses dois apetites distintos [grandes e povo] nasce na cidade um de três efeitos: ou principado, ou liberdade, ou licença"[19] (Maquiavel [P, IX] 2017, p. 147). Tais efeitos parecem estar de alguma maneira relacionados à forma de governo, haja vista que nos remetem ao início do *Príncipe* quando Maquiavel divide todos os domínios entre repúblicas e principados. Há aqui um elemento novo, a licença, que sugere a pouca ou mesmo a ausência de ordenações, onde portanto haveria uma tendência à degeneração do regime. Aos objetivos do presente trabalho os dois primeiros efeitos se fazem imprescindíveis para a compreensão do tema da liberdade. O terceiro efeito seria a consequência do fracasso em alcançar o mínimo de estabilidade política[20].

---

16. *(...) in ogni città si truovono questi dua umori diversi: e nasce, da questo, che il populo desidera non essere comandato né oppresso da' grandi ed e' grandi desiderano comandare e opprimere el populo.* (Machiavelli, [P IX] 1997, p. 143)
17. *(...) in ogni republica due umori diversi, quello del popolo, e quello de' grandi (...).* (Machiavelli, [D I 4] 1997, p. 209)
18. MACHIAVELLI. *Istorie Fiorentine*, III, 1, p. 423: *Le gravi e naturali nimicizie che sono intra gli uomini popolari e i nobili, causate da il volere questi comandare e quegli non ubbidire, sono cagione di tutti i mali che nascano nelle città (...).* (Machiavelli, [D I 4] 1997, p. 209)
19. *(...) e da questi dua appetiti diversi nasce nelle città uno de' tre effetti: o principato o libertà o licenza.* (Machiavelli, [P IX] 1997, p. 143)
20. Tratamos especificamente a questão da licença em Benevenuto, 2014.

Nos *Discursos sobre a Primeira Década de Tito Lívio* a existência dos humores dos grandes e do povo é seguida pela afirmação segundo a qual "todas as leis que se fazem em favor da liberdade nascem da desunião deles"[21] (MAQUIAVEL [D, I 4] 2007, p. 22). Ao afirmá-lo Maquiavel parte do que considera ser a desunião entre grandes e povo para pensar o processo de ordenação da cidade. Para o autor, grandes e povo são parte constitutiva de todas as cidades. As relações entre eles, no entanto, não se dão exatamente da mesma forma nos principados e repúblicas. Há algumas especificidades importantes. Para Maquiavel, no caso dos principados, mais precisamente do principado civil, o apoio de um ou de outro humor, por exemplo, pode ter consequências distintas. De acordo com ele,

> aquele que acede ao principado com a ajuda dos grandes mantém-se com maior dificuldade do que aquele que se torna com a ajuda do povo, porque se vê príncipe com muitos à volta que lhe parecem ser seus iguais, e por isso não pode nem comandá-los nem manobrá-los a seu modo. Mas aquele que chega ao principado com o apoio popular vê-se sozinho e à sua volta ou não tem ninguém, ou tem pouquíssimos que não estejam prontos a obedecer[22] (MAQUIAVEL [P, IX] 2017, p. 147).

---

21. *(...) e come tutte le leggi che si fanno in favore della libertà, nascano dalla disunione loro.* (Machiavelli, [D I 4] 1997, p. 209)
22. *Conlui che viene al principato con lo aiuto de' grandi, si mantiene com piú difficultà che quello che diventa con lo aiuto del popolo, perché si truova principe con di molti intorno che gli paiono essere sua equali, e per questo non gli può né comandare né maneggiare a suo modo. Ma conlui che arriva al principato con il favore populare, vi si truova solo e ha d'intorno o nessuno o prochissimi che non sieno parati a ubbidire.* (Machiavelli, [P IX] 1997, p. 143)

Os humores, de fato, são para Maquiavel partes constitutivas da cidade e as relações estabelecidas entre eles se fazem determinantes aos assuntos públicos. Não é possível negar nem a existência dos humores nem que as dissenções consequentes de suas relações interferem no âmbito político. Assim, cabe àquele que governa aprender a lidar com os desejos distintos (e seus consequentes conflitos) que fazem a cidade pulsar. A passagem supracitada, ao tratar do principado civil, evidencia as vantagens de ascender ao poder pelo apoio do povo, mas a distinção mais interessante apresentada pelo autor ainda estaria por vir: "além disso, não se pode satisfazer os grandes com honestidade e sem injúria para os outros, mas o povo sim: porque a finalidade do povo é mais honesta que a dos grandes, querendo estes oprimir e aquele não ser oprimido"[23] (Maquiavel [P, IX] 2017, p. 147-149). Essa afirmação coloca Maquiavel em um lugar ímpar na tradição já que ele reconhece que os grandes não estão em um lugar de opressão, mas de opressores. O desejo dos grandes pulsa no sentido de conquistar e oprimir o povo, paralelamente o desejo do povo pulsa no sentido de não ser oprimido ou dominado pelos grandes, desejo este que parece estar mais alinhado à liberdade política e, portanto, teria propensão a preservá-la. No entanto, não parece haver elementos no texto do autor que sustentem uma superioridade moral do povo, como mostraremos mais adiante.

Nos *Discursos sobre a Primeira Década de Tito Lívio*, ao afirmar a desunião entre grandes e povo, Maquiavel se põe a pensar as ordenações da cidade e como se produzir leis em favor da liberdade. Ao fazê-lo, reafirma a existência dos humores em

23. *Oltre a questo non si può con onestà satisfare a' grandi, e sanza iniuria di altri, ma sí bene al popolo: perché quello del popolo è piú onesto fine che quello de' grandi, volendo questi oprimere e quello non essere oppresso.* (Machiavelli, [P IX] 1997, p. 143-144)

todos os estados, destacando-os agora como centrais e definitivos para a constituição. De fato, Maquiavel inicia o livro partindo de Roma como uma espécie de modelo de república. Ele avalia sua fundação e procura distanciar sua ordenação de outras constituições antigas tais como a de Atenas, Esparta e mesmo a de Veneza de seu tempo. Sem muitas delongas, submete seu leitor (ainda no segundo capítulo) ao que parece ser um certo distanciamento da teoria da anaciclose de Políbio, recusando o caráter natural - e, portanto, necessário - do ciclo. Esse posicionamento o direciona a pensar a república dos romanos a partir de suas dissenções. Maquiavel se dirige aos "acontecimentos que levaram à criação dos tribunos da plebe"[24] e, ao fazê-lo, parece deixar de lado Políbio e assumir as passagens de Tito Lívio que descrevem os tumultos da plebe que antecederam a criação dos tribunos. Bignotto nos ajuda a compreender a estratégia textual de Maquiavel ao se dirigir aos humores. Seguindo o fluxo dos *Discorsi*, afirma:

> Deixando de lado a questão tradicional das origens das instituições, que parecia ser o melhor caminho para a compreensão do tema que nos interessa, nosso autor nos mostra não somente que a liberdade deve ser pensada a partir dos conflitos internos de uma cidade, mas também que nossas ideias sore a criação das instituições políticas devem ser revistas. A liberdade, tão adorada pelos florentinos, mas tão pouco realizada, é o produto de forças em luta, o resultado de um processo que não pode ser extinto com o tempo. Os conflitos são os produtores da melhor das instituições, e não o elemento incongruente de um período infeliz na história de um povo (Bignotto, 1991, p. 85).

24. *Quali accidenti facessono creare in Roma i tribuni della plebe, il che fece la republica piú perfetta.* (Machiavelli, [D I 3] 1997, p. 207)

Sem perder de vista as questões da atualidade florentina, certamente no horizonte de Maquiavel, a recuperação de Roma, como modelo para compreensão da grandeza e êxito político, emerge justamente a partir da evidência das disputas internas que a marcaram. Essa inusitada maneira de observar as questões internas dos romanos no início dos *Discursos sobre a Primeira Década de Tito Lívio* torna evidente que, apesar de nos dar alguns indícios (no *Príncipe*) sobre as características de solidez e grandeza a que as repúblicas podem alcançar, é nesta obra que Maquiavel aprofunda sua investigação sobre elas e explora a relação entre república e liberdade.

De fato, ao enfatizar que só "depois de muitas confusões, tumultos e perigos de perturbações, surgidos entre a plebe e a nobreza, chegou-se à criação dos tribunatos, para a segurança da plebe"[25] (Maquiavel [D, I 3] 2007, p. 21), Maquiavel demostra pensar o espaço público como o lugar próprio para o desafogo de desejos diferentes. Reconhecer que as dissenções são próprias da política e pensar instituições capazes de abrigar os conflitos, possibilita que eles possam ocorrer de modo público evitando que se pudesse tentar soluções de modo privado. Assim, ao criticar os que condenavam os tumultos da plebe sem considerar seus bons resultados, Maquiavel ressalta a boa ordenação da república. De acordo com ele, "quem examinar bem o resultado deles não descobrirá que eles deram origem a exílios ou violências em desfavor do bem comum, mas sim a leis e ordenações benéficas à liberdade pública"[26] (Maquiavel [D, I 4] 2007, p. 22). Para o autor, foram justamente os tumultos

25. *E però, dopo molte confusioni, romori e pericoli di scandoli, che nacquero intra la plebe e la nobilità, si venne, per sicurtà della plebe, alla creazione de' tribuni (...).* (Machiavelli, [D I 3] 1997, p. 208)
26. *(...) perché, chi esaminerà bene il fine d'essi, non troverrà ch'egli abbiano partorito alcuno esilio o violenza in disfavore del commune bene, ma leggi e ordini in beneficio della publica libertà.* (Machiavelli, [D I 4] 1997, p. 209)

da plebe, ocorridos de forma extraordinária, que possibilitaram a criação de uma ordenação capaz de abrigar a plebe e criando assim uma via ordinária para desafogar as ambições do povo. Isso teria completado as ordenações romanas e elevado a constituição de Roma a uma grandeza inigualável.

A Liberdade e as Repúblicas

Compreender as relações entre os humores é indispensável para entender o funcionamento da forma de governo onde se vive em liberdade. A simples constatação, no entanto, das diferenças dos desejos de grandes e povo, assim como de suas consequências mais imediatas na cidade, não encerra o assunto. As ordenações romanas, tal como compreendidas por Maquiavel e apresentadas a partir dos tumultos que foram capazes de alterar e completar a constituição de Roma, não possibilitaram que tal república durasse tanto quanto Esparta, por exemplo, apesar de ter alcançado grandeza incomparável. Essa relação entre grandeza e durabilidade parece guiar o tema da melhor constituição no texto de Maquiavel e fazer com que o autor se detenha aos principais aspectos de suas causas. Roma se destaca por ter alcançado a grandeza, mas não é o único paradigma entre as constituições dos antigos.

Ao investigar outras repúblicas, duas são destacadas no texto como exemplo de um outro modelo não somente possível, mas de grande destaque. Esparta, reconhecidamente melhor constituição do mundo helênico, e Veneza, paradigma de seu tempo que teria acompanhado o modelo espartano, são apresentadas por Maquiavel como repúblicas que conseguiram manter sua unidade sem maiores tumultos. Após ponderar suas qualidades, destacando-as como consequências desse tipo de ordenação, o autor apresenta as condições necessárias para alcançá-las. De acordo com ele,

> uma foi serem poucos os habitantes de Esparta, e assim poderem ser governados por poucos; outra foi que, não aceitando forasteiros em sua república, não tiveram eles ocasião para corromper-se nem para crescer tanto quanto que ela se tornasse insuportável aos poucos que a governavam[27] (Maquiavel [D, I 6] 2007, p. 29).

Ao comparar esse modelo menos tumultuado (que conseguiu se manter por mais tempo que o romano) Maquiavel considera o fato de Roma, diferentemente de Esparta, ter sido fundada por forasteiros. Essa diferença tornou-se fundamental aos diferentes caminhos percorridos por Esparta e Roma, especialmente porque foi um dos pontos de partida para a consolidação dessas ordenações. Além disso, parece ter sido um ensejo para o desejo de expansão dos romanos. De acordo com ele,

> Roma, portanto, assim como Esparta, poderia criar um príncipe vitalício e um senado pequeno, mas não podia, como ela, deixar de aumentar o número de seus cidadãos, se desejasse criar um grande império: assim, instituir um rei vitalício e um pequeno senado, em termos de união, de pouco lhe teria servido[28] (Maquiavel [D, I 6] 2007, p. 30).

---

27. *(...) l'una essere pochi gli abitatori di Sparta, e per questo poterono essere governati da pochi; l'altra, che, non accettando forestieri nella loro republica, non avevano occcasione né di corrompersi né di crescere in tanto che la fusse insopportabile a quelli pochi che la governavano.* (Machiavelli, [D, I 6] 1997, p. 214)
28. *Poteva dunque Roma a similitudine di Sparta, fare un principe a vita, fare uno senato piccolo; ma non poteva, come lei, non crescere il numero de' cittadini suoi, volendo fare un grande imperio: il che faceva che il re a vita ed il piccollo numero del senato, quanto alla unione, gli sarebbe giovato poco.* (Machiavelli, [D, I 6] 1997, p. 215)

Essa comparação entre Roma e Esparta suscita e parece ter colaborado para fomentar o principal embate do tempo de Maquiavel em torno da melhor forma de governo. Quais deveriam ser os limites da participação do povo na República? Nos termos do autor, seria melhor um governo misto fechado como Esparta (e Veneza), ou capaz de ampliar-se como Roma?

Nesse ponto ainda introdutório do texto Maquiavel destaca os resultados a que chegaram Roma e Esparta, "de tal modo que se Roma quisesse eliminar as razões dos tumultos, eliminaria também as razões de ampliar-se"[29] (Maquiavel [D, I 6] 2007, p. 29). Ora, a capacidade de ampliar seus domínios foi o que levou Roma à grandeza, fato que a fez ser considerada a partir de então a melhor forma de governo. Essa constatação não é uma conclusão exclusiva de Maquiavel. Ao contrário, remonta aos antigos e perpassa a tradição das formas de governo. O texto de Políbio, por exemplo, já expunha claramente as impressões de um autor helênico diante dos grandes feitos romanos, assim como do reconhecimento de que nenhuma *pólis* seria capaz de efetivá-lo (ver Polybe [VI] 2003). Voltando a Maquiavel, ele encerra esse possível dilema entre a durabilidade e a grandeza das constituições ao considerar que Esparta só durou enquanto a fortuna não lhe impôs a necessidade de se ampliar. Quando cercada pelos romanos a liga aqueia se rendeu. Considerando, então, a possibilidade de haver necessidade de expansão, Roma estaria melhor preparada, enquanto as repúblicas que dependem de uma estrutura fechada ficariam sujeitas à ruína.

Essa questão da grandeza assume um lugar importante na argumentação de Maquiavel. Ele parece associá-la ao caminho mais seguro para a consolidação da liberdade. Termina concluindo que

29. *(...) in modo che, volendo Roma levare le cagione de' tumulti, levava ancora le cagione dello ampliare.* (Machiavelli, [D, I 6] 1997, p. 215)

> ao se ordenar uma república é preciso pensar no lado mais honroso, e ordenar tudo de tal modo que, mesmo quando a necessidade a induzisse a ampliar-se, fosse possível conservar o que já houvesse sido conquistado. E, para voltar ao primeiro assunto, creio ser necessário seguir a ordenação romana, e não a das outras repúblicas; porque não acredito ser possível encontrar um meio-termo entre uma e outra, e as inimizades que surgissem entre o povo e o senado deveriam ser toleradas e consideradas um inconveniente necessário para se chegar à grandeza romana[30] (Maquiavel [D, I 6] 1997, p. 32).

Essa conclusão é acompanhada do que o autor considera ser as vantagens da constituição dos romanos, como o benefício da possibilidade de acusação, confiada ao tribunato, associada às medidas institucionais para se evitar a calúnia. Mais que isso, aos poucos o autor expõe que as tensões entre grandes e povo deixam de ser um problema para repúblicas que conseguem encontrar soluções institucionais para eventuais dissenções.

Aos poucos o autor vai deixando claro que os tumultos não são essencialmente bons, mas expressam as marcas dos diferentes desejos que compõem a cena pública. Tentar suprimi-los seria uma tentativa de sufocar as forças fundantes do espaço público. Por outro lado, deixar que a força de desejos

30. *(...) bisognha, nello ordinare la republica, pensare alle parte piú onorevole, ed ordinarle in modo, che, quando pure la necessità le inducesse ad ampliare, elle potessono, quello ch'elle avessono occupato, conservare. E per tornare al primo ragionamneto, credo ch'e' sia necessario seguire l'ordine romano, e non quello dell' altre republiche; perché trovare un modo mezzo infra l'uno e altro non credo si possa, e quelle inimicizie che intra il popolo ed il senato nascessino, tollerarle, pigliandole per uno inconveniente necessario a pervenire alla romana grandezza.* (Machiavelli, [D, I 6] 1997, p. 216-217)

contrastantes se manifeste sem nenhum tipo de mediação institucional poderia produzir consequências caóticas. Pois, de acordo com Maquiavel, "quando tais humores não têm como desafogar-se por modos ordinários, recorre-se a modos extraordinários, que levam toda a república à ruína"[31] (Maquiavel [D, I 7] 2007, p. 33). Seria necessário que as instituições da república dessem conta das dissenções entre grandes e povo de modo a contemporizar eventuais tumultos evitando que pudessem sentir necessidade de recorrer a meios extraordinários. Para ilustrá-lo afirma recuperar um dos exemplos de Tito Lívio, apresentando o caso de Coriolano[32]:

> Coriolano, inimigo da facção popular, sugeriu que chegara a hora de castigar a plebe e da autoridade de que ela se apoderara para prejuízo da nobreza, mantendo-a com fome e não lhe dando trigo: declaração que, chegando aos ouvidos do povo, provocou tanta indignação contra Coriolano que este, ao sair do Senado, teria sido morto tumultuariamente, se os tribunos não o tivessem intimado a comparecer diante dos tribunais e defender sua causa[33] (Maquiavel [D, I 7] 2007, p. 33-34).

---

31. *(...) E quando questi omori non hanno onde sfogarsi odinariamente, ricorrono a' modi straordinari, che fanno rovinare tutta una republica.* (Machiavelli, [D, I 7] 1997, p. 217)
32. A escolha desse exemplo, tal como foi feita por Maquiavel, suscita questões que dizem respeito ao uso que o autor faz dos textos de Tito Lívio. Apresentar e discutir essas questões extrapolariam os limites do presente trabalho.
33. *(...) Coriolano, inimico alla fazione popolare, consigliò come egli era venuto il tempo da potere gastigare la plebe e tôrle quella autorità che ella si aveva in pregiudicio della nobilità presa, tenendola affamata e non gli distribuendo il frumento; la quale sentenzia sendo venuta agli orecchi del popolo, venne in tanta indegnazione contro a Coriolano, che allo uscire del senato lo arebbero tumultuariamente morto, se gli tribuni non lo avessero citato a comparire, a difendere la causa sua.* (Machiavelli, [D, I 7] 1997, p. 218)

A passagem ilustra uma das maneiras de manifestação tumultuária dos desejos dos humores. De um lado a manifestação do desejo dos grandes (exemplificado por Coriolano) que visa oprimir o povo; do outro o desejo do povo (exemplificado pelos plebeus) que não quer ser oprimido pelos grandes. A mediação foi feita pelo tribunato e evitou que o tumulto trouxesse consequências mais graves. Constata-se que as instituições romanas foram capazes de intermediar satisfatoriamente o tumulto.

É interessante notar que a mediação das dissenções entre grandes e povo não se deu – e nem poderia ter se dado – pela supressão dos tumultos. Tentar suprimi-los só produziria tumultos ainda maiores e sobretudo mais graves, incorrendo a perigos que poderiam ter destruído sua forma institucional por obrigá-los às vias extraordinárias. Ao invés disso, as ordenações romanas foram capazes de dar vazão ao desejo dos humores e abrigá-los de modo a evitar que recorressem a modos extraordinários. Maquiavel comenta esse aspecto.

> Acontecimento este sobre o qual se deve notar o que acima dissemos, a respeito da utilidade e da necessidade de as repúblicas, com suas leis, permitem o desafogo da ira que o povo vota a um cidadão: porque, quando não há esses modos ordinários, recorre-se aos extraordinários; e sem dúvida produzem efeitos muito piores que aquele[34] (MAQUIAVEL [D, I 7] 2007, p. 34).

34. *Sopra il quale accidente, si nota quello che di sopra si è detto, quanto sia utile e necessario che le republiche con le leggi loro diano onde sfogarsi all'ira che concepe la universalità contro a uno cittadino: perché quando questi modi ordinari non vi siano, si ricorre agli straordinari, e sanza dubbio questi fanno molto peggiori effetti che non fanno quelli.* (Machiavelli, [D, I 7] 1997, p. 218)

Assim, após destacar as cenas dos tumultos que culminaram na criação dos tribunos, Maquiavel não priva seu leitor de pensar os perigos a que se submeteu aquela república ao recorrer a meios extraordinários. Vai esclarecendo ao seu leitor que as instituições exercem um papel fundamental para impedir que situações de crise conduzam sua constituição à ruína. Evidencia que os tumultos que antecederam a criação do tribunato da plebe resultaram na completude das ordenações romanas e elevaram a qualidade e o vigor dessa República. No entanto, a necessidade de se recorrer a meios extraordinários poderia ter desgastado ou até mesmo destruído sua constituição. Tal como afirma o autor de *Maquiavel Republicano*, "não existe, pois, em Maquiavel um elogio cego dos conflitos, mas a busca da verdadeira origem da liberdade" (Bignotto, 1991, p.85). Essa origem da liberdade, tal como apontada por Bignotto, parece emergir da maneira como as ordenações atuam para abrigar as tensões que emanam das relações entre grandes e povo. Em outras palavras, a liberdade política em Maquiavel parece se dar justamente na confluência entre os desejos dos humores e as instituições capazes de acolhê-los. Bignotto destaca a esse respeito que "Maquiavel insiste em dizer que não basta criar leis, é preciso que elas sejam capazes de esconjurar os ódios que se formam em toda disputa política" (1991, p. 88). Essa parece ter sido uma das principais virtudes das ordenações romanas, pois conseguiram abrigar ordinariamente eventuais situações de tumulto. E, se partimos da premissa preservada ao longo da tradição das formas de governo segundo a qual tudo o que acontece em uma cidade é consequência de sua constituição (Polybe, VI, 2003, p. 69), pode-se afirmar, assim, que a grandeza alcançada pelos romanos é a consequência mais relevante de ordenações que foram capazes de propiciar soluções institucionais para as dissenções entre grandes e povo.

A grandeza alcançada por Roma parece poder ser compreendida por duas vias interligadas, a saber, a capacidade de se expandir e a capacidade de preservar a liberdade. Interligadas porque não se pode pensar a grandeza sem o elemento da liberdade, apesar da relação por vezes contraditória dessa última com a possibilidade de conquistas que, no caso romano, promoveram sua expansão. Roma alcança a grandeza conquistando, em grande medida, povos acostumados à liberdade. Maquiavel não parece ver contradição na relação entre a liberdade alcançada por Roma, graças às suas ordenações, e a expansão da República, consequente das conquistas romanas. Ao ponderar entre modelos distintos de repúblicas, defende aquele capaz de alcançar a grandeza. Não somente pela honra consequente de suas conquistas, mas, sobretudo, pela dificuldade que cria aos demais que já não poderiam cogitar invadir ou conquistar uma república do porte atingido por Roma.

O modelo romano pressupõe que eventuais conflitos característicos do modo de vida livre possam se manifestar de forma a encontrarem um desfecho ordinário. Mais que isso, as ordenações romanas só foram completadas a partir de uma instituição capaz de dar vazão ao humor do povo. A criação do tribunato da plebe em Roma e o papel desempenhado por ele em conjunto às que o antecederam (consulado e senado) não é um detalhe na argumentação de Maquiavel. É preciso notar que, ao tratar as repúblicas, ele considera que a vida livre duraria mais ou menos a depender de quem compete a guarda da liberdade, povo ou grandes.

> E sem dúvida, se considerarmos os objetivos dos nobres e dos plebeus, veremos naqueles grande desejo de dominar e nestes somente o desejo de não ser dominados e, por conseguinte, maior vontade de viver livres, visto que podem ter menos esperança de usurpar a liberdade do que os grandes; de tal modo que, sendo os populares

> encarregados da guarda da liberdade, é razoável que tenham mais zelo e que, não podendo eles mesmos apoderar-se dela, não permitirão que outros se apoderem[35] (Maquiavel [D, I 5] 2007, p. 24).

O tribunato da plebe, assim, não somente completa as ordenações romanas cedendo espaço ao humor antes excluído das decisões relacionadas aos assuntos públicos, mas exerce uma função que os grandes não poderiam exercer tão bem. De fato, a relação dos humores com a guarda da liberdade não deixa dúvidas sobre o posicionamento de Maquiavel em relação aos benefícios da inclusão do povo nas instituições romanas. Essa parece ter sido a principal distinção entre Roma e as demais repúblicas, justamente a que colaborou para que Roma pudesse se ampliar e alcançar a grandeza.

A defesa da inclusão do humor popular nas ordenações romanas não nos conduz a pensar, no entanto, haver algum tipo de juízo de valor entre os humores. Apesar de considerar o povo mais honesto Maquiavel não conduz seu leitor à superioridade moral ou política de um dos humores sobre o outro. Sobre o povo, não que sejam melhores, mas uma vez considerado seu âmbito de atuação, suas possibilidades de ação política, seria mais prudente ceder a eles a guarda da liberdade ('uma vez que não podem usurpá-la'). A ocasião é o fator mais relevante nessa opção pelo povo que, não podendo dela se apoderar, prefere defender que ninguém o possa. Nisso repousa sua melhor disposição em executar tal tarefa. Não há aqui uma guinada no texto que já havia

35. *E sanza dubbio, se si considerrà il fine de' nobili e degli ignobili, si vedrà in quelli desiderio grande di dominare, ed in questi solo desiderio di non essere dominati; e, per conseguente, maggiore volontà di vivere liberi, potendo meno sperare di usurparla che non possono i grandi: talché, essendo i popolari preposti a guardia d'una libertà, è ragionevole ne abbiano piú cura; e non la potendo occupare loro, non permettino che altri la occupi.* (Machiavelli, [D, I 5] 1997, p. 211)

manifestado àquele que legisla a possibilidade da maldade dos homens. De fato, ao invés de investigar as coisas como elas deveriam ser, Maquiavel parte dos elementos que efetivamente compõem o espaço público e os investiga à exaustão. Pondera suas relações e examina seus limites. Tomando o exemplo de Roma termina por afirmar a liberdade em sua forma mais ampla como o elemento capaz de elevá-la à condição de melhor forma de governo de todos os tempos.

O tema da grandeza, que antes opunha Roma a Esparta, parece agora ceder lugar a uma análise das possibilidades de se fazer grande e duradouro, de associar as ordenações romanas à possibilidade de durar. Os romanos não podiam evitar a expansão. Ao mesmo tempo, uma grandeza que não consegue perseverar não poderia se consolidar como a melhor forma de governo de todos os tempos. Maquiavel suscita a ideia de que a criação do tribunato da plebe não trouxe somente a possibilidade de expansão. Ao incluir o povo nos assuntos relacionados às coisas públicas Roma conseguiu também uma maneira mais eficiente de preservar a liberdade. Isso se deu tanto pela inclusão do povo nos assuntos pertinentes à república, que passou a ter a partir de então um papel importante na guarda da liberdade; como pela disposição de ordenações que foram capazes de cumprir plenamente o papel de dar vazão aos desejos dos humores, abrigando em suas instituições os eventuais tumultos consequentes das dissenções entre grandes e povo, evitando modos extraordinários.

As consequências do modo de vida livre, tal como se alcançou em Roma, são descritos por Maquiavel. De acordo como ele, "são grandes os proveitos colhidos pelas cidades e províncias que vivem livres em todos os lugares"[36] (Maquiavel [D II 2] 2007, p. 191). Ele os apresenta de forma

---

36. *Perché tutte le terre e le provincie che vivono libere in ogni parte, come di sopra dissi, fanno profitti grandissimi.* (Machiavelli, [D, II 2] 1997, p. 334)

ampla considerando especialmente os fatores que dizem respeito ao que é público, mas inclui alguns aspectos próprios da vida privada, pois

> por serem mais numerosos os povos, já que são mais livres e mais desejáveis os matrimônios, visto que cada um, de bom grado, tem a prole que acredita poder sustentar, sem temer ser despojado de seu patrimônio; ademais todos sabem muito bem que não só nasceram livres, e não escravos, como também que, se tiverem *virtù* para tanto, poderão tornar-se príncipes. As riquezas multiplicam-se mais, tanto as produzidas pela agricultura como quanto as produzidas pelos ofícios. Porque todos procuram multiplicar as coisas e adquirir os bens que acreditam poder gozar[37] (Maquiavel [D II 2] 2007, p. 191).

A passagem ilustra as dimensões práticas assumidas pelo tema da liberdade, perpassando a esfera pública e relacionando-se com aspectos importantes da vida privada. A república em sua forma mais livre não seria o melhor regime somente porque é capaz de alcançar a grandeza e abrigar possíveis conflitos internos que venham a se manifestar em espaço público. Ela também é o ambiente mais favorável para a multiplicação tanto das riquezas quanto da *virtù*.

---

37. *Perché quivi si vede maggiori popoli, per essere e' connubî piú liberi, piú desiderabili dagli uomini: perché ciascuno precrea volontieri quegli figliuoli che crede potere nutrire, non dubitando che il patrimonio gli sia tolto, e ch'ei conosce non solamente che nascono liberi e non schiavi, ma ch'ei possono mediante la virtú loro diventare principi. Veggonvisi le ricchezze multiplicare in maggiore numero, e quelle che vengono dalle arti. Perché ciascuno volontieri multiplica in quella cosa e cerca di acquistare quei beni che crede, acquistati, potersi godere.* (Machiavelli, [D, II 2] 1997, p. 334-335)

Considerações Finais

Compreender as características específicas de uma república como a romana possibilita um melhor entendimento das dificuldades que se impõem, por exemplo, a um principado que a queira conquistar. Vimos que Maquiavel, ao tratar os tipos de principado, apresenta as dificuldades de se invadir uma república e as dificuldades são tantas que viver de modo livre parece ser uma forma de evitar invasões externas. E quanto mais amplas as ordenações que possibilitam esse modo de vida, tais como eram as romanas, mais chances não somente de não ser conquistada, mas, como vimos, de ampliar-se. Pode-se pensar que àquele que não deseja ser conquistado, uma estratégia eficiente é constituir-se a partir de ordenações capazes de promover um modo de vida livre. Mas, para se alcançar a grandeza seria necessário tornar as instituições da república amplas, capazes de abrigar todas as partes da cidade, como fez Roma e, portanto, diferentemente do que fez Esparta (ou Veneza). As restrições, próprias da constituição dos espartanos e que impediam sua expansão, não evitaram a conquista da Liga Aqueia na consolidação da *pax romana* (cf. Cardoso, 2013, p.17), assim como de tantas repúblicas conquistadas por Roma. Tais exemplos sugerem àqueles que não querem ser invadidos ou conquistados ordenarem-se de modo a incorporar os humores (grandes e povo) em suas instituições, garantindo a mais ampla liberdade. Não deve perder de vista que a liberdade, nesses moldes, só pôde se efetivar em Roma a partir da criação dos tribunos da plebe e da participação efetiva dos plebeus nas decisões institucionais da república.

A liberdade é, assim, não somente o princípio que identifica as repúblicas enquanto forma de governo, mas o elemento capaz elevá-la à grandeza ou fazê-la sucumbir ao domínio de outrem. O modelo romano é importante porque pode ser usado até hoje. Da sua formulação enquanto modelo constitucional resulta muito da atualidade do texto de Maquiavel. Ao reconhecer em Roma seus princípios constitucionais fundantes ele os traduziu em propostas pertinentes para os problemas vivenciados por Florença em seu tempo.

Ao delimitar o tema da liberdade em Maquiavel Bignotto circunscreveu os embates próprios da vida pública em conceitos que perpassaram a tradição da filosofia política e se tornaram fundamentais para a compreensão do nosso tempo. Para Bignotto, "uma sociedade que não é mais capaz de canalizar seus conflitos por seus mecanismos legais, não é mais uma sociedade livre" (Bignotto, 1991, p.88). Resta-nos questionar o papel de nossas instituições para que possamos compreender os limites da nossa liberdade.

Referências Bibliográficas

ADVERSE, Helton. Maquiavel, a República e o Desejo de Liberdade. *In*: *Trans/Form/Ação*, v. 30, n. 2, 2007.

______. Maquiavel, o conflito e o desejo de não ser dominado. *In*: PINTO, Fabrina; BENEVENUTO, Flávia (Orgs.). *Filosofia, Política e Cosmologia: ensaios sobre o renascimento*. São Bernardo do Campo: EdUFABC, 2017.

AMES, J. L. Liberdade e Conflito: o confronto dos desejos como fundamento da ideia de liberdade em Maquiavel. *In*: *Kriterion*, n. 119, 2009.

______. Teoria conflitual da política de Maquiavel: alternativa ao paradoxo moderno da relação entre poder constituinte e poder constituído? *In*: *Discurso*, v. 48, n. 1, 2018.

BENEVENUTO, Flávia. *Maquiavel e a Figura do Governante*. Curitiba: Prismas, 2016.

______. Maquiavel e a Licença. *In: Cadernos de Ética e Filosofia Política*, 2014 (v.1 n24).

______. Sobre a novidade de Maquiavel: notas sobre a interpretação lefortiana do proêmio dos *Discorsi*. *In*: *Discurso*, v. 48, n. 1, 2018.

BIGNOTTO, Newton. *Maquiavel republicano*. São Paulo: Loyola, 1991.

CARDOSO, Sérgio. A Matriz Romana. *In*: BIGNOTTO (Org.). *Matrizes do Republicanismo*. Belo Horizonte: Ed. UFMG, 2013.

______. Maquiavel: lições das Histórias Florentina. *In*: *Discurso*, v. 48, n. 1, 2018.

FALCÃO, Luís. Os usos de *stato* e *umori* em *O Príncipe*: uma leitura a partir de Gennaro Sasso. *In*: PINTO, Fabrina; BENEVENUTO, Flávia (Orgs.). *Filosofia, Política e Cosmologia: ensaios sobre o renascimento*. São Bernardo do Campo: EdUFABC, 2017.

FERREIRA, Christiane. *Os Conflitos Civis em Maquiavel: o problema dos humores*. (Dissertação de mestrado) Faculdade de Filosofia, Letras e Ciências Humanas, Universidade de São Paulo. São Paulo, 2015.

LEFORT, Claude. *Le travail de l'ouvre: Machiavel*. Paris: Gallimard, 1972.

MACHIAVELLI. *Discorsi*. *In*: MACHIAVELLI, *Opere*. Torino: Einaudi-Gallimard, 1997. v. 1.

______. *Il Principe*. *In*: MACHIAVELLI, *Opere*. Torino: Einaudi-Gallimard, 1997. v. 1.

______. *Istorie Florentine*. *In*: MACHIAVELLI, *Opere*. Torino: Einaudi-Gallimard, 1997. v. 3.

MAQUIAVEL, Nicolau. *O príncipe*. Edição bilíngue com tradução de Diogo Pires Aurélio. São Paulo: Ed. 34, 2017.

______. *Discursos sobre a primeira década de Tito Lívio*. São Paulo: Martins Fontes, 2007.

______. *História de Florença*. São Paulo: Martins Fontes, 2007.

POLYBE. *Histoires*. Livre VI. Paris: Les Belles Lettres, 2003.

Maquiavel: dos conflitos políticos à corrupção do governo

José Antônio Martins

Um livro que impactou uma geração de pesquisadores em filosofia, assim, em breves palavras, poderíamos sintetizar o legado de *Maquiavel Republicano* de Newton Bignotto, publicado em 1991. Ora, por ocasião dos trinta anos de sua publicação, creio que a melhor homenagem ao livro e ao seu autor seja explorar um aspecto suscitado por ele, tentando explicitar o quanto essa obra abriu sendas interpretativas. Em uma época, como no momento em que este texto foi elaborado, na qual a valoração de uma publicação se mede pela efemeridade de sua repercussão nos três anos seguintes, retomar os temas analisados por Bignotto no início dos anos 90 do século passado, implica em insistir que há obras que ultrapassam os estreitos limites arbitrariamente atribuídos por agências de fomento estatal e se mantêm como fonte de reflexão e inquietações filosóficas.

Assim, diante dos inúmeros temas apresentados em *Maquiavel Republicano*, gostaria de destacar um, que se mantém vivo e pulsante, a saber: o tema da corrupção política[1]. Ao invés de tentar glosar ou se contrapor ao exposto

1. De minha parte deixo como testemunho o quão importante foi assistir a uma palestra de Newton Bignotto nos idos de 1993 na FFLCH/USP, sobre esse tema. Para um jovem estudante, ainda inebriado pelas lutas políticas que resultaram no impeachment de Fernando Collor, para em

por Bignotto, gostaria de explorar um aspecto sugerido pelo livro, que, apesar de ter dedicado meu doutorado a esse tema (Martins, 2007), permite ainda algumas outras considerações. Notadamente, pretendo deter-me sobre as possíveis relações existentes entre os conflitos políticos e a corrupção dos regimes, particularmente se os primeiros implicam no segundo. Em outras palavras, pretendemos neste texto evidenciar a fecundidade de *Maquiavel Republicano* na medida em que ele nos faz pensar e coloca questões relevantes, resultando, por fim, num diálogo filosófico continuado. Dos diversos tópicos explorados ao longo do livro, na qual Bignotto persegue a compreensão do tema da liberdade no pensador florentino, a corrupção é o ponto final deste percurso intelectual e nos insere num dos aspectos mais originais do pensamento político maquiaveliano[2].

---

seguida se entusiasmar com a campanha pela "Ética na Política", ouvi-lo apresentar em grandes linhas a tese maquiaveliana de que os regimes republicanos engendram em corrupção, foi um verdadeiro "balde de água fria", por um lado, mas um convite, por outro, para o estudo de um tema que me fascinou, da qual não tive escapatória no doutorado. Se depois de aventurar-me pelo pensamento metafísico medieval de Tomás de Aquino na iniciação científica e no mestrado, minha guinada para as pesquisas do campo da filosofia política se deveu, em grande medida, pelas questões suscitadas por Bignotto e seu *Maquiavel Republicano*. Confesso que minha pesquisa de doutorado foi, em parte, uma tentativa de dar conta de uma questão originada das análises de Bignotto e que procurei, de algum modo, desenvolver, buscar outra visada, ampliar a interpretação sobre o modo como Maquiavel entende a corrupção política. Esse breve texto procura ser, de modo singelo, minha homenagem ao autor e a sua obra que marcaram minha experiência do pensamento, ao qual sou imensamente grato pelos estímulos continuados no campo das reflexões políticas.

2. Pretendemos nesse texto dar continuidade aos estudos iniciados nos dois últimos trabalhos publicados: Martins, 2018 (p. 145-165); Martins, 2019 (p. 147-166).

O nascedouro de uma questão

Já se tornou um lugar comum a afirmação de que os conflitos políticos causam, necessariamente, a corrupção dos regimes e a dissolução dos governos. A imagem clássica da multidão na rua protestando e, em muitos casos, conflitando fisicamente com as forças governamentais, é o sintoma inequívoco de que o regime já agoniza e tende a sua dissolução, mais dias ou menos dias. Tanto é assim que há um certo temor em ver o povo nas ruas protestando, ainda mais quando isso é feito de forma barulhenta, com prejuízos para o patrimônio público e privado, que em geral, resulta em confrontos violentos, pessoas feridas, por vezes mortas, num espetáculo que provoca comoção para aqueles que veem, aumenta o clamor e, porque não, o ódio daqueles que participam deles e, ao fim e ao cabo, a imposição de uma mudança no regime, a deposição de um governo ou, por outro lado, o aumento do rigor desse governo contra os manifestantes e o povo em geral, em um recrudescimento da opressão sobre a população. Tal cenário, encontrado em várias sociedades, desde "tempos imemoriais", estão no horizonte do possível das comunidades políticas, particularmente das, assim denominadas, democracias contemporâneas. O que leva a afirmação de que os conflitos políticos, que geralmente começam com pequenas disputas, quando não são resolvidos e se ampliam, conduz à dissolução do regime, em uma palavra, à corrupção. Donde ser quase tautológico afirmar que os conflitos políticos geram a corrupção dos governos e regimes.

Ora, tendo esse fato recorrente dos conflitos políticos, que transcendem o espaço – pois pode acometer qualquer país – e o tempo – visto que é um fenômeno de longínqua história –, quando nos deparamos com reflexões sobre eles e, no caso particular do pensamento político maquiaveliano, que enxerga alguma positividade neles, causa estranheza e incômodo tais análises de Maquiavel, para dizer o mínimo. Em contraposição a uma significativa gama de pensadores políticos, que desde a antiguidade, fizeram uma defesa insistente da busca da harmonia ou paz social como meta maior do governo, a dificuldade se amplia mais ainda no pensamento político de Maquiavel e nos convida a pensar acerca de como ele entende essa relação e por qual visada ele consegue retirar algo diferente daquilo no qual muitos veem a decadência política, crise e prenúncio do perecimento dos regimes. De fato, parece que a posição de Maquiavel destoa de certa coordenação narrativa e enxergam positividade em um fenômeno onde muitos percebem apenas negatividade em termos político.

Esse quadro tende a ficar mais complexo, tendo em vista os diversos estudos de Nicole Loraux sobre o modo como o conflito político ou mesmo a guerra civil, aquilo que é abarcado pela noção grega de *stasis*, foi ocultada ou minimizada em parte relevante dos escritos helênicos da antiguidade, tanto por historiadores, quanto por literatos e filósofos. Como veremos, Loraux nos apresenta que a descrição ou mesmo a menção às disputas políticas internas às *pólis* não estão presentes em diversos textos históricos, literários e filosóficos, que sobreviveram pelos séculos. Esses estudos, associados a outros, particularmente aos de Gennaro Sasso (1980; 1967) e Gabrielle Pedullà (2011), que ao buscarem entender o pensamento político maquiaveliano realizaram um trabalho de recensão da reflexão sobre a concórdia civil, e conformam, enfim, um quadro de discussão que confere melhor relevo às posições teóricas de Maquiavel em face do tratamento histórico que a temática do conflito político teve no pensamento político anterior a ele.

Ora, não somente a noção de conflito político parece ter uma abordagem diferenciada por Maquiavel, como a sua relação com o processo de corrupção parece, também, comportar peculiaridades analíticas. Numa primeira aproximação dessa temática, tem-se a impressão que, ao contrário da posição teórica recorrente, de que os conflitos políticos encetam processos de corrupção nos regimes, a reflexão política maquiaveliana não envereda por essa perspectiva e sugere, particularmente em algumas passagens dos *Discursos sobre a primeira década de Tito Lívio* e nas *Histórias Florentinas*, que é possível pensar em conflitos políticos como ações benéficas e salutares para os regimes. Caso seja possível verificar essa hipótese, então teremos no pensamento político de Maquiavel uma posição singular, haja vista que, ao mesmo tempo que rompe com uma antiga corrente de pensamento de valorização da concórdia política, inaugura um novo modo de compreender a dinâmica do campo do político, donde os conflitos políticos não implicarem mais, necessariamente, em corrupção do governo, mas serem eventos naturais à vida política.

Tendo isso como pressuposto, não é possível aqui fazer uma análise exaustiva das noções de conflito político e corrupção em Maquiavel, o que já foi realizado por vários estudiosos (Adverse, 2007; Ames, 2017; Bignotto, 1991, 2015; Cadoni, 1982; Cardoso, 2015; Lefort, 1972; Nicodimov, 2004; Sasso, 1987; Tenenti, 1978; Martins, 2007; Pedullá, 2011), mas, tendo em conta justamente tais estudos, tentar perceber os possíveis pontos de contatos entre esses temas no pensamento político do filósofo, exatamente, procurar verificar se há de fato uma relação de causa e efeito entre conflito político e corrupção do regime. Haja vista a amplidão da temática, nos concentraremos nesse aspecto muito preciso que é procurar pensar as possíveis relações ou conexões entre conflito político e corrupção, tendo em vista a continuidade ou perecimento de um regime.

Os conflitos políticos *(stasis)* entre os helênicos

Contudo, antes de adentrar ao pensamento político maquiaveliano, importa recuperar alguns aspectos sobre a origem dessa temática, particularmente sobre a noção grega de *stasis*, que foi traduzida para o latim como *seditionis*, que gerou, por seu turno, o termo sedição em língua portuguesa, que significa, de modo sumário, a luta interna de força políticas contra o regime, mas que no pensamento político maquiaveliano receberá outra designação, notadamente, como tumultos.

Ao longo de sua trajetória intelectual a pesquisadora francesa Nicole Loraux (1993; 1994; 2006; 2009) se deteve na compreensão de como os helênicos concebiam a *pólis*, como eles a pensavam e a retratavam em seus discursos, muitas vezes em contraste com a *pólis* real, existente. Em alguns de seus textos (Loraux, 1993) ela chama a atenção para a dupla imagem que se produz da *pólis*: por um lado una, coesa, em paz consigo mesma, até para fazer frente às ameaças externas e, por outro lado, dividida, em conflito, logo enfraquecida e presa fácil para as invasões externas ou mesmo a dominação tirânica de alguma força interna. Segundo a autora, é essa imagem modelar de *pólis* em paz, unida, forte que foi o berço da política e exemplo a ser imitado que perdura até em nossos dias, por oposição a uma outra, da *pólis* dilacerada, em conflito entre os seus membros, rumando para a catástrofe, com a doença em seu corpo político, perdendo suas energias com as lutas internas, num processo autofágico. Diversas fontes documentais, como os discursos fúnebres (*epitáphios logoi*), os textos históricos de Tucídides e Heródoto, as peças teatrais de Sófocles e até mesmo alguns textos filosóficos, como o *Menexeno* de Platão, reiteram alguns elementos constantes de uma narrativa em construção, a saber: a busca em retratar a *pólis* helênica, notadamente Atenas, como um ente unido, coeso, em paz, por um lado; por outro, a partir dos exemplos de outras cidades, o perigo da divisão da comunidade política em partidos ou facções e como isso causa a dissolução do governo; decorrência desse último fenômeno, o confronto ou a luta interna na *pólis*, aquilo que em grego se denominava *stasis*, que significava o começo da dissolução do regime.

Diante desses dados, Loraux nos mostra o que seria o início de uma longa tradição no pensamento político de buscar a harmonia política ou a paz social como uma das metas ou *telos* da ação política, o que gerou, por consequência uma desqualificação, para usar um termo pouco comprometedor, dos conflitos ou disputas políticas no interior da cidade, tradição essa caracterizada por aquilo que alguns denominaram como o pensamento político em defesa da *pax socialis*. Tendo em vista justamente esses elementos primordiais dessa relevante vertente do pensamento político, convém analisar melhor alguns desses conceitos originários.

Ainda a título de introdução, importa salientar um aspecto do fenômeno político na antiguidade, central para o entendimento do modo como serão compreendidas as contendas políticas no interior da *pólis* e suas possíveis consequências. Um elemento sempre destacado, seja nos estudos de Vernant (1990, p. 189-310), seja em Loraux (1994), bem como em uma rápida análise da *Política* de Aristóteles, nos revela a importância da esfera política para essa cultura helênica que se forma a partir do século VI a.C. e que tem como atividade política característica o debate ou o exercício do *lógos*.

Vernant, nos seus estudos sobre as origens do pensamento filosófico no mundo helênico, mas notadamente em *Mito e pensamento entre os gregos* (Vernant, 1990, p. 189-310), nos mostra que no advento do fenômeno da *pólis*, entre diversos fatores, ressalta o papel do discurso público, seja no modo como se ordena a *pólis*, seja, por outro lado, no efeito que esse modo de organização da vida coletiva implica na forma como a reflexão abstrata se desenvolve nestas comunidades. Com efeito, sua tese central de que a reflexão filosófica é filha da *pólis*, tem o seu complemento concomitante de que a *pólis*, como fenômeno social, só pode se realizar porque havia um discurso filosófico que lhe implicava e organizava. Consequência direta neste esboço sumaríssimo da exposição de Vernant é a constatação do papel central do discurso racional nessa imbricação entre o nascimento da filosofia e o nascimento da *pólis*, que no limite, implica em afirmar o nascimento do campo do político. Assim, o exercício do discurso no espaço público perfaz desse coletivo que ouve e argumenta uma comunidade política, ao mesmo tempo, que instaura no seu interior a necessidade de uma reflexão que se conformará de modo racional, enfim, instaura a necessidade da reflexão filosófica em sentido estrito. Como diz:

> O *lógos*, instrumento desses debates públicos, toma então um sentido duplo. De um lado, significa a palavra, o discurso que pronunciam os oradores na assembleia; mas significa também a razão, essa faculdade de argumentar que define o homem como não simplesmente um anima, ma como 'animal político', um ser racional. (Vernant, 1990, p. 250)

Tendo, pois, o discurso público – ao mesmo tempo racional e político –, aquilo que entendemos como o uso do *lógos*, o fundamento central dessa experiência histórica peculiar, o que decorre é a constituição não somente de uma nova e única experiência humana inventada pelos gregos, mas mais ainda, temos a instauração de uma outra esfera da vida humana em destaque: a ação coletiva, que se realiza em público, em comunidade, e que é determinada pelo *lógos*, não sendo este uma experiência exclusivamente íntima e pessoal da reflexão humana, mas, sim, como a enunciação pública de argumentos que, seguindo regras e disposições estabelecidas por esse mesmo uso público do *lógos*, determinam e conforma a vida coletiva e o modo como esse *lógos* operará.

Importa aqui fazer um rápido lembrete acerca do termo *lógos*, pois, pelo visto, não se trata tão somente da palavra e do discurso, argumento, mas também da operação racional, intelecção. Ora, é evidente o papel do debate público, da prática discursiva coletiva para a conformação da *pólis*, assim como também é evidente que esses debates públicos foram decisivos para que um modo de operar a razão humana, um quadro mental de operações se instalasse nessas comunidades assim organizadas. A prática do debate, com suas regras em grande medida herdeiras das reflexões geométricas, como comprova Vernant, na qual a noção de igualdade entre os pontos geométricos em uma circunferência, reversíveis, equidistantes, cujo elemento determinante está ao centro, entre outros aspectos, moldam uma forma de pensar e uma visão de mundo (uma *theoria*). Neste sentido, o debate público exerce uma força irresistível sobre o modo de compreender o mundo, a vida, as relações humanas, agora sob a égide dos postulados racionais.

Do ponto de vista das relações comuns nos espaços coletivos, instaura-se também um novo modelo de ordenar segundo regras e disposições oriundas desses debates públicos. Aquilo que se denominará como a esfera política tem, ao menos, duas origens muito claras: a importância e a centralidade dos debates racionais, públicos, o exercício filosófico, que é, ao mesmo tempo, também, uma ação que visa o coletivo, que determina essa dimensão coletiva da vida (em contraposição da dimensão privada do *óikos,* da casa, do lar).

A política, esfera da vida humana, campo de ação, modo de organizar e conceber a experiência coletiva tem duas vias de manifestação, ilusoriamente distintas: ação política e ação discursiva, ambas decorrentes do exercício do *lógos*. De certo, torna-se impossível pensar em uma ação política que não tenha no exercício discursivo, na argumentação, na persuasão pela palavra o seu modo de ser. Insistindo um pouco mais, Vernant destaca como a dimensão política e pública da vida humana se diferencia da dimensão privada e doméstica, entre outras coisas, mas fundamentalmente, pelo modo como se opera o *lógos*. Enquanto que na esfera privada do lar as relações são hierárquicas em todos os sentidos, inclusive do ponto de vista do uso do discurso, na esfera pública essa relação de subordinação desaparece e deve-se colocar, para que justamente esse âmbito da vida seja político, uma relação discursiva igualitária, reversível, sendo um direito de todos, a *isegoria*. Enfim, ao mesmo tempo em que um certo modo de operar o argumento conforma a casa, o *óikos*, por contraposição à maneira como se realiza o uso do discurso em público que forja o campo do político. Vernant nos mostra, portanto, que não é possível compreender o surgimento do fenômeno político entre os povos de língua grega sem tomar em conta a centralidade do discurso como fator determinador dessa experiência coletiva.

Seguindo na busca de algumas características fundantes do campo do político no mundo helênico, as análises de Loraux enfatizam não somente a importância do discurso na experiência política helênica, mas como esse discurso, em suas nuances, foi iluminando e ocultando aspectos dessa experiência política em grego, que legou algumas imagens e conceitos nem sempre fiéis ao que realmente ocorria historicamente. Seus estudos abriram caminho para novas compreensões do modo como de fato se organizava a vida política helênica, em contraste com a imagem legada pelos diversos textos.

Retomando o que indicávamos antes, o ponto de partida das investigações de Loraux nos revela um descompasso entre a vida política real na *pólis* e aquilo que era narrado nos textos, na qual uma imagem política era projetada em desconformidade com as dinâmicas políticas reais.

Assim, a *pólis* projetada como una, coesa, harmônica, que valorizava as qualidades ou virtudes políticas, democrática, participativa e como consequência de tudo isso, guerreira, vencedora, conquistadora, enfim, exemplo de sociedade, foi de fato muito mais produto de uma construção narrativa, mas que de fato não existiu desse modo. Avancemos sobre alguns desses aspectos idealizados.

Um primeiro elemento ressaltado por Loraux é a imagem que essa faz de si mesma como uma entidade una, coesa, sem divisão. Esse aspecto é recorrente nos vários tipos de textos citados e se justifica sob vários aspectos. Talvez uma das razões dessa projeção de unidade da *pólis* seja de ordem filosófica, como consequência argumentativa da necessidade de unidade do ser, tal qual preconizado pelos sistemas filosóficos helenistas, destacadamente o sistema platônico. Ora, na medida em que a *pólis* se configura como um ser, uma substância, ela deve ser uma só coisa em sua essência e manter essa unidade para que seja, também, inteligível e representar no plano do sensível o ideal de comunidade política. Nesse sentido, o pensador, busca compreender a *pólis* como um ente coeso, uno, conforme ao ideal de *pólis*, para justamente poder ressaltar sua inteligibilidade inerente. Esse é um dos elementos centrais que se pode extrair da *República* de Platão, na qual o filósofo está em busca de um modelo de comunidade política que realize o ideal de cidade investigado pelo diálogo. Tal destaque do mundo político como uno e coeso se verifica também nos textos históricos de Tucídides e Heródoto, na medida em que as *pólis* helênicas, e Atenas em particular, embora também seja possível verificar isso em Esparta, foram exitosas em suas campanhas militares por serem unidas e coesas, não abrindo margem à divergência. Agora, por outra visada, podemos ver na trilogia tebana de Sófocles o drama de uma comunidade dividida, em luta, que vai *dramaticamente* rumando para uma crise, cujo capítulo mais emblemático é retratado em *Antígona* (Sófocles, 2009). Essa peça chama a atenção sob essa perspectiva, visto que ela se inicia já com a luta fratricida entre os dois filhos de Édipo, entre dois tebanos, tragédia essa que se espalha pela corte do rei e desorganiza ao final toda a vida política da cidade. Notório que a guerra travada de início não era o grande mal, o principal problema. O espetacular foi o desdobramento da trama que mostra um alastramento do conflito que nasce não propriamente da guerra, mas do fato inusitado de irmãos que se matam em campo de batalha, tendo como consequência o funeral celebrado para o tebano que defendeu a *pólis* e o opróbrio do outro tebano que lutou contra o seu povo, o maior de todos os inimigos. O efeito dramático conferido por Sófocles ressalta, também, os perigos da luta fratricida entre membros de uma mesma comunidade política, funcionando como um lembrete para que isso seja evitado e a harmonia social seja buscada.

Esses dois exemplos demonstram como por um lado se projetou uma imagem de *pólis* unida, ou melhor, que deve buscar a harmonia e a coesão política, ao ponto de se tornar como uma finalidade da vida política, da qual nada pode desviar.

Para reforçar essa ideia, o lastro que une os membros nesse propósito e se configura como uma espécie de denominador comum da vida política passa a ser a virtude (*areté*) defendida nos discursos. Contudo, como o próprio termo em grego já sugere, a *areté*, a virtude, é uma qualidade (ou não somente uma, mas várias) que torna aquele que a exerce em valoroso, admirável, exemplar e, no limite, em ponto de apoio, garantia para uma boa vida política. Entretanto, conforme nos mostra Loraux (1994), particularmente nas análises dos discursos fúnebres (os *epitáphios logoi*), o que se tem como descrição de virtude ou qualidades políticas admiráveis são, na verdade, as qualidades de uma aristocracia que se quer como modelo e exemplo para toda a *pólis*. Os discursos fúnebres revelam a imagem do valor ético aristocrático projetado como valor cívico universal na qual todos devem se espelhar, como que convidando toda a comunidade política a viver esse ideal aristocrático. Ora, é evidente que tal narrativa, feita por aristocratas, cujos exemplos mais destacados foram o discurso fúnebre de Péricles e o *Menexeno* de Platão, ignora os valores cívicos dos democratas e demais grupos políticos da *pólis*, até mesmo porque esses grupos não tinham no discurso e na atividade intelectual suas principais atenções. Então, a tomar pela narrativa desses dois textos, por exemplo, o que se tem é um ideal de virtude (*areté*) aristocrática como fundamento da *pólis*, logo, elemento unificador do corpo político. Donde não ser estranho a inferência que busca associar de modo forte vida política e ideal ético, esse fundado em uma *areté* – que conforme derivada do próprio nome, é aristocrática[3].

Torna-se evidente, pois, que, apesar dos diversos textos gregos exaltarem o ideal democrático, conforme os estudos de Loraux, eles declaravam como sendo democráticos valores e práticas próprias dos segmentos políticos aristocráticos ou oligárquicos. Particularmente no que se refere à prática do debate público, o que se manifesta nessas obras é uma clara posição mais favorável para o projeto aristocrático em detrimento das visões e posições políticas democráticas, até mesmo porque os autores desses textos vinham de setores aristocráticos.

Retornando à questão da unidade da política e agora olhando por outro ângulo, podemos inferir que, se há uma defesa enfática para a coesão interna da comunidade política,

3. Tal interpretação nos sugere uma instigante explicação do porquê em vários pensadores que defenderão a *concórdia social* há uma íntima relação entre ética e política, a ponto da primeira pautar a segunda, como por exemplo em Agostinho. Neste caso em específico, a leitura das *Confissões* em articulação com a *Cidade de Deus*, nos revela que, ainda que seja uma proposta ética racionalizada, se revela, ao fim e ao cabo, na subordinação da vida comunitária a partir de postulados éticos exteriores as práticas comunitárias, no caso, ao ditames éticos preconizados pela mensagem bíblica.

isso talvez seja mais fruto de uma tentativa de convencimento dos diversos membros políticos em nome da unidade da *pólis*, do que a exposição de um retrato daquilo que de fato tenha ocorrido. Assim, a *pólis* helênica era, de fato, uma realidade política e social fraturada, cindida, que necessitava de um discurso unificador, de uma mensagem eloquente – como o era os discursos fúnebres, proferidos uma vez ao ano em uma ocasião especial, numa verdadeira festividade cívica – para que a comunidade política buscasse a sua unidade sob a égide de valores declarados como políticos de modo universal, mas que de fato eram os valores políticos (que se vestem também de valores éticos) de uma aristocracia que discursava. Tomado nesse registro interpretativo, agora esses discursos sobre a *pólis* devem ser interpretados pelo seu efeito narrativo, por aquilo que desejam e ocultam, e não somente pelo que de fato parecem retratar.

Nessa perspectiva, a ausência de conflitos internos à *pólis*, a negação da existência desses fenômenos ou mesmo a sua estigmatização como algo nocivo e deletério a vida política, passa a ser um lugar discursivo recorrente. O modo, pois, como parte de um corpo textual em grego tratou o fenômeno dos conflitos políticos, aquilo que se denomina *stasis*, de modo sempre negativo, seja ocultando, seja enfatizando seus efeitos deletérios, passa a ser uma característica intrínseca desses fenômenos que percorrerá uma vasta literatura política. A *stasis*, agora uma doença política, é sempre o mal interno, gerado de dentro a partir dos próprios membros do corpo político, que nasce de modo pouco perceptível, pequeno, discreto e vai se ampliando até tomar a forma de uma grande doença que quebra a unidade do corpo político, a divide e, se nada for feito para extirpá-la, leva a morte. Ao contrário dos conflitos externos, a guerra propriamente dita (em grego *pólemos*), que unifica o corpo político, leva a exaltação das virtudes e do maior ideal político, a defesa da *pólis*, a *stasis* se põe no polo oposto. Não é uma luta contra a ameaça externa e sim uma ação contra os membros do corpo político, logo, contra a comunidade política e, por isso, inaceitável.

Ora, essa imagem biológica dos conflitos políticos é muito ilustrativa de como eles eram compreendidos e como eles deveriam ser combatidos. Assim como se deve atentar para que um corpo se mantenha saudável e evite a exposição às doenças, do mesmo modo o corpo político deve ter uma atitude preventiva para manter sua saúde, o que implica em combater qualquer sinal de quebra da unidade política, divergência que pode causar fraqueza, perda das forças, doença e, no limite, a morte.

Neste quadro conceitual de uma *pólis* una, como pensar os argumentos contrários, as posições políticas antagônicas, as oposições políticas? Parece que há uma contradição inescapável, visto que por um lado tem-se a defesa do debate, da inclusão dos membros do corpo político por meio, também, do debate, do discurso e, por outro, isso pode gerar uma divisão no corpo político, uma divisão fundada, a princípio, como dirá Aristóteles, em torno dos dois grupos que sempre existem em toda e qualquer *pólis*, a saber: um grupo diminuto, com riqueza e sem muito tempo para a vida política, os oligarcas; um outro grupo mais numeroso, com pouca riqueza e mais tempo para vida política, os democratas. Conforme o filósofo (*Política*, livro IV), esses dois grupos se contrastam na dinâmica política, de tal modo que se torna quase impossível postular uma unidade nas decisões. Então, a divisão está posta no coração da vida política, como dois humores antagônicos. Entretanto, há a defesa a coesão política, da harmonia da *pólis*, dos avisos sobre as divisões políticas e as consequências funestas para essa mesma comunidade política. Como resolver essa aporia?

Uma resposta já se mostrou, a negação da divisão, a ocultação de uma parte dos interesses políticos em diversos textos, ou seja, por tal estratagema buscou-se afirmar o ideal da *pólis* democrática exemplar. Todavia, a *pólis* real, histórica, a Atenas dos séculos IV e III, com sua crise do regime democrático (até que ponto ele de fato foi isso agora fica em suspenso) é algo inescapável. Assim, de certo modo, podemos ter o quadro no qual se retomará essa dificuldade nos diversos tempos históricos: de um lado a defesa argumentativa do ideal de unidade do campo do político e, de outro lado, a efetividade real de comunidades políticas divididas nos vários grupos. Também a história do pensamento político já terá sempre a mão uma solução: postular o êxito político na virtude de uma comunidade fundada em valores éticos (em geral valores ligados aos setores aristocráticos ou às elites[4]) que foram assumidos como exemplo de um corpo político e, com isso, conseguiram, senão anular, ao menos minimizar as posições dissonantes.

Em linhas gerais, aqui temos os elementos que fundam a narrativa da defesa da harmonia ou paz social e, num mesmo movimento argumentativo, negam ou depreciam tudo aquilo que pode ser incluído no bojo do que se denomina como conflito político. É esse quadro teórico que chega, em grande medida, para Maquiavel e que ele assume como contraponto.

Convém, ainda, fazer uma pequena nota sobre o modo como Aristóteles compreende a *stasis* no seu pensamento político. No livro V da *Política*, depois de ter tratado das formas de governos possíveis no livro IV, onde destaca a o regime misto

4. Apenas como exemplo, em *Como as democracias morrem*, Levitsky e Ziblatt sugerem como solução que as elites dirigentes retomem o seu papel de guardiã da unidade política, pois a própria crise das democracias ocorreu em grande parte, segundo a interpretação deles, porque essas mesmas elites dirigentes (não necessariamente as elites ricas) faltaram na sua tarefa de defesa do campo político democrático. O notório aqui é que a responsabilidade maior, seja por defender, seja para restaurar da crise política, cabe não aos setores populares (*demos*), mas às elites dirigentes. Em outras palavras, a proposta é que, no limite, a aristocracia deve defender a democracia, aquilo que historicamente se denominou o governo do povo. (Cf. Levitsky, S. & Ziblatt, 2018)

misturado (a *politéia mixis meson*), Aristóteles trata em seguida das possibilidades de mudanças nos regimes políticos. A diferença de outros pensadores helênicos, notadamente a Platão, Aristóteles entende que as mudanças (*metabolés*) são fenômenos inerentes aos corpos políticos, sendo próprio da dinâmica da *pólis*. Ora, tais mudanças, quando ocorrem, não perfazem necessariamente um círculo de alterações inexoráveis, que terá na imagem da *anacyclosis* de Políbio (*História*, VI, 1-10), uma representação modelar de um ciclo de mudanças nas formas de governo, que será reconhecido como a teoria cíclica dos regimes. Diferentemente desses pensadores, mas também influenciado por pressupostos biológicos, visto que a *pólis* é um organismo vivo, Aristóteles (*Politica*, V, 1-3) entende que as alterações dos regimes podem ocorrer em todos os sentidos: seja como transformação de uma forma de governo "virtuosa", por exemplo, a aristocracia, em um regime "desviado", uma tirania; seja numa mudança de uma forma de governo "desviada"[5], uma oligarquia, para uma forma "virtuosa", o regime misto ou *politéia*.

Definida a diversas possibilidades de mudança dos regimes políticos e como tais mudanças são próprias da natureza do regime, ele passa a tratar das causas dessas mudanças, aquilo que podem implicar tais transformações nos governos, que tem como uma das possíveis razões os conflitos políticos internos, que ele denomina como *stasis*. Não pretendo fazer

5. Estamos tomando os termos *desviado* e *virtuoso* numa acepção muito restrita, haja vista, que na leitura do texto aristotélico, particularmente quando se avança do livro III para o livro IV, tal tipificação não é muito condizente, pois o regime mais adequado e possível será, se tomarmos apenas as acepções dadas no livro III, a combinação de duas formas de governo "desviadas": a democracia e a oligarquia. Ora, tomando a economia da *Política* como um todo, estabelecer tipificações sobre os regimes em termos de bons ou maus, virtuosos ou desviados, implica em tomar apenas parte da exposição e não a obra em seu conjunto.

aqui uma análise minuciosa das diversas causas de *stasis*, entretanto convém destacar duas coisas. Grande parte dos conflitos políticos nascem por uma concepção particular da noção de justiça, quando um grupo hegemônico impõe para toda a comunidade política sua concepção de justiça, notadamente, quando os democratas, que entendem que a igualdade é o princípio maior da justiça e tratam todos na *pólis* de modo igual, gerando descontentamento como os oligarcas e aristocratas, ou, quando estes, que fundam a noção de justiça na desigualdade, tratam todos desse modo, gerando assim descontentamento. Outro aspecto importante para o nascimento dos conflitos políticos são os pequenos fatos, as minudências sociais, aqueles litígios menores que, se não resolvidos, ganham grandes proporções podendo gerar grandes revoltas e tumultos que podem, nos seus estertores, levar a mudança no regime.

Para Aristóteles, e em conformidade ao seu modo de análise dos fenômenos naturais, os conflitos políticos (*stasis*) fazem parte da dinâmica da *pólis*, são eventos próprios de um corpo vivo que pode sofrer transformação seja no regime político (a forma), seja na composição ou quantidade dos membros políticos (a matéria). Entretanto, ele não emite qualquer juízo favorável ou desfavorável a esses eventos, mesmo porque, podem ocorrer conflitos que geram melhorias na condução da política, bem como leis e instituições em benefício da *pólis*, de tal modo que não é possível tipificar tais conflitos como prejudiciais ao corpo político. Ademais, conforme o filósofo, todas essas contendas devem ser resolvidas, seja no debate público, seja nas ações judiciais, que são também, debates públicos. O que ressalta a importância do discurso público como instrumento de mediação das diferenças e resolução dos conflitos. Ora, não teremos como desenvolver aqui, mas é justamente essa solução baseada no debate público, logo racional e político, que Aristóteles entende que a solução *possível* passa pela adoção de um regime proporcional à matéria política da *pólis*, no caso, os membros do corpo político, em uma palavra, os políticos. Esse encaminhamento da solução dos conflitos por meio de um debate e que esse debate decida pela adoção de um regime proporcional, revela, por seu turno, a força do *lógos* como elemento fundamental para a constituição do campo do político e seu funcionamento, conforme apontado por Vernant. A *pólis* aristotélica, pensada a partir do real possível e organizada pelo *lógos*, tanto como discurso público, como razão ordenadora, se constitui como espaço político justamente por ter nesse *lógos* o seu fundamento e não na violência, na força exterior, nos deuses etc., seu *part pri*, que permite, pois, inserir os conflitos políticos (e não a guerra ou a violência) como eventos naturais de um corpo político dinâmico.

Enfim, esses dois aspectos são notórios acerca do modo como Aristóteles compreende os conflitos políticos: eles fazem parte da vida política da *pólis*, são próprios de sua dinâmica e não uma excepcionalidade; eles não podem, *a priori*, serem tipificados como bons ou ruins, pois não se conhece de antemão os seus efeitos. Somente depois de concluído a dinâmica das alterações que poder-se-á fazer uma valoração quanto aos seu impacto para a comunidade política. Neste aspecto, Aristóteles se diferencia do quadro retratado por Loraux acerca do modo como se abordou o fenômeno da *stasis* entre os autores helênicos. Todavia, também não verificamos nele uma posição teórica que será uma das marcas do pensamento político maquiaveliano que defende, em certa medida, os conflitos políticos e os entende como benéficos para a cidade.

Maquiavel: um novo olhar sobre os conflitos.

Um aspecto notório em algumas teorias filosóficas é que elas trazem em seu bojo problemas que ultrapassam o seu contexto histórico e, em alguns casos, são tentativas de solução para dificuldades teóricas que vinham de séculos. Certamente esse é o caso do modo como Maquiavel enfrenta os problemas dos conflitos políticos e, num aspecto que destacaremos aqui, a sua relação com o processo de desconstrução do campo do político. Ainda que nos chame a atenção suas considerações sobre os conflitos políticos, num primeiro momento, um outro aspecto, talvez menos evidente, é que sua abordagem sobre esse tema é um posicionamento consciente acerca de um modo de conceber a dinâmica política na qual ele contrasta e busca apontar outras sendas de análise. Esse é, de fato, um dado relevante de sua reflexão política: Maquiavel, ao tratar dos conflitos políticos e da corrupção dos regimes, está conscientemente se posicionando em outro polo de abordagem frente a uma linhagem de pensadores políticos que têm na defesa da *concórdia* ou *harmonia social* um elemento central da vida política. O Secretário florentino conhece essa tradição de pensamento e intencionalmente procura apontar outro modo de conceber a dinâmica política da cidade, tendo o conflito entre os diferentes humores ou grupos políticos, seu motor e sem que esse seja visto como um elemento nocivo à comunidade política.

No proêmio das *Histórias Florentinas*[6], Maquiavel explicita as intenções e os objetivos que o levaram a escrever essa obra de encomenda, que, ao contrário dos textos históricos de Leonardo Bruni e Poggio Bracciolini – obras essas que trataram dos fatos históricos da cidade de Florença do ponto de vista de suas conquistas externas, de suas glórias

6. Estou traduzindo *Storie Fiorentine* por *Histórias Florentinas* e não por *História de Florença* porque, apesar desse último ser o título das duas edições brasileiras, elas falham nessa tradução do título da obra ao transpor para o singular aquilo que Maquiavel denomina no plural e, ao cometerem essa mudança sem explicação, perdem muito do significado que o autor quis dar para sua obra. Estamos usando aqui a edição crítica publicada pela editora Salerno: Nicollò Machiavelli, *Storie Florentine* in *Opere Storiche.*

–, seu objetivo era tratar dos fatos históricos internos, ou como diz:

> Mas tendo depois diligentemente lido seus escritos (de Bruni e Poggio) para ver com qual ordem e maneira procederam no escrever, a fim de que, imitando-os, a nossa história fosse melhor aprovada pelos leitores, encontrei que foram diligentíssimos na descrição das guerras levadas pelos florentinos contra os príncipes e os povos forasteiros, porém das discórdias civis e das intrínsecas inimizades, e das consequências que delas nasceram, tendo totalmente calado uma parte e outra brevemente descrito nenhum prazer ou utilidade os leitores podem obter. (Machiavelli, [HF Proêmio] 2010, p. 3).

Nessa rápida descrição parece que Bruni e Poggio se apresentam como dois legítimos herdeiros dos textos políticos helênicos que se voltam para as narrativas das façanhas externas e, como diz Maquiavel, se calam ou tratam brevemente dos conflitos internos. Ora, já na abertura de sua obra historiográfica o Secretário florentino apresenta o ponto central de sua análise: tratar das discórdias civis, das inimizades internas e das consequências que elas geraram para a vida política da cidade.

Para nosso intento essa passagem é emblemática, pois, em um parágrafo, Maquiavel realiza o duplo movimento teórico foi negado por parte do pensamento helênico, como vimos: ele dedica as atenções analíticas para suas relações internas e busca extrair as consequências disso. O filósofo não apenas tem consciência da lacuna nas exposições que o precedeu, e neste caso não se trata tão somente dos historiadores florentinos, mas tendo esses como exemplares de uma linhagem de pensadores políticos muito mais antiga, como visa, justamente, enfrentar essa questão tratando daquilo que se sabia que existia, embora se calassem ou pouco tivessem a dizer.

Tendo em vista o que o próprio filósofo florentino apresenta, convém retomar, a título de exemplo tão somente, duas passagens notórias nas quais ele explicita o modo como entende os conflitos políticos.

Nos *Discursos sobre a primeira década de Tito Lívio*, no livro I, capítulo 4, momento em que Maquiavel ainda está apresentando os fundamentos do seu pensamento republicano (Martins, 2007), ele declara:

> Eu digo que aqueles que condenam os tumultos entre os nobres e a plebe, me parece que condenam aquelas coisas que foram a causa primeira de ter Roma livre, e que consideram mais ou rumores e os gritos que de tais tumultos nasciam, do que os bons efeitos que deles nasciam; e que eles não consideram como há em todas as repúblicas dois humores diversos, aquele do povo e aquele dos grandes, e como todas as leis que se fazem em favor da liberdade nascem da desunião deles, como facilmente se pode ver o que se seguiu em Roma [...]. (Maquiavel, [D 1, 4] 2001, p. 33-34)

Essa passagem bem conhecida revela alguns pontos centrais do tema em questão, que convém analisar mais de perto, considerando melhor os termos mobilizados pelo filósofo.

Chegamos ao momento que temos que analisar a noção de tumulto ou conflito político nos escritos políticos maquiavelianos. Com efeito, da compreensão desses conceitos é que se depreende o fundamento daquilo que estamos tentando demonstrar, relembrando, a relação possível que existe entre conflitos políticos (ou tumultos) e a corrupção dos regimes.

Conforme apontávamos, seguindo o fio argumentativo de Nicole Loraux, é no interior da reflexão sobre a *stasis*, entendida como conflito político interno e não violento, por distinção do *polemós*, essa a guerra externa, que se constitui o problema nos escritos helênicos. Ora, essas noções sofrerão uma inflexão conceitual no pensamento político latino, pois não teremos somente um termo para falar dos conflitos políticos internos, mas também outro para tratar da guerra civil. No vocabulário latino teremos dois termos para distinguir as duas formas de lutas no interior da *civitas:* as *seditio ou seditionis*, aquilo que em português traduzimos por sedição ou a revolta política interna ao regime; e o *bellum civilis*, a guerra civil, entendida como a luta militar sangrenta e destruidora entre forças militares internas ao regime. Nas guerras civis (*bellum civilis*), não se trata mais de partidos ou grupos políticos em disputa dentro das regras políticas, mas de facções ou forças militares armadas (exército ou milícias) que se confrontam pela hegemonia política que se obtém pela destruição do outro. Ou, como nota a comentadora, a luta dos generais e suas tropas. Como é evidente, entre a *seditio* e o *bellum civilis* há diferenças profundas e as suas consequências são bem distintas, pois enquanto uma objetiva a destruição da outra força, próprio dos conflitos militares, a outra forma é uma luta interna, em geral não violenta, para a conquista da hegemonia política.

Ora, no vocabulário político maquiaveliano, essa distinção latina se mantém e, em alguma medida, é ampliada. Uma rápida análise no modo como alguns termos são empregados nos revela o significado que o filósofo confere a eles. Particularmente quando observamos o emprego dos termos italianos *sedizione, tumulti, discordie* e *guerra*. Assim como no trecho citado acima, principalmente nos *Discursos* e nas *Histórias Florentinas* Maquiavel se vale em muito do termo tumultos (*tumulti*) para retratar os embates e conflitos políticos nas repúblicas, particularmente em Roma e Florença, objeto maior de suas análises. Os termos sedição (*sedizione*) e discórdias (*discordie*) ocorre poucas vezes e guerra nunca é empregada para retratar disputas políticas internas. Desse último dado já se pode depreender que Maquiavel entende que há uma distinção clara entre disputas políticas e guerra civil, sendo que está última não pode ser aceita como um fenômeno político legítimo, mas uma exacerbação de força e violência contra os demais membros do corpo político que, ao final, provoca o enfraquecimento ou até a destruição do próprio corpo político.

Tendo em vista, pois, que as oposições políticas são retratadas basicamente como tumultos, que, em não sendo guerra com armas, cabe saber se implicam ou não em violência física ou derramamento de sangue. Para responder a isso, importa destacar com Maquiavel concebe e utiliza o termo força (*forza*) e seus derivados, particularmente o termo forçar (*forzare*), em contraponto com os termos violência e crueldade no *Príncipe*[7]. Ao longo de sua obra mais conhecida, o Secretário florentino mobiliza muito o termo forçar, muito pouco o termo violência[8] e crueldade[9], este

7. Das treze ocorrências em *O Príncipe* (capítulo II, 3; III, 50; VI, 16, 20, 21, 22; VII, 43; VIII, 30; XI, 17; XVI, 11; XVIII, 2; XIX, 37 e XX, 20), em cinco Maquiavel se refere aos que foram forçados, ou seja, impelidos, sendo pois passivos diante da força de outrem. Em outros cinco casos, ele se refere à necessidade da força e nos três restantes, a noção de forçar, como o sentido de ter que se utilizar da força para conquistar, ou seja, num sentido positivo de tomar a iniciativa de forçar. Considerando esses últimos oito casos no qual a ação de força parte do príncipe ou de seu governo, em apenas três casos ele tece considerações sobre o uso desta força. Como demonstramos em outro lugar, a noção de força não se apresenta como elemento permanente e constitutivo do governo, mas como estratagema para a fundação e, quando necessário, para conservação do governo. (Cf Martins, [Introdução] 2020). Acima e nas notas subsequentes sinalizamos o capítulo e a linha das ocorrências na edição crítica Inglese, respectivamente.
8. O termo violência *(violenzia)* ocorre por três vezes na obra: capítulo VIII, 6; IX, 1; XXV, 12.
9. O termo crueldade *(crudeltà)* ocorre duas vezes: ao final do capítulo VIII e depois com mais atenção no capítulo XVII.

último, sempre em uma acepção negativa ou enfraquecedora do poder político daquele que faz uso desse expediente. Forçar, de modo resumido, é o uso das suas qualidades políticas, da capacidade política de um grupo – seja o grupo todo em ação ou alguém que o representa –, que tensiona o governante ou o regime, mas dentro das regras cívicas, como dirá o filósofo. Enfim, forçar significa o ato político legítimo exercido por um grupo político sobre o governo, sobre o regime ou outros grupos políticos, ou seja, dentro das regras da dinâmica política. O que não deve implicar em violência, como ele destaca no *Príncipe*, ainda que essa ocorra. Aqui convém insistir: o uso de expedientes violentos na dinâmica política pode até ocorrer, mas nunca são benéficos ou geram resultados políticos positivos para todo o corpo político, haja vista que a violência amplia a divisão e não gera unidade política em torno da lei ou da instituição nascente dessa disputa.

Assim, as ações políticas tidas como tumultos, sendo elas uma expressão legítima de força política, sem violência ou crueldade, não gerando guerra civil, se configuram nos fenômenos políticos mais tratados por Maquiavel nos *Discursos,* nas *Histórias* e no *Príncipe*, quando ele trata, particularmente, dos modos de conquistas do comando político do principado. Essa disputa *natural* travada pelos dois humores políticos antagônicos e concomitantes dos nobres e do povo perfazem a dinâmica política das repúblicas e se constituem como o objeto privilegiado de sua análise. Os demais conflitos que fogem desse enquadramento, seja pelo uso da violência, seja por se configurar não em tumultos, mas em luta armada, não podem ser considerados como eventos típicos da vida civil.

A conhecida passagem de abertura do livro III das *Histórias Florentinas* corroboram essa posição:

> As graves e naturais inimizades que existem entre as pessoas do povo e os nobres, causadas porque estes querem mandar e aquelas não querem obedecer, são os motivos de todos os males que surgem nas cidades, porque desta diversidade de humores nutrem-se todas as outras coisas que perturbam as repúblicas. Foi isso o que manteve Roma desunida; isso, se lícito for igualar pequenas e grandes coisas, manteve Florença dividida; diversos foram os efeitos resultantes numa e noutra cidade, convenha-se, porque as inimizades que no início surgiram em Roma entre o povo e os nobres definiram-se discutindo, e em Florença, combatendo; as de Roma com a lei, as de Florença, com a morte e com o exílio de muitos cidadãos terminaram; as de Roma, sempre a virtude militar aumentaram, as de Florença de todo apagaram-se; [...]. (Machiavelli, [HF III, 1] 2010, 147)

Conforme destacado, no contraste entre as disputas políticas que ocorreram nas duas cidades, com grupos políticos semelhantes (nobres e plebe em Roma, grande e povo em Florença) esteve centrada no modo como aconteceram essas disputas e no fim que visavam. No caso de Roma, a finalidade era o bem da cidade e não de um grupo ou facção, como foi o caso de Florença. Não se pode dizer, pelo texto maquiaveliano, que o povo de Roma ou os nobres visassem o bem da cidade como um todo, mas ao ver que o resultado desafogava seus desejos e beneficiava todo o corpo político ele não somente era aceito como defendido por todos. O mesmo não se verificava em Florença, pois o que se pretendia é que o partido ou a facção não somente vencesse, mas também anulasse a força política opositora, gerando mortes, exílios, enfim, enfraquecendo o corpo político. Note-se que não se trata de verificar as intenções motivadoras, essas já estão dadas – as naturais inimizades, os desejos antagônicos –, e sim considerar o resultado para fazer uma melhor valoração dos eventos. Neste aspecto precisamente entra em jogo o modo como foram travadas essas disputas políticas: no caso de Roma, discutindo, no caso de Florença combatendo.

O modo como se realiza a disputa política é que marca a distinção entre as cidades e o ponto de que queremos destacar. Ao declarar que Roma se fazia discutindo e não combatendo, como ocorreu em Florença, Maquiavel demarca um aspecto nodal da dinâmica política. Ao ressaltar que o debate, a discussão, se configurava como o modo de realização dos conflitos políticos, isso explicita, por seu turno, o caráter político desse embate, ou seja, conforme havíamos apontado nas disputas políticas entre os helênicos, que caracterizam o nascimento do campo do político, por meio do debate, do uso do *lógos*, de igual maneira aqui no pensamento maquiaveliano: o confronto político se realiza e se resolve no debate, com o contraste dos argumentos. Não são confrontações que envolvem força física, armas, que geram derramamento de sangue ou outro tipo de violência sobre os corpos.

Mas então, como entender os tumultos, tão ressaltados pelo filósofo nos *Discursos*, conforme a citação exemplar, dentro de um quadro de discussão e debate? Haveria conciliação entre os tumultos (barulhentos, espalhafatosos) e os debates políticos?

Convém retomar algumas coisas, antes de prosseguir na tentativa de solucionar essa difícil relação entre tumultos e debates políticos, que se verifica num primeiro olhar. Nunca é demais lembrar que as manifestações públicas de grupos políticos ocorrem porque esses grupos não se fazem ouvir e comportam, sempre, um aspecto decidido de espetacularização da manifestação. Isso para um teatrólogo como o foi Maquiavel é um ponto central. Uma manifestação pública que não fosse chamativa, barulhenta, espalhafatosa não cumpriria o seu desígnio. Todavia, conforme ele mesmo nota um pouco mais adiante no capítulo 4, quando diz:

> E se alguém dissesse que os modos eram extraordinários e quase ferozes (ver o povo junto a gritar contra o senado, o senado contra o povo, correrem tumultuariamente pelas ruas, fecharem os comércios, fugir toda a plebe de Roma, coisas as quais assustam a todos, mas não quem as lê) [...]. (Machiavelli, [D I, 4] 2001, p. 35)

Os tumultos não são, pois, eventos violentos, com lutas corporais, com derramamento de sangue no caso romano, mas manifestações públicas, espetaculares, dos desejos do seu grupo, haja vista que não é somente a plebe que grita, mas o senado também grita com a plebe. Entretanto, esse momento da "gritaria" não é o único evento dos confrontos políticos, muito menos seu instante final, conclusivo. Ainda que se tenha chegado a essas circunstâncias *extraodinárias*, a solução desse conflito passa, necessariamente, por um debate na qual se chegue ao bom termo que resolva da disputa. Então, as gritas, as passeatas, os tumultos são a explicitação pública das posições políticas ainda não reconhecidas ou não atendidas. Após isso, como se depreende da exposição maquiaveliana, vêm os debates, a busca de uma solução em termos legislativos e institucionais para as demandas postas. Neste caso convém lembrar que, ao contrário de uma imagem ideal por vezes enunciadas, os debates políticos públicos não são amistosos, ao contrário, em geral são ríspidos e as votações, após esses confrontos argumentativos, podem ser parelhas e de estreita margem de vantagem para a posição vencedora[10].

10. Como nos lembra Loraux, sobre as votações no mundo helênico, os documentos comprovam que as posições vencedoras eram sempre por uma margem muito estreita de votos, com maiorias precárias e, por isso, em geral com uma imposição de decisão sobre um contingente considerável de deliberantes. É, portanto, falaciosa a imagem de maiorias amplas ou, pior, de unanimidades nas votações. Cf. Loraux, 1990/2, nº 22, p. 89-110.

Portanto, se os tumultos são *políticos*, então eles não se resolvem combatendo, com lutas físicas, mas por meio de disputas argumentativas públicas. Logo, eles tumultos se configuram como eventos políticos que, por não serem violentos, não gerarem mortes e nem derramamento de sangue e, ainda que se manifestem como extraordinários, são ações naturais de um corpo político vivo, pulsante e forte, produzindo leis e instituições em defesa da liberdade cívica.

Retornando ao nosso problema de partida, a relação entre conflitos políticos ou tumultos e corrupção política, agora pode ser possível tentar verificar se há relações causais entre eles e como elas se manifestariam. Entretanto, importa atentar, rapidamente, para um aspecto relevante nessa relação que é o posicionamento de Maquiavel no que tange a condição do que é *natural* desse corpo político.

A compreensão naturalista das dinâmicas políticas no pensamento político maquiaveliano, analisado a fundo por Sasso (1967), é um tema recorrente entre os intérpretes e controverso, pois se por um lado verifica-se, ainda, heranças de um modo de compreender a natureza vinculados a uma herança grega, marcadamente aristotélicas, e, por outro lado, já se nota os influxos das novas concepções em gestação pelos filósofos do Renascimento italiano, no qual se apontava para as mudanças conceituais que se efetivarão no século XVII com a Modernidade filosófica (Garin, 1994; 2005; 1989; Schmitt, 2001).

De modo sumaríssimo, em alguns momentos centrais, como por exemplo, no proêmio do livro I dos Discursos, Maquiavel declara que seu esforço teórico se assemelha ao trabalho dos "antigos médicos e jurisconsultos" no sentido de tentar proceder metodologicamente o mais próximo dessas artes. Essa noção, associada às outras referências de uma compreensão corporal biológica do campo do político (Zancarini, 2001; Nicodimov, 2004), por exemplo, na identificação dos desejos antagônicos a humores, ao modo da compreensão médica hipocrático-galênica, isso tudo nos permite reconhecer que Maquiavel pensa o campo do político como um corpo biológico, que funciona de modo semelhante aos diversos corpos vivos. Conforme já explicamos em outro lugar (Martins, 2007), o campo do político para o Secretário florentino possui, então, atributos semelhantes a um corpo natural, a saber: nasce, cresce, entra em declínio e morre; pode ser saudável ou adoecer; têm membros, cabeça, humores; tem matéria (o povo, os grandes, o universal) e forma (república, principado, reino) etc. Todavia, o que nos importa agora de modo especial é que esse corpo político, que é a cidade, possui uma dinâmica política. Ora, é na compreensão dessa dinâmica política que se torna possível reconhecer os elementos que atuam neste corpo político, aquilo que Lefort (1972, p. 346-368) bem denominou como o campo de força, na qual podemos também identificar, pelo modo das ações e suas intensidades, para onde esse corpo está se dirigindo, se para o seu fortalecimento ou enfraquecimento político, se para a expansão, glória ou ruína, se para a sua transformação em outro regime. A compreensão da dinâmica política da cidade passa a ser, pois, um ponto central da análise maquiaveliana, cuja decifração cabe a arte de quem analisa a esfera política.

A constatação dessa compreensão do campo do político como um corpo político para Maquiavel poderia ensejar em algumas considerações deterministas acerca da dinâmica política, hipótese essa reforçada conforme se compreende a adesão do Secretário florentino às concepções políticas de Políbio. Caso se enverede para uma associação forte do pensamento político maquiaveliano, particularmente à teoria cíclica da história (notadamente a *anacyclosis*), então seria possível afirmar que há traços de um determinismo naturalista nas concepções políticas maquiavelianas, com forte impacto na teoria da corrupção política, ao ponto de compreender um determinismo naturalista irresistível, que provoca, ao fim e ao cabo, alguma espécie de corrupção do corpo político.

Chegamos, assim, a um terreno pantanoso na interpretação do pensamento político maquiaveliano, visto que o leitor pode ser levado a conceber que haveria um determinismo político que redundaria, por seu turno, em uma corrupção necessária dos regimes políticos e, conforme declarava Políbio no capítulo 10, do livro VI das *Histórias,* a questão seria saber o momento preciso e não mais se o evento das mudanças políticas ocorreria ou não. Essa hipótese, associada a uma compreensão dos tumultos como eventos enfraquecedores dos regimes, completaria o quadro na qual se conclui que os conflitos políticos causam a corrupção dos regimes.

Uma proposta interpretativa para sair dessa dificuldade gerada pela adoção de uma compreensão em termos de determinismo naturalista em Maquiavel passa pela consideração, justamente, do papel da ação humana na alteração dos rumos dos regimes, seja para melhorá-los, seja para conduzi-los ao declínio e ao desaparecimento. Conforme ele mesmo nos lembra ao final de *O Príncipe*, no capítulo 25, quando expõe que a fortuna tem uma enorme força sobre os destinos humanos, em contraste ele também ressalta o papel da *virtù* ou da ação humana para fazer frente, em parte, a essa força irresistível da natureza. O mesmo vale aqui para aquilo que parecia ser o destino certo da república, sua corrupção e decadência inexorável, singularmente suscitada pelos conflitos políticos que a destrói por dentro. Ao contrário dessa visão, Maquiavel afirma em diversos momentos dos *Discursos,* das *Histórias Florentinas* e de *O Príncipe*, que a ação humana tem a possibilidade de dar outro rumo para aquilo que parecia ser um destino certo pelo encadeamento causal dos fatos. Em outras palavras, a ação humana pode fazer frente, em parte e não em todo, àquilo que parecia ser o fim determinado pela natureza do corpo político. É, justamente, nessa possibilidade de algum tipo de inflexão da dinâmica política que reside uma das novidades da reflexão política maquiaveliana, visto que a ação humana tem sim um campo de possibilidade de transformação histórica que mitiga o que estaria determinado pelo curso natural dos fatos.

Note-se que, por esse viés, não é que Maquiavel se filia a uma concepção polibiana de história ou a uma visão em termos de determinismo naturalista do campo do político, que traria em seu bojo aspectos de um aristotelismo político de forte influência nos autores latinos após o século XIV (Bignotto, 1991, p. 171-182). Entendemos que, por querer se diferenciar dessas duas concepções, ele mobiliza diversos conceitos notórios dessas tradições teóricas, justamente, para evidenciar a diferença e apresentar outra proposta de solução para esses problemas filosóficos que vinham a séculos ocupando os pensadores políticos. Com efeito, ao recuperar os ciclos políticos de Políbio no capítulo II, do livro I, entendemos que Maquiavel não está se apropriando da concepção de teoria da história do pensador grego, até mesmo porque ele não a recupera *in toto*, mas mobilizando aquilo que entende ser necessário para, na sequência de sua exposição, apresentar sua posição divergente e uma outra solução para esse ciclo irresistível da dinâmica histórica. Então, Maquiavel mobiliza o mesmo argumento para a dinâmica naturalista do corpo político, e com isso reconhece sua importância, para, nos capítulos dedicados à análise da corrupção nos *Discursos* (capítulos 16, 17 e 18), apresentar outra interpretação que passa, também, pela possibilidade de regeneração de um regime fadado ao desaparecimento em face de uma corrupção política de grandes proporções.

Nos dois casos exemplares aqui relacionados à dinâmica política, o determinismo dos ciclos da história e a corrupção certa, a solução está envolta pelo modo como se desenvolve a ação política, cujo motor são os conflitos políticos.

Seguindo o raciocínio e como se depreende da leitura dos capítulos 16, 17 e 18 do livro I dos *Discursos,* a ação política que tem nos conflitos políticos, conforme apresentamos, o elemento central para a conservação dos regimes ou a decadência política da cidade. Da sua presença ou ausência se constata se um regime é saudável ou se está adoecido politicamente, se caminha para a expansão, para novas conquistas ou se envereda para a decadência e o desaparecimento. Como visto, os conflitos políticos, na medida em que mobilizam os grupos políticos, os empurra para a arena pública das disputas, provoca, por isso mesmo, engajamento dos seus membros com a causa pública, com os "negócios da cidade". Ora, é esse o sentido da afirmação maquiaveliana de que os tumultos em Roma aumentaram a virtude militar e quase apagaram as de Florença, conforme citado, na medida em que, os romanos, por se envolverem politicamente com as disputas cívicas, passaram a defender a cidade. Já em Florença, por não serem disputas em termos políticos, mas embates com vista à aniquilação do adversário, redundaram na perda desse vínculo com a defesa do regime, na valorização da cidade como um todo.

Maquiavel, de modo mais evidente, diz no capítulo 17 que justamente pode ocorrer o contrário pelo fato de se lutar contra a corrupção é que se estabelece os tumultos:

> Porém foi grande a felicidade aquela de Roma, porque os reis tornaram-se corruptos, sendo por isso expulsos, antes que a sua corrupção fosse passada para as vísceras daquela cidade, a qual incorrupção (ausência de corrupção) foi a ocasião para infinitos tumultos que ocorreram em Roma, tendo os homens o fim bom, não nasceram, antes rejuvenesceram a república. (Machiavelli, [D I, 17] 2001, p. 109-110)

Notem que foi a presença da corrupção nos governantes que geraram os tumultos, todavia, porque o povo não havia adquirido essa corrupção, tal qual uma doença que ainda não se espalhou pelo corpo, não chegou "às vísceras", puderam eles derrubar o regime monárquico e implantar a república. Ora, tais tumultos, ao contrário de enfraquecer e levar ao esfacelamento do corpo político, à morte política de Roma, ao contrário, rejuvenescerem-na. As dinâmicas médica e fisiológica ganham proeminência, visto que Maquiavel narra uma dinâmica de um corpo, que ao contrário do que se imagina, aquilo que parecia a doença, revela-se como o remédio que cura o mal (expulsa os reis corruptos) e revigora um corpo político débil.

As consequências argumentativas se impõem. Na dinâmica política das repúblicas apresentada pelo Secretário florentino, os tumultos são eventos que não prejudicam os governos, ao contrário, os fortalece na medida em que trazem os diversos membros políticos para centro da ação e os envolve na busca da solução política, que, por ser política, não pode ser violenta, nem implicar em combate ou destruição do adversário. Por outro lado, caso haja uma anulação dos tumultos, uma ação, em geral de poderosos, que vise esvaziar a cena pública, desengajar os membros do campo político dessa luta pela defesa dos valores cívicos, isso redundaria em uma concentração das decisões nas mãos desses poucos, engendrando um processo de maior exclusão política, permitindo que decisões que objetivem o privado, os interesses particulares e não mais o universal, o público, sejam tomadas, o que é o início do processo de corrupção política.

A corrupção política não se inicia, como é evidente, por uma perda da qualidade moral do governante ou de um grupo de atores políticos[11], mas é resultado de um processo

11. Tese essa também refutada por Bignotto no início da sua exposição sobre a corrupção. Cf. Bignotto, 1991, p. 171-174.

de deliberações particularizadas engendradas por facções que conduzem a uma relação causal de cada vez maior apropriação da esfera pública por interesses privados, chegando ao limite da total perda de sentido público nas ações políticas ou, até mesmo, no governo tirânico. Assim, longe de centrar os fundamentos desse processo de corrupção em uma chave moral ou ética, Maquiavel concebe esse processo dentro da lógica própria da vida política de uma cidade, na qual as dinâmicas das ações podem encetar ampliação da participação política, logo maior defesa da cidade, ou perda desse envolvimento com as questões públicas, logo enfraquecimento da coisa pública, desvinculação com as questões cívicas, enfraquecimento do regime – neste momento o processo de corrupção já está instalado –, e sua morte certa.

O papel das decisões que visam o particular, os interesses de facções, como fator de enfraquecimento da vida política da cidade fica evidente no livro III das *Histórias Florentinas*. Ao defender o interesse das facções somente e tentar anular ou extinguir a força contrária, os vencedores das disputas políticas, ao chegarem aos cargos de comando, enfraqueciam cada vez mais o corpo político, ao contrário de acharem que com isso se fortaleciam, pois a cidade como um todo se enfraquecia politicamente. Donde, neste caso, esses conflitos caracteristicamente violentos, não conduzidos de forma cívica, causavam corrupção do regime e não fortalecimento.

Retornando a nossa questão de partida, demonstra-se evidente que para Maquiavel os tumultos ou conflitos políticos, quando realizados num contexto político, principalmente sem o uso da violência e sem o objetivo de extinguir o polo político adversário, não causam a corrupção política, ao contrário, constituem-se como ações que geram o fortalecimento do regime, do campo do político. Ora, se os conflitos comportam essa dimensão benéfica para o regime, eles assim os são porque se assume que a cidade é composta de partes ou humores, que estes são antagônicos, que tendem necessariamente a se manifestar, a desafogar esse desejo e que, por isso, não devem ser reprimidos, mas disciplinados por leis e instituições com vista a conservação da liberdade cívica. Do contrário, ao tentar-se anular os desejos antagônicos, ao tentar de modo forçado uma unidade de posição política, por essa perspectiva do argumento maquiaveliano, estar-se-ia silenciando atores e grupos políticos, enfim, diminuindo o campo do político em nome de uma pretensa unidade de propósito, que não é aquilo que realmente deseja o "universal". Neste aspecto que se constitui uma das críticas maiores de Maquiavel à Veneza, como apontou Pocock – aquilo que se denominou o "mito da Veneza sereníssima" –, regime na qual não havia de fato unidade de propósitos e, portanto, tranquilidade política, mas sim, o alijamento daqueles que não eram *gentis-homens* dos cargos de deliberação e comando, se constituindo na verdade num governo de poucos, com ausência de participação política popular. Movimento político esse que se pode remontar aos textos políticos gregos, particularmente ao *epitáphios logói*, que, como vimos, expressavam a visão aristocrática do ideal de *pólis* e de virtude política, não expressando de fato a posição dos setores não aristocráticos, principalmente o grupo político democrático.

Ainda, como pensar as fraturas internas dos regimes e a quem caberia defende-los. Como visto, a posição teórica maquiaveliana torna-se evidente, seja porque as divisões internas e suas lutas são próprias das dinâmicas políticas, devendo ser disciplinadas por leis e instituições, seja porque deixar a defesa da liberdade política – visto que é disso que se trata no limite – a cargo de um grupo político reduzido não resolve a crise e nem fortalece os regimes. Este último item recebe uma exposição especial nos *Discursos* (livro I, capítulos 5-6), quando, ao se questionar sobre a guarda da liberdade, Maquiavel afirma sem meias palavras que cabe ao povo e não aos grandes. Ademais, caso consideremos a questão de fundo acerca da defesa da liberdade política, fica evidente que o campo do político deve se tornar poroso o bastante para a participação dos diversos atores, tantos os grandes quanto o povo, e restringir essa participação implica em enfraquecer esse campo do político, na medida em que se retira atores e forças nesse universo em disputa.

Observe-se que, por esse fio argumentativo, o inimigo interno fica muito caracterizado pelos fins que visam sua ação política, mas, principalmente, pelo modo como essa ação se desenvolvem. Assim, caso queiramos transpor para o pensamento político maquiaveliano as dificuldades envoltas na *stasis* dos helenos, ela poderia ser explicada, fundamentalmente, pelo modo como transcorre a disputa política e, jamais, pela negação do conflito político, esse sim, um evento que tende a gerar corrupção. Consequentemente, ao contrário dessa tradição que nega o conflito político em nome de um *pax socialis*, Maquiavel assume que os tumultos são eventos presentes na dinâmica própria do corpo político e que devem ser assumidos como eventos importantes e vivificantes para esse corpo. Talvez nada mais antagônico a essa tradição da *concórdia política*, visto que os tumultos políticos não causam a corrupção dos regimes, mas podem ser benéficos a eles.

Enfim, como dissemos na abertura desse texto, quando Bignotto propunha com sua leitura dos textos maquiavelianos em *Maquiavel Republicano* a defesa da liberdade como um ponto central do pensamento político do filósofo, ele estava abrindo uma senda interpretativa que permitiria a tantos outros prosseguir nesse itinerário e constatar a força dessa hipótese para se pensar e compreender dois fenômenos tão presente na vida política de todas as comunidades políticas: os conflitos políticos e a corrupção.

Referências Bibliográficas

ARISTÓTELES. *Política.* (Ed. Bilíngue). Trad. Antonio Amaral e Carlos de Carvalho Gomes. Lisboa: Nova Vega, 2016.

MACHIAVELLI, Niccolò. *De principatibus.* Testo critico a cura di G. Inglese. Roma: Istituto Storico Italiano per il Medio Evo, 1994.

______. *Discorsi sopra la prima deca di Tito Lívio.* Introduzione di Gennaro Sasso, premessa al testo e note di Giorgio Inglese. Milano: Rizzoli, 1984.

______. *Discorsi sopra la prima deca di Tito Lívio.* Edizione Nazionale Delle Opere – I/2, a cura de Francesco Bausi. Roma: Salerno Editrice, 2001.

______. *Storie Florentine* in *Opere Storiche.* A cura di Alessandro Montevecchi e Carlo Varotti. Edizione Nazionale delle opere. Roma: Salerno Editrice, 2010.

MAQUIAVEL, Nicolau. *O Príncipe.* Trad. José Antônio Martins. São Paulo: Hedra, 2020.

POLÍBIO. *Storie.* Libri V-VI, [edição bilingue]. A cura di Domenico Musti, traduzione di Manuela Mari, note di John Thornton. Vol. III. Milano: Rizzoli, 2002.

SÓFOCLES. *Antígone.* Trad. Trajano Vieira. São Paulo: Perspectiva, 2009.

* * *

ADVERSE, H. “Maquiavel, a república e o desejo de liberdade”. *In: Trans/Form/Ação*, São Paulo, nº 30 (2), 2007 (p. 33-52).

AMES, J. L. *Conflito e Liberdade.* A vida política para Maquiavel. Curitiba: CRV, 2017.

BIGNOTTO, N. *Maquiavel Republicano.* São Paulo: Loyola, 1991.

BIGNOTTO, Newton. O aprendizado da força. *In:* ADVERSE, H. *Reflexões sobre Maquiavel. 500 anos de O Príncipe.* Belo Horizonte: Ed. UFMG, 2015 (p. 87-107).

CADONI, G. “Machiavelli teórico dei confliti sociali”. *In: Machiavelli attuale – Machiavel actuel.* Ravena: Longo Editore, 1982 (p. 17-22).

CARDOSO, S. Em direção ao núcleo da 'obra Maquiavel': sobre a divisão civil e suas interpretações. *Discurso*, São Paulo, n. 45/2, 2015 (p. 207-247).

GARIN, E. *L'Umanesimo italiano*. Bari: Editori Laterza, 1994.

______. *Medioevo e Rinascimento*. Bari: Editori Laterza, 2005.

______. *Umanisti, artisti, scienziati. Studi sul Rinascimento italiano*. Roma: Editori Riuniti, 1989.

LEFORT, C. *Le travail de l'ouvre Machiavel*. Paris: Gallimard, 1972.

LEVITSKY, S. & ZIBLATT, D. *Como as democracias morrem*. Trad. Renato Aguiar. Rio de Janeiro: Zahar, 2018.

LORAUX, N. "A cidade pensa o um e o dois". *In:* CASSIN, B; LORAUX, N. & PESCHANSKI, C. *Gregos, bárbaros, estrangeiros. A cidade e seus outros*. Trad. Ana Lúcia de Oliveira e Lúcia Cláudia Leão. São Paulo: Ed. 34, 1993 (p. 75-97).

______. "la majorité, le tout et la moitié", Sur l'arithmétique athénienne du vote. *Le Genre humain*, nº 22, 1990/2 (p. 89-110).

______. *A tragédia de Atenas*. A política entre as trevas e a utopia. Trad. Paula da Silva. São Paulo: Ed. Loyola, 2009.

______. *Invenção de Atenas*. Trad. Lillian Valle. São Paulo: 34 Letras, 1994.

______. *La città divisa*. L'oblio nella memoria di Atene. Trad. Stefano Marchesoni. Vicenza: Neri Pozza Editore, 2006.

MARTINS, J. A. *Os fundamentos da república e sua corrupção*. Tese de doutorado. São Paulo: FFLCH/USP, 2007.

______. "Notas sobre os conflitos políticos nas *Histórias Florentinas*" in Birchal, T. & Theobaldo, M. (Org.). *Espaços da Liberdade. Homenagem a Sergio Cardoso*. Cuiabá: Ed. UFMT, 2018 (p. 145-165).

______. "Conflito político e corrupção no livro I dos *Discorsi*". *In:* ADVERSE, H. & PANCERA, C. (Org.). *As faces de Maquiavel. História, república e corrupção*. Belo Horizonte: Ed. D'Plácido, 2019 (p. 147-166).

NICODIMOV, M. G. *Conflit civil et liberté. Le politique machiavélienne entre histoire et medicine*. Paris: Honoré Champion, 2004.

PEDULLÁ, G. *Machiavelli in tumulto. Conquista, cittadinanza e conflito nei "Discorsi sopra la prima deca di Tito Livio".* Roma: Bulzoni editore, 2011.

SASSO, G. *Niccolo Machiavelli, storia del suo pensiero politico.* Bologna: Il Mulino, 1980;

______. *Studi su Machiavelli.* Napoli: Morano, 1967.

______. *Principato civile e tirannide* in *Machivalli e gli antichi e altri saggi,* tomo II. Milano: Riccardo Ricciardi editore, 1987.

SCHMITT, C. *Filosofia e scienza nel Rinascimento.* Trad. di Antonio Clericuzio. Milano: La nuova Italia, 2001.

TENENTI, A. "'Civilità' e civiltà in Machiavelli". *In: Credenze, ideologie, libertinismi tra Medioevo ed Età moderna.* Bologna: Il Mulino, 1978 (p. 155-173).

VERNANT, J.-P. *Mito e Pensamento entre gregos.* Trad. Haiganuch Sarian. Rio de Janeiro: Paz e Terra, 1990.

ZANCARINI, J.-C. *Gli umori del corpo politico: "popolo" e "plebe" nelle opere di Machiavelli. In:* 'La lingua e le lingue di Machiavelli', Atti del Convegno internazionale del studi, Torino, 2-4 dicembre de 1999. Firenze: Leo Olschki Editore, 2001 (p. 61-70).

República, virtude republicana e facções

Carlo Gabriel Kszan Pancera

Em março de 1520, abriu-se uma oportunidade a Maquiavel de pôr-se novamente a serviço de sua cidade quando recebeu, do então cardeal Júlio (de´ Medici), o encargo de elaborar um projeto de reforma das *ordenações florentinas*[1]. Diante da ausência de um herdeiro legítimo que pudesse dar continuidade ao plano mediceu de nela criar um verdadeiro principado, o reestabelecimento de uma república parece colocar-se no horizonte. Pouco importa se a intenção do futuro papa era efetiva ou não. O que nos interessa é que o secretário florentino leva adiante essa tarefa, concretizando-a num opúsculo designado *Discurso sobre as formas de governo de Florença* (2010). Com tal proposta, ele busca encontrar um arranjo das referidas *ordenações* capazes de pôr fim à instabilidade do regime que afligia Florença desde fins do *Quattrocento*, tornando palpáveis os fundamentos teóricos de sua reflexão política.

A proposta mencionada concentra-se na reorganização das principais instituições da cidade. Sua estrutura é tripartite, espelhando a representação tradicional do regime misto. No alto, estaria situada uma magistratura equivalente à da então *Senhoria*, composta pelo *gonfaloneirato de justiça* e mais

1. As ordenações referem-se às principais magistraturas ou instituições que estruturam um governo, dando-lhe a forma do *regime*, seja ele republicano, aristocrático ou principesco. Ao longo do texto, utilizaremos os termos como equivalentes, assim como o termo *governo*.

outros 64 cidadãos, que, juntos, se alternariam no governo da cidade. Este órgão executivo seria sucedido por um *Conselho dos Escolhidos* (Maquiavel, [DF § 19] 2010, p. 70), uma espécie de *senado*, composto por duzentos cidadãos (Maquiavel, [DF § 20] 2010, p. 70-1). Por fim, haveria uma espécie de *Grande Conselho* de inspiração savonaroliana, que, diferentemente dos conselhos acima mencionados, estaria aberto à *universalidade dos cidadãos*; sua principal função seria a distribuição de *todos os ofícios e magistraturas* (Maquiavel, [DF § 21] 2010, p. 71-2). Esta estrutura seria complementada pelos *gonfalonieri de companhia* (Maquiavel, DF [§ 22] 2010, p. 72-73), *magistrados* de representação territorial que atuariam nas instâncias acima indicadas por meio do veto, e, ainda, por um tribunal colegiado com competência recursal a ser utilizada contra os julgamentos realizados pelos *Oito de Guarda e Balia* (Maquiavel, [DF § 24] 2010, p. 74-75).

O regime florentino assim desenhado parece constituir-se numa estrutura fechada, pouco fazendo jus à importância que Maquiavel confere aos conflitos na vida política de uma república. Na forma, chega mesmo a assemelhar-se, com muitos pontos de convergência, a um projeto de natureza aristocrática, aquele que Guicciardini concebe no seu *Diálogo sobre o regimento de Florença*, que tinha no mito de Veneza sua inspiração. No entanto, não nos parece que Maquiavel esteja pensando numa solução semelhante à de seu conterrâneo; há algo que difere substancialmente um do outro. Ainda, é preciso cautela na associação do projeto maquiaveliano a uma espécie de governo misto.

A nosso ver, porém, aquilo que pode especificar a formulação maquiaveliana é justamente o modo como o conflito pode integrar uma vida republicana. Não é fácil vislumbrá-lo, pois parece que a solução se encontra dada pura e simplesmente com a possibilidade de uma ampla participação da sociedade florentina nas instituições da cidade. Esta ampliação afigura-se como a solução oferecida por nosso autor para fazer face à instabilidade político-institucional. Visto desta perspectiva, parece que nos vemos reduzidos a uma solução que se limita ao âmbito das instituições. Certamente, isso é relevante, mas há algo que é preciso delimitar e que não é tão tangível: trata-se do que iremos designar como *virtude republicana* por excelência. É justamente esta *virtude* que é corroída no processo de corrupção, cujos sinais mais evidentes se farão sentir no jogo de facções que destrói a república, conforme mostraremos.

O horizonte teórico primordial no qual nos colocamos é o sugerido por Newton Bignotto, na sua obra *Maquiavel Republicano* (1991), que completa 30 anos de publicação em 2021. Segundo ele, afirmar que *república e liberdade* estão associadas (Bignotto, 1991, p. 7-8) é afirmar uma tese que não é *nem meramente formal nem inócua*. Concordando com ele nisso, iremos avançar, porém, na tentativa de dar-lhe legibilidade numa república constituída. Será este intérprete também que nos fornecerá um segundo horizonte, quando formos tratar da *virtude republicana*, esta entendida por ele como uma *virtude* da *pessoa coletiva* da república (Bignotto, 1991, p. 153). Por fim, também ele estará no nosso horizonte quando tratarmos das *facções*, que fazem sentido principalmente quando inseridas num processo de corrupção que aflige uma república (Bignotto, 1991, p. 194-212). É no interior de tal processo, entendido como *limitação das condições da ação política* que devemos situar nossa questão se quisermos compreendê-la devidamente.

1. O horizonte conflitivo da política

O conflito é constitutivo do fenômeno político e este se estabelece, por sua vez, com a formação de um *estado*. Um *estado*, para Maquiavel, envolve o exercício de *império* sobre homens[2], que tanto pode se dar por um príncipe, quanto por uma república. Vale lembrar que *império* <*imperium*> é o termo romano para governo. Assim, com a criação de um *estado* – uma forma de governo – emerge um corpo político inevitavelmente cindido. Esta cisão pode ser compreendida, num primeiro momento, como aquela divisão entre os que exercem o *império* e os que o sofrem. Nesse caso, nossa compreensão está baseada na localização dos homens relativamente a esta instância, determinando por meio dela quem é quem a partir de seu lugar na estrutura do *estado*.

O secretário florentino não se satisfaz com esta descrição, pois, embora válida, não permite apreender uma dimensão importante deste fenômeno, que são as paixões coletivas, razão dos *acidentes* e *novidades*, as quais são fundamentais para se refletir sobre o tema. Conservando os olhos no papel do exercício do *império*, interessa-lhe explorar os efeitos da presença de tal instância no corpo político. Para tanto, toma de empréstimo um vocabulário proveniente da medicina galênica, de modo que a cidade é vista por ele em analogia com o corpo biológico. Daí que tais efeitos sejam descritos em termos de *humores* (Gaille-Nikodimov, 2004).

Assim, aqueles que exercem o império ou almejam-no têm seu *humor* caracterizado por um desejo de comandar e oprimir. Os demais, por lhes fazerem oposição ou por servirem de óbice a tal *império*, já que estão em outro lugar – dele mais distante – e têm seu *humor* marcado pelo desejo de não ser oprimido, isto é, não ser tiranizado[3]. Os primeiros são ditos grandes, os segundos, povo. Estes humores característicos de cada um desses grupos são irredutíveis entre si, pois seu objeto é diverso e,

2. Machiavelli, *Il Príncipe*, IX, p. 29: *"[T]utti gli stati, tutti e ' dominii che hanno avuto e hanno imperio sopra gli uomini, sono stati e sono o repubbliche o principati"*.
3. Cf. Machiavelli. *Príncipe*, IX; *Discorsi*, I, 4; *Histórias Florentinas*, III.

portanto, não permitem anulação[4]. É deste lugar que emerge a cisão que traz à tona a possibilidade de conflitos, possibilidade dada pela própria natureza do fenômeno político.

Maquiavel reduz estes termos à constatação do fato inicial da fundação do estado e, portanto, da criação do lugar do político. Ele estabelece, dessa maneira, a equação que será operativa em toda sua obra e que traz consigo a vantagem de, ao mesmo tempo, indicar as dimensões institucionais e contingentes do fenômeno político, colocando-nos diante de seu horizonte inevitavelmente conflitivo. O secretário florentino nos obriga, assim, a conduzir a reflexão política por vias diversas das tradicionais que tinham em vista a pacificação e a unidade do corpo político, tal como ocorria com a tradição medieval e humanista.

2. O conflito e o desenvolvimento político-institucional

Os *estados* encontram-se imersos inevitavelmente no horizonte conflitivo, como mencionamos acima. É este o panorama segundo o qual nosso autor compreende o movimento de desenvolvimento político-institucional dos *regimes* políticos. A cisão entre povo e grandes é, portanto, seu pano de fundo. É este o princípio explicativo de sua plena evolução, conforme nos mostra a história da república romana, segundo o que encontramos nos *Discursos sobre a primeira década de Tito Lívio*[5] (Machiavelli, [D I, 2-4] 1993).

Para o secretário florentino os conflitos que acometeram Roma levaram-na a desenvolver-se institucionalmente. Ela passou, assim, por uma série de transformações

4. Para uma discussão mais aprofundada sobre a questão dos humores, ver: Adverse, 2007; Ames, 2009; Cardoso, 2018.
5. Utilizaremos doravante *Discorsi.*

nos seus *ordenamentos* até alcançar a forma de república (Machiavelli, [D I, 2] 1993). Passando de um regime a outro, a cidade sempre preservou algo do regime anterior. Valendo-se da descrição polibiana, exposta no capítulo 2, do livro I, dos *Discorsi*, ele nos mostra que, quando Roma deixou de ser monarquia, preservou algo dela com a instituição do consulado e, do mesmo modo, quando criou os tribunos da plebe e, também, manteve, por sua vez, o lugar da aristocracia com o senado. Foi, porém, com este último movimento que, ao adquirir a forma de um governo misto, tornou-se a *república perfeita*[6].

Se a perfeição parece ser atribuída à constituição de um regime misto e, por conseguinte, à conquista do equilíbrio e estabilidade, é preciso cautela para afirmar isso, pois, nesta altura do texto, a referência a tal regime aparece para indicar muito mais o fato de que com a criação dos tribunos o povo conquistou seu lugar institucional, ou seja, viu-se reconhecido como partícipe do jogo político, do que propriamente como um aceno à tradição de origem aristotélica, da qual, diga-se de passagem, parece se afastar. O ponto decisivo para compreendermos isso é que se aqui há estabilidade, ela não é resultado da *mistura*, da produção de um *meio termo*, mas da inclusão de uma parte fundamental do corpo político na vida institucional (Cf. Cardoso, 2019, p. 61-76)[7].

É este o aspecto que precisa ser enfatizado por ora e que conduz nosso olhar para o elemento essencial da noção maquiaveliana de república, que é a incorporação dos humores, vale dizer, da participação política. Nos termos dos capítulos iniciais dos *Discorsi* isso significaria pensar numa tradução institucional para a divisão fundamental que cinde

6. Machiavelli. *Discorsi*, I, 2, p. 34: *"ma rimanendo mista, fece uma republica perfetta"*.
7. Ver também na mesma coletânea: Falcão, 2019, p. 77-100.

todo e qualquer corpo político. Grandes e povo encontrariam ali sua expressão. Na apresentação do projeto republicano do *Discurso*, a definição de república de Maquiavel é direta e diz simplesmente que uma *república* é uma forma de governo na qual se satisfazem os humores políticos que permeiam o *estado*, sem cuja satisfação a república correria o risco de fragmentar-se (Maquiavel, DF [§ 1] 2010, p. 70). Assim, falar de uma república perfeita implica em dizê-la participativa ou popular, mas não fica claro como isso pode produzir estabilidade.

3. Instituições republicanas: o lugar da liberdade

A integração do povo na vida institucional romana pode ser referida como liberdade. Certamente, este é um aspecto importante e que nos permite facilmente alinhar Maquiavel à tradição republicana na qual se insere. Porém, a questão é que a liberdade somente se constitui como tal porque há um lugar institucional para o povo e porque sua ação efetiva-se em leis. A estabilidade é possível porque envolve esta dupla dimensão: de um lado, a satisfação do humor popular com a adoção do regime republicano, de outro, porque, com tal regime, se institui também um governo de leis. Para nosso autor as duas coisas estão articuladas, conforme veremos com a análise do episódio da criação dos *tribunos da plebe* (Machiavelli, [D I, 3-4] 1993) e com a afirmação de que o povo é o grupo político mais apto a *zelar pela liberdade* (Machiavelli, [D I, 5-7] 1993).

3.1. O estabelecimento da liberdade

O *Tribunato da Plebe* cumpre um papel fundamental no aperfeiçoamento final das ordenações romanas, como vimos. Com sua criação, em 494 a.C., a plebe conquistava seu lugar nas ordenações da república e passava a dispor de uma *magistratura* para *obviar a insolência dos nobres* (Machiavelli, [D I, 3] 1993, p. 36). Valendo-se de seus tribunos, o povo podia sempre *repelir a opressão* dos grandes. Como mediadores entre a plebe e os nobres (Machiavelli, [D I, 3] 1993, p. 36), os tribunos davam encaminhamento institucional para as demandas e reivindicações do povo. Instituiu-se, deste modo, como dissemos, uma república no sentido de ampla participação.

Para avançar na compreensão da concepção maquiaveliana de república, gostaríamos de nos deter num aspecto da criação dos tribunos, qual seja: o fato de constituir-se num instrumento para a recusa da opressão. Esta recusa tem uma dupla face. Em primeiro lugar, trata-se de uma **ação pré-institucional**, fundamentalmente negativa, a saber: *gritar contra o Senado, ..., correr tumultuariamente pelas ruas, fechar os negócios, toda ela [a plebe] ir embora de Roma* (Machiavelli, [D I, 4] 1993, p. 39) ou na *recusa em tomar parte dos exércitos* (Machiavelli, [D I, 4] 1993, p. 39). Depreciados pelos detratores de Roma (Machiavelli, [D I] 1993), todos estes são, contudo, *modos* pelos quais o povo romano expressava sua insatisfação no âmbito da cidade. Tais atos ganham relevância na medida em que ganham tradução institucional. Eis o lado positivo da ação do povo. Neste sentido, segundo Maquiavel, eles eram sempre utilizados *quando o povo queria obter uma lei* (Machiavelli, [D I, 4] 1993, p. 39). Por esta via, ganhavam existência no regime para além de um ato de pura liberação. Juntas, a recusa imediata da opressão e sua conversão em leis, dão o sentido geral da ação do povo.

É necessário, contudo, circunscrever um pouco mais este último aspecto da *recusa da opressão* – a lei (Adverse, 2018, p. 167-188). A equação maquiaveliana acerca dos humores descreve o fenômeno político genericamente, e isso inclui o principado[8]. Já que, nesse caso, a mediação seria buscada na figura do *príncipe*, para vincularmos a recusa da opressão à lei, tal como fizemos acima, é preciso que nos encontremos numa república. Trata-se, portanto, de entender a lei como um modo próprio da ação numa forma republicana de governo. De um lado, as leis contêm os ímpetos opressivos ou tirânicos de um cidadão ou os protegem contra a vontade arbitrária de um senhor e, de outro, igualam todos os cidadãos. Se isto está de acordo com a tradição republicana de onde provém Maquiavel, a sua originalidade, porém, consiste em dizer que elas são ou podem ser resultado da ação do povo.

Assim, a liberdade apresenta duas dimensões. Em primeiro, aquela relativa à forma de governo republicana, que garante ampla participação, e, em segundo, aquela relativa ao governo das leis, expressão da própria participação popular numa república. Isso porque, nesse caso, se articulam os *modos* de manifestar a insatisfação com algo e a sua tradução institucional na forma legal. No caso da ação popular republicana, o encaminhamento das demandas traz estes dois aspectos juntos, os quais se sobrepõem e não podem ser distinguidos.

3.2. República, guarda da liberdade, império da lei e bem comum

Se a noção de república, para Maquiavel, equivale à participação político-institucional e a um governo das leis (igualdade), compondo ambos o sentido de liberdade, tais elementos não são suficientes para indicar o caminho da coesão e da estabilidade para o *estado*. É preciso considerar a questão da guarda da liberdade, pois, *"dependendo do modo como esteja estabelecida, dura*

---

8. Machiavelli, *Il Principe*, IX, p. 68: *"in ogni città si trovono questi dua umori diversi ... e da questi dua apetiti diversi nasce nelle città uno dei ter effetti, o principato, o libertà o licenza"*.

mais ou menos aquela vida civil" (Machiavelli, [D I, 5] 1993, p. 41). Com esta constatação, dá-se início à discussão sobre se ela ficaria melhor nas mãos dos grandes ou do povo. Dessa discussão, basta-nos reter que a defesa da liberdade estaria melhor nas mãos do povo, pois a sua própria existência institucional dependeria da preservação da referida liberdade (Sasso, 1980, p. 462): sem a república, o povo ver-se-ia alijado da vida institucional e, sem um governo de leis, estaria submetido à vontade arbitrária de um senhor. Ao mover-se nesta direção, põe-se em defesa da própria forma de governo, vale dizer, da república.

A análise dos capítulos dedicados à *guarda da liberdade* e, especialmente, do capítulo dedicado ao *instituto de acusação* (Machiavelli, [D I, 5-7] 1993), pode ajudar-nos a explicitar o que estamos dizendo. Conforme nosso autor, o instituto da acusação é a *autoridade mais útil e necessária* que se pode dar aos *prepostos* do povo, pois consiste no poder *de acusar,* diante de um *tribunal*[9], aqueles que atentarem contra a liberdade (república/lei). Esta *autoridade* implica na possibilidade de denunciar qualquer cidadão *poderoso* e *ambicioso* sobre o qual recaia a suspeita de ultrajar *o estado da república* ou de já tê-lo feito (Machiavelli, [D I, 7] 1993, p. 52), buscando colocar-se acima das leis <*transcendere il viver civile*> (Machiavelli, [D I, 7] 1993, p. 54) ou pondo-se contra a existência do próprio *tribunato da plebe*, a exemplo do que fez Coriolano, em Roma (Machiavelli, [D I, 7] 1993, p. 52-53).

Os efeitos deste poder a ser *conferido aos prepostos do povo* são dois: primeiro, coibir iniciativas dos que pretenderem alterar a forma de governo (Machiavelli, [D I, 7] 1993, p.

9. Maquiavel revela especial preocupação com este órgão, tanto nos *Discorsi*, quanto no *Discurso*. Sua preocupação torna-se manifesta quando trata da necessidade dele ser um órgão colegiado de modo que não se submeta às pretensões de um homem *ambicioso* de elevar-se acima das leis. Este órgão tanto pode ser uma *assembleia* quanto um *tribunal* colegiado (Machiavelli, [D I, 7] 1993, p. 52-53).

53) e, segundo, *dar desafogo aos humores dos cidadãos, que, de qualquer modo, crescem contra um determinado cidadão* (Machiavelli, [D I, 7] 1993, p. 52). Trata-se, portanto, de um meio para conter os excessos dos grandes e, ao mesmo tempo, dar desafogo aos *humores* do povo que, sem tal remédio, poderiam tornar-se perniciosos (Machiavelli, [D I, 7] 1993, p. 55). Se, em ambos os casos, estamos diante de situações que dão ensejo a rupturas no corpo político, abrindo espaço para o surgimento de facções (Machiavelli, [D I, 7] 1993, p. 53), o fato é que o *humor* do povo aparece sempre diante de indícios de opressão, seja pela subversão das leis, seja pela ameaça às instituições republicanas. Daí que a defesa da liberdade lhe seja algo intrínseco.

Mesmo que tal defesa aparentemente beneficie apenas o povo, o fato é que levada a cabo por esta parte do corpo político significa também defesa do bem comum e da estabilidade da república. Ao assim fazer, sujeita a *universalidade* dos cidadãos à lei e, assegurando o *império da lei*, constitui uma comunidade de cidadãos que se vinculam por uma mesma regra, a regra do direito, efetivando a igualdade. Ainda, com tal ação, também, os grandes têm lugar assegurado para desaguar suas ambições e realizar seu desejo de comandar, embora dentro dos limites legais e institucionais. Esta é, ainda, a condição de *potência* da própria república, agora entendida como inserida numa sociedade internacional de *estados*, que precisa contar com o povo, como base dos exércitos, e, com os grandes, como lugar da *virtù militar*.

4. A solução de Maquiavel para o problema florentino

Os *Discorsi* nos mostram como se deu o aperfeiçoamento institucional de Roma até ela tornar-se uma *república perfeita*. O momento decisivo deste desenvolvimento está na incorporação do humor popular no regime. Como vimos, a integração do povo nas *ordenações* trouxe consigo a liberdade e a necessidade de garanti-la. Esta teoria política ganha inscrição político-institucional no *Discurso sobre as formas de governo de Florença.* Neste opúsculo, o autor mobiliza todo seu cabedal teórico para pensar, de modo sistemático, o problema florentino[10].

Perguntando-se sobre o que poderia trazer estabilidade para a república florentina, nosso autor busca uma fórmula político-institucional capaz de obtê-la. É neste momento que apresenta o desenho das *ordenações* constitucionais que descrevemos no início deste texto. Podemos encontrar pontos de convergência e também de complementariedade entre os *Discorsi* e este *Discurso.*

A república implantada em Florença, em 1494, sob a liderança de Savonalora, já ampliara o leque de atores políticos, constituindo o *Conselho Grande* como o lugar de uma participação mais ampliada. Esta reforma tornou-se referência para a reflexão *constitucional* posterior, como atesta o já referido *Diálogo* de Guicciardini. Pensava-se em completar tal reforma com a criação de um *"senado"* e com o *"gonfaloneirato"*, mas somente este último órgão foi introduzido. É esta organização das ordenações, que permanece intacta mesmo após a ascensão dos Medici, que Maquiavel tem no horizonte.

A tônica geral de sua proposta consistia em tornar público, vale dizer, institucionalizar lugares de decisão que atuavam paralelamente à república, como era o caso das *pratiche e consulte*, e, também, simplificar a estrutura decisória. Quanto a esse aspecto era preciso complementá-la. Faltando uma instância intermediária[11] – o *senado* –, propõe a sua criação de modo que os homens desejosos de comandar possam ter onde satisfazer sua ambição (Maquiavel, [DF § 18 e 19] 2010,

10. Maquiavel já o fizera de maneira esparsa nos *Discorsi* e faria do problema florentino o tema privilegiado de sua *História de Florença.*
11. Na reforma originária, foi criado um tal órgão – um conselho intermediário –, mas ele tinha função meramente consultiva.

p. 69-70). Resulta daí uma estrutura tripartite, que reflete os *humores* que caracterizam os diversos *tipos de homens* existentes na cidade (Maquiavel, [DF § 14], p. 67).

Além disso, Maquiavel dá aos tradicionais *gonfaloneiros de companhia* um papel de representação e de veto (Maquiavel, [DF § 22] 2010, p. 72-73). Eleitos territorialmente, dentre os membros das *artes maiores e menores*, teriam a função de supervisionar a atuação das instâncias superiores, fazendo uso sempre que necessário do poder de veto, enviando a discussão para a instância inferior. Assumiam, neste caso, uma função semelhante a que os tribunos tinham em Roma. Como a base da estrutura era o Grande Conselho e, chegando a ele proposta acerca de lei ou outra, ele deveria decidir inevitavelmente, era o lugar onde se exercia efetivamente a *soberania*.

Por fim, há que se notar a preocupação do secretário florentino com a efetivação da vida civil, expressa no cuidado com o delineamento de um tribunal recursal (Maquiavel, [DF § 24] 2010, p.74-75), ao qual os cidadãos insatisfeitos poderiam recorrer de decisões de outros órgãos. À semelhança da assembleia romana que dava andamento às *acusações* movidas pelos tribunos, aqui também se trata de um órgão colegiado, composto de modo a não ficar a reboque dos interesses de cidadãos poderosos que queiram colocar-se acima das leis e, assim, vilipendiar a própria forma de governo.

A república, assim, concebida por Maquiavel deixa, contudo, pouco espaço para pensarmos aquelas ações pré-institucionais a que fizemos referência acima. Mais ainda, podemos mesmo pensar que resta pouco espaço para o conflito, como, por exemplo, acontece com o projeto de Guicciardini. A crermos em Sasso (1980, p. 463-464), pensá-lo nestas circunstâncias seria, porém, simplesmente pensar a república num horizonte permanentemente conflitivo. Segundo pensamos, este horizonte para o qual o intérprete mencionado acena consubstancia-se numa espécie de virtude republicana. Ou seja, o horizonte conflitual, a *abertura para o evento* (Sasso, 1980, p. 463), depende não só das instituições, mas do lugar que faz da comunidade política uma comunidade histórica, conforme discutiremos a seguir.

5. A virtude republicana

A *virtude republicana* não é um tema de que Maquiavel se ocupe de maneira mais ou menos sistemática como o faz com a *virtù* do príncipe[12]. Por isso mesmo, dá ensejo a uma mais ampla margem de interpretação. Newton Bignotto, contudo, nos aponta um caminho. Ele nos diz que *virtù* na república pertence a uma *pessoa coletiva* (Bignotto, 1991, p. 153) e que, para caracterizá-la, é preciso recorrer às ações que a constituem, a saber, a *cidadania militar* e a *fundação contínua* (Bignotto, 1991, p. 154). Concordando com o intérprete, seguimos um caminho complementar, tentando localizar, em meio à vida institucional, o elemento propriamente político que a constitui nesse lugar. A fim de realizar esta tarefa, recupero alguns dos aspectos já mencionados.

Roma desenvolveu-se institucionalmente a reboque dos conflitos que emergiram em seu seio. O argumento maquiaveliano (Machiavelli, [D I, 4-6] 1993) parece levar-nos à conclusão de que a eclosão de tais conflitos impôs-se como uma necessidade incontornável, conduzindo-a à grandeza (Machiavelli, [D I, 6] 1993, p. 50)[13]. Sob esta perspectiva, contudo, outras cidades teriam tido o mesmo destino. Isto não ocorreu com

---

12. Tema clássico e que ainda hoje gera interpretações. Ver, por exemplo, Flávia Benevenuto. *Maquiavel e a figura do governante*, Curitiba: Prismas, 2016.
13. Eis dois exemplos que aparecem na conclusão do argumento: "... *la necessità la conducesse ad ampliare ...*" e "... *ed ordinarle in modo, che, quando pure la necessità le inducesse ad ampliare ...*".

Veneza nem com Esparta e, tampouco, com Florença, objeto de atenção de Maquiavel ao longo de toda sua obra. Esta última, em especial, embora tivesse reunido várias condições que poderiam elevá-la a uma situação de destaque relativamente às demais[14], sempre dependeu de circunstâncias acidentais para conservar-se, como, por exemplo, a *virtù* de Cosimo e principalmente de Lorenzo de Medici.

Tal dependência teria, na análise de Maquiavel, tido origem na má *ordenação* constitucional da república. Suas falhas diriam respeito fundamentalmente à ausência de espaço para que os humores, que caracterizam os grupos da cidade, se traduzissem institucionalmente. Assim, o diagnóstico de nosso autor aposta fundamentalmente numa solução que passa pela introdução e consolidação de um regime republicano. É preciso considerar, contudo, que falar deste regime envolve, de um lado, a existência de uma predisposição do povo florentino para a igualdade política e, de outro, à compreensão de que a força desse regime está na participação de todos na vida política.

Ora, um regime que demanda a participação de todos pede, por sua vez, a existência de uma certa *virtù* que permite que os humores do povo e do grande convivam. É neste lugar que podemos situar a *virtù republicana* a que estamos nos referindo. Trata-se de uma virtude difusa pelo corpo político, isto é, de uma virtude que se encontra incorporada na *pessoa coletiva* da república. Constitui um daqueles elementos que lhe asseguram a subsistência. Vale lembrar a este propósito a formulação maquiaveliana das *Histórias Florentinas*:

---

14. Maquiavel. *História de Florença*, Proêmio, p. 09 "*E, sem dúvida, se Florença, depois de libertar-se do Império, tivesse tido a felicidade de assumir uma forma de governo que a mantivesse unida, não sei que república, moderna ou antiga, lhe seria superior, tamanha virtù das armas e da indústria com que se encheria*".

> as inimizadas havidas em Roma, no princípio, entre o povo e os nobres eram **definidas por disputas**, enquanto as de Florença, por combates; as de Roma **terminavam em leis,** enquanto as de Florença terminavam com o exílio e com a morte de muitos (Maquiavel, [HF III] 2007, p. 157).

Há por detrás dessa afirmação algo que mitiga a imposição proveniente da necessidade, tal como aparece nos *Discorsi,* e aponta para o lugar desse *ethos* republicano que estamos tentando circunscrever. É este *ethos,* que ganha expressão na *virtude republicana,* que marca a distância entre o povo romano e o povo florentino. Aquele revela-se um povo essencialmente político, atento às questões de *potência* e liberdade, este, um povo que é presa do jogo faccioso. Acrescente-se: aos olhos de Maquiavel, é este ponto de crítica que pode ser dirigido ao modelo veneziano.

Por fim, numa república dita *perfeita,* dotada dos elementos já mencionados, é na *virtude republicana* que podemos, para além da inscrição institucional, situar a permanência do lugar do conflito. Constitui-se numa espécie de *ethos político* que antecipa o *ethos democrático* da modernidade. É justamente este *ethos* que é afetado pelo processo de degeneração da república.

6. Virtude republicana, corrupção e facções

O processo de degeneração de uma república possui múltiplas faces. A corrupção das leis e instituições é um exemplo. A falta de efetividade delas dá ensejo, antes de mais nada, ao surgimento de *homens poderosos* que se colocam ou colocam seus interesses e ambições acima dos interesses da república, produzindo ao mesmo tempo a diminuição da capacidade de participação política, seja do povo, seja de adversários políticos.

Este processo, porém, é um processo de longo termo e não é fácil visualizá-lo. Que a corrupção seja inevitável, é um fato, mas em que ponto deste fenômeno uma dada república se encontra não é possível dizê-lo. Um dos sintomas mais claros de que ela se faz presente num corpo político é a presença de facções; elas transfiguram o sentido dos conflitos. *As naturais inimizades* entre o *povo e os nobres* que, numa república saudável, são resolvidas pela disputa e produção de leis, degeneram em *luta*, produzindo, em consequência, *exílios e mortes*. Ei-las presentes aqui.

Com o processo de corrupção, a república continua a existir, mas a liberdade a ela associada desvirtua-se. Não mais significa participação nas magistraturas da cidade, pois a desconfiança não permite o convívio. Tampouco indica uma vida civil. Esta desconfiança é cultivada pelas facções em disputa a fim de adquirir partidários. As paixões negativas são mobilizadas pelos grupos facciosos e transformadas em ódio, meio pelo qual aumentam seus partidários e ganham coesão interna. Diante de uma situação como esta não resta outra saída a não ser a posse exclusiva do governo. A tirania se afigura no horizonte (ver Pancera, 2019).

Enfim, no cerne no processo de corrupção, no interior do qual emergem as referidas facções, está a dissolução da *virtude republicana*. Esta virtude que, juntamente com a boa *ordenação* de uma república, garante a tal regime coesão e estabilidade vê-se atingida. Dito de outro modo, o processo de corrupção, acima referido, põe em xeque o substrato deste modo de vida. A ação política que tem sua expressão nas leis e na guarda da liberdade dá lugar à luta pela ocupação exclusiva do governo e ao alijamento dos grupos concorrentes da vida política. Neste estágio, não há que se falar mais em república: restam apenas as facções.

Referências Bibliográficas

ADVERSE, H. & PANCERA, C.G.K. *As faces de Maquiavel. História, república, corrupção.* Belo Horizonte: D'Plácido, 2019.

______. "Maquiavel, a República e o Desejo de Liberdade". *In:* Trans/Form/Ação, v. 30, n. 2, 2007.

AMES, J. L. "Liberdade e Conflito: o confronto dos desejos como fundamento da ideia de liberdade em Maquiavel". *In:* Kriterion, n. 119, 2009.

BENEVENUTO, Flávia. *Maquiavel e a figura do governante.* Curitiba: Prismas, 2016.

BIGNOTTO, Newton. *Maquiavel republicano.* São Paulo: Loyola, 1991.

BIRCHAL, Telma & THEOBALDO, Maria Cristina. (Orgs.). *Espaços da Liberdade. Homenagem a Sérgio Cardoso.* Cuiabá: EdUFMT, 2018.

CARDOSO, Sérgio, "Maquiavel: lições das Histórias Florentina". *In: Discurso,* v. 48, n. 1 (2018).

GAILLE-NIKODIMOV, Marie. *Conflit civil et liberte, la politique machiavélienne entre histoire et medicine.* Paris: Champion, 2004.

LEFORT, Claude. *Le travail de l´oeuvre Machiavel.* Paris: Gallimard, 1972.

MACHIAVELLI, Niccolò. *Il Principe; Dell´arte della guerra,* a cura di Gian Mario Anselmi e Carlo Varotti. Turim: Bollati Boringhieri, 1992.

______. *Discorsi sobre la prima Deca di Tito Livio,* a cura di Gian Mario Anselmi e Carlo Varotti. Turim: Bollati Boringhieri, 1993.

MAQUIAVEL, N. *Discurso sobre as formas de governo de Florença.* Trad. de Gabriel Pancera. *In:* ADVERSE, H. (Org.). *Maquiavel: Diálogo sobre nossa língua e Discurso sobre as formas de governo de Florença.* Belo Horizonte: Ed. UFMG, 2010.

______. *História de Florença.* Trad. de MF. São Paulo: Martins Fontes, 2007.

SASSO, G. Niccolò Machiavelli, Bolonha: Il Mulino, 1980.

Maquiavel, a fundação das cidades e a redução aos princípios

Luís Falcão

Quando um poeta compõe mais um samba
Ele funda outra cidade
Lamentando a sua dor ele faz felicidade
Ivone Lara e Caetano Veloso, 1997

Há trinta anos, quando os estudos sobre Maquiavel, maquiavelismo e republicanismo apenas engatinhavam no Brasil, a publicação de *Maquiavel Republicano* produziu uma profunda reviravolta não apenas nesse campo de pesquisa, mas nas diversas áreas das humanidades. Paulatinamente, o tema se disseminou entre filósofos, cientistas políticos e historiadores. A geração, da qual Newton Bignotto faz parte, que perscrutou introduzir as pesquisas sobre republicanismo no Brasil, tinha, agora, sua primeira obra teórica propriamente dita.

A importância do livro não se deve apenas às circunstâncias de sua publicação, nem pela efetiva introdução dos estudos maquiavelianos de fôlego na academia brasileira. Em si mesma, sua contribuição teórica e interpretativa transpassa largamente as fronteiras nacionais, como atestam listagens bibliográficas sobre Maquiavel produzidas, dentre outros lugares, na Itália, país onde sempre se referem nos levantamentos bibliográficos à tese de doutorado de Bignotto.

As gerações que se seguiram – como comprova o *Sumário* deste livro – sempre tiveram, e passaram a ter após 1991, a principal referência nos estudos maquiavelianos, republicanos e, não surpreendentemente, renascentistas, o *Maquiavel Republicano* como a primeira obra de consulta, leitura e estudo. Rapidamente, os novos pesquisadores perceberam que ela deveria também ser a última, isto é, deveria estar sempre sendo lida. Não obstante esse impacto, com uma pitada de frustração de seus leitores pela tese, na íntegra, jamais ter sido publicada, parece interessante eleger um ponto de entrada para ler – hoje, já com alguma distância – o *Maquiavel Republicano*.

Das muitas vezes que li o livro não encontrei em nenhuma página a definição ou o conceito do que seja esse republicanismo de Maquiavel. Demorei muito para perceber que, de fato, a minha pergunta é que estava errada. Bignotto não oferece uma definição ou conceito de republicanismo de modo direto e objetivo, não pelo risco que isso envolve, mas pela inoperância de uma definição excessivamente rígida. Todo o livro é uma discussão sobre o republicanismo da qual os temas mais candentes não fogem e, novamente, o *Sumário* do livro em mãos o atesta. Por isso, a necessidade de uma chave de entrada. A proposta desse capítulo é justamente oferecer uma, e apenas uma, chave para entrar no republicanismo do *Maquiavel Republicano*.

Um dos pontos centrais de veia lefortiana é o tema da fundação. Aliás, diga-se, poucos estudos deram o devido destaque a essa questão, salvo as honrosas exceções da antagônica interpretação de Leo Strauss e seus discípulos e a de Pocock. No *Maquiavel Republicano*, com um item inteiramente dedicado ao tema, a fundação vai bem além da versão ontológica ou axiomática de Lefort, da crueldade medonha e violenta de Strauss, e nem se limita ao percurso do momento fundacional que põe em destaque as armas, a *virtù* e a cidadania.

No *III Colóquio Internacional Maquiavel*, na UFMG, em agosto de 2019, tive a oportunidade de apresentar parte de uma pesquisa em curso sobre Maquiavel, a fundação das cidades e a redução aos princípios. O trabalho que apresentei era uma tentativa de debater as diferentes presenças das versões romanas sobre a própria fundação de Roma, Tito Lívio, Salústio, Virgílio e outros. A própria literatura romana, argumentei, reconhecia absoluta ausência de verossimilhança sobre os inícios da cidade: Rômulo, fundou a monarquia e o senado para auxiliá-lo, Numa, a religião, e o povo, o tribunato da plebe, em muitas gerações. Da outra ponta, tentei convencer os colegas presentes que a redução aos princípios do primeiro capítulo do terceiro livro dos *Discorsi* era um modo contínuo de atualização das causas que levaram à necessidade da fundação da cidade. E o exemplo fundamental era Roma, de novo. No mesmo *Colóquio*, tive a oportunidade de ouvir de Bignotto uma indagação que muito me intrigou e que não fui capaz de responder. Perguntou-me, com palavras semelhantes: Ora, se Roma levou gerações para se fundar e a fundação não terminou e se a redução aos princípios é a contínua revivescência das causas da fundação, o que impede que a união das duas pontas: a fundação pelo princípio e pelo fim? Minha resposta foi imediata: não sei. Pois bem, resolvi responder por aqui, a homenagem mais genuína que eu poderia fazer àquele que mais significou sobre o maquiavelismo no Brasil. Mas adianto a conclusão: sim, Bignotto, estamos diante de uma união da fundação pelo princípio e pelo fim.

* * *

Uma vez que se tenha no horizonte o realismo do capítulo quinze de *O Príncipe*, é possível perceber algo interessantíssimo, quando se lê os primeiros capítulos dos *Discorsi*. Maquiavel põe em suspeita a veracidade da fundação romana, se foi feita por Enéas ou por Rômulo, e essa dúvida, a qual ele não busca solucionar, está longe de ser uma falha ou uma precaução historiográfica (cf. Sasso, 1993 [vol. 1], p. 503). Na verdade, mais importante para a conservação das cidades, e particularmente das cidades livres, é a versão sobre a fundação disseminada entre os cidadãos (Mansfield, 1966, p. 64-67). Não é praticamente nada relevante se Enéas ou Rômulo ou outro(s) fundou(aram) Roma, mas que o povo romano acredite que o maravilhoso momento fundacional tenha que ser constantemente renovado.

Para isso, a autoridade de Tito Lívio é imprescindível. Já no *Proêmio* de sua *História*, Lívio antecipa as futuras críticas ao se defender afirmando que o conhecimento dos primórdios de Roma não é confiável, ainda que considerados verossímeis por muitos. Por isso, remete às

> narrativas tradicionais [*magis decora fabulis*] que se referem ao tempo precedente à fundação [*gestarum*] ou à futura fundação da cidade [*urbe*], mais de acordo com as fábulas poéticas [*poeticis*] do que com a comprovação histórica, não as confirmo nem as contesto. (Tito Lívio, *Ab Urbe Condita Libri*, Proemio, 6-7)[1]

O problema que Lívio enfrenta é a dimensão divina quando da criação de Roma pela participação do deus Marte. Logo em seguida, compara o trabalho do historiador com o do poeta (Tito Lívio, *Ab Urbe Condita Libri*, Proêmio, 13).

Findada a guerra de Troia, Enéas e Antenor, ainda que pouco hostilizados pelos gregos, não se mantiveram naquela cidade, este último decidiu deixá-la e rumar para o Adriático. Enéas, "destinado a realizações mais grandiosas" (Tito Lívio, *Ab Urbe Condita Libri*, I, 1, 4), seguiu, com seus soldados, para Macedônia, depois para a Sicília e de lá para

1. Como é corrente entre autores antigos, Tito Lívio será citado de acordo com as marcações de livro, capítulo e linha, respectivamente.

Laurento, onde encontraram-se com o rei dos latinos e os aborígenes. Após uma suposta e breve batalha, uniram-se em um único povo, pondo fim à "migração em uma sede estável e segura. Fundaram uma cidade, que Enéas nomeou com o nome de sua esposa, Lavínia" (Tito Lívio, *Ab Urbe Condita Libri*, I, 1, 10).

O paralelo com a migração das pequenas partes do segundo capítulo do primeiro livro dos *Discorsi* em Maquiavel é evidente. Supõe-se, no sistema maquiaveliano, que mesmo os troianos teriam chegado à Troia, em pequenas partes, vindos de outra cidade e, quando arrasada esta pelos gregos, quem sobreviveu ao ataque, recomeçou a fuga. Trata-se de uma migração sem começo nem fim, mas que é, de tempos em tempos, interrompida pela fundação de uma cidade, como se pode comprovar pelo fato de o filho de Enéas, Ascânio, ter saído de Lavínia para fundar a cidade de Alba (Tito Lívio, *Ab Urbe Condita Libri*, I, 3, 1), mesmo tendo o seu trono garantido pela mãe.

Novamente, Maquiavel reitera essa atitude de um fundador estrangeiro que, realizada sua missão em um lugar, peregrina a fim de fundar outras. Da linhagem dos reis de Alba nasceram os gêmeos Rômulo e Remo e nesse ponto se aprofunda a querela historiográfica desde a antiguidade. Jogados ao rio ainda recém-nascidos, os irmãos sobreviveram pela benevolência da fortuna em um lugar desértico (Tito Lívio, *Ab Urbe Condita Libri*, I, 4, 5-6). Não parece pouco improvável que esse relato liviano tenha encontrado em Maquiavel um paralelo com o *Antigo Testamento*, afinal, Moisés, além de abandonado no rio para morrer ainda bebê, foi o fundador libertador de seu próprio povo. O paralelo não termina aqui. A ascendência latina dos gêmeos e a hebraica de Moisés também é uma característica que não pode ser descartada, afinal, tiveram o reencontro com seu povo depois de tempos vivendo com outro povo. Por outro lado, o assassinato do rei Amúlio, da Palântea, confirma a distinção entre uma cidade fundada a partir de um povo amorfo e uma na qual a reordenação foi feita pelo regicídio. E desse ato, com "um grito unânime, se levantando, toda a multidão confirmou ao rei a legitimidade do título e do poder" (Tito Lívio, *Ab Urbe Condita Libri*, I, 6, 2). Disseminado o desentendimento sobre os direitos de reinado entre Remo e Rômulo, Lívio parece confirmar a versão do fratricídio, trazendo à cidade ora fundada a referência ao nome do assassino, Roma (Tito Lívio, *Ab Urbe Condita Libri*, I, 7, 3). "Quem examinar, então, a edificação de Roma, se se tomar Enéas como seu progenitor, seria essa cidade edificada por forasteiros; se por Rômulo, edificada por homens nativos do lugar"[2] (Machiavelli, [D I, 1] 2010, p. 22)

O que se deve levar em conta não é se Roma foi fundada por Enéas ou Rômulo, nem mesmo é de destacado interesse as possíveis posições de Maquiavel nessa disputa. Em ambos os casos, Maquiavel afirma ser a fundação e não uma reordenação da cidade. Embora as distinções, como deve ser sempre notado, não devam ser acentuadas, as dificuldades enfrentadas são distintas. A "*virtù* do edificador e a fortuna do edificado"[3] (Machiavelli, [D I, 1] 2010, p. 12) destacam o papel de Enéas e Rômulo, mas não o de Moisés. Ordenar uma matéria desforme como o povo hebreu tem suas exigências e não é possível deixar de perceber certa ironia textual a respeito das vantagens de Moisés:

> Mas para me referir àqueles que por sua própria *virtù* e não pela fortuna se tornaram príncipe, digo que os mais excelentes são Moisés, Cifro, Rômulo, Teseu e similares. E,

2. "*Chi examinerà adunque la edificazione di Roma, se si prehenderà Enea per suo primo progenitore, sarà di quelle cittadi edificate dagli forastieri; se Romolo, di quelle edificate dagli uomini natii del luogo*".
3. "*virtù dello edificatora e la fortuna dello edificato*".

> não obstante, de Moisés não se deve arguir, sendo apenas um mero executor das coisas que lhe eram ordenadas por Deus[4] (Machiavelli, [P 6] 2008, p. 3).

Moisés não precisava da *virtù* de Enéas ou Rômulo, porque apenas seguia as palavras de Deus. Isso nos conduz a uma situação muito interessante. O exemplo romano permite que se questione a plausibilidade de uma fundação parida exatamente do nada, que necessitaria, para isso, de um povo sem instituições, crenças, assentamento ou memórias de um fundador tão magnânimo que até Deus lhe confira legitimidade. A ironia é evidente. A questão relevante não é a dúvida do relato bíblico, mas a impossibilidade de uma cidade eterna, como os elementos naturais (Machiavelli, D II, 5; cf. Walker, [vol. 2] 1950, p. 8), ou de uma recorrente união a cada vez que uma cidade é fundada ou reordenada. Isso evidencia, por fim, que a distinção entre fundação e reordenação é inócua, ainda que se leve a sério historicamente o *Antigo Testamento*[5]. O interessante da narrativa liviana da fundação é que Maquiavel a lê de um modo estreitamente compatível com a migração incessante inspirada em Políbio (cf. Lefort, 1972, p. 462). Em ambos os casos, as cidades se formam tendo por base a transferência de um povo para outro território.

Dessa ótica, as causas que levaram à fundação de uma cidade, o medo dos hunos (Veneza), a virtude de Teseu (Atenas) e de Licurgo (Esparta) ou a colonização militar romana das terras de Fiesole (Florença) tornam-se efetivamente as causas distintivas da conservação. É por isso que não se pode separar

4. "*Ma per venire a quegli che per propria virtù e non per fortuna sono diventati principe, dico che e' più eccellenti sono Moisè, Ciro, Romulo, Teseo e simili. E benché di Moisè non si debba ragionare, sendo suto uno mero esecutore delle cose che gli erano ordinate da Dio*".
5. Para outra interpretação, cf. Strauss (1958, p. 29, 105).

fundação/conquista da conservação[6]. Por isso, Maquiavel "começa assim sua reflexão atacando a ideia de que a fundação é um problema que diz respeito apenas ao passado" (Bignotto, 1991, p. 164). As marcas de origem tornam-se lugares comuns em uma apropriação coletiva da reflexão de um povo sobre si mesmo. Quando creem que não passaram de colônias de Sula, como os florentinos, devem reconstruir essa versão, em um modo panegírico como da *Laudatio* de Leonardo Bruni e não o da sua *História do povo florentino*. Quando Bruni inventa a cidade ideal (Pinto, 2017) não está fazendo nada fundamentalmente distinto do que oferecer uma versão poética de Florença e que, por isso, não se pode dizer se falsa ou verdadeira. E, lendo ambos, Maquiavel critica o historiador de Arezzo e respeita Lívio, em um jogo retórico no qual uma das versões poéticas deve ser criticada e a outra, no mínimo, ignorada como tal. A particularidade de Roma reside no fato de ela ter sido fundada como um processo e não de uma só vez (Coby, 1999, p. 41)[7].

---

6. Uma evidência lateral que corrobora com isso é que a mesma força que funda, conquista ou reordena uma cidade, a mantém: "sem força, as cidades não se mantém, mas sem vêm ao seu fim" ["*sanza forze, le città non si mantengono, ma vengono al fine loro*"] (Machiavelli, *Parole da dirle sopra...*; 1997 [vol. I], p. 13). A conhecida distinção entre a conquista e manutenção de um principado novo e um velho (hereditário ou eclesiástico) é concernente com esse modo de raciocinar nas repúblicas. É difícil conquistar um novo, pois o príncipe está preparado para um ataque, mas fácil de manter, pois o povo ainda não solidificou a memória do governo. Por outro lado, é fácil conquistar um principado velho, pois está pouco preparado para a invasão, mas difícil de manter, pois o povo tem memória do governo anterior (cf. Machiavelli, *Il Principe*, 3-6). Repare-se que, não obstante as similaridades, um príncipe novo não *funda* a cidade, ele a conquista ou reordena (Ruggiero, 2008, p. 81 n. 17). Cf. Machiavelli (D I, 25-26) e Pocock (2003, p. 180).
7. Mesmo quando se atribui a fundação romana a Rômulo, Maquiavel (D I, 11, 1) o faz de modo a reconhecê-lo como o "seu primeiro ordenador", sugerindo, com isso, que houve outros.

Retomemos o exemplo de Savonarola no capítulo onze do livro um dos *Discorsi*. Ali, ele discute a potência do frade dominicano quando do uso das palavras e, novamente, atribui à crença popular àquilo que ele diz. Maquiavel mesmo não emite juízo, se Savonarola falava ou não com Deus não importa, importa, sim, que os florentinos acreditavam nisso e, então, o obedeciam, por causa de sua reputação (cf. Machiavelli, P 3). O mesmo lance pode ser aplicado à memória coletiva (cf. Machiavelli, P 2; Machiavelli, HF V, 1). A fundação contínua é o ato virtuoso, individual, coletivo ou institucional de rememorar um passado poético. Aliás, esse é um recurso central para a conservação da liberdade nas cidades: aqueles "que nascem livres e desejam viver livres"[8] (Machiavelli, *Parole da dirle sopra...*; 1997 [vol. 1], p. 16). A origem livre não dispensa a ação contínua para a manutenção da liberdade da cidade.

O núcleo da argumentação do retorno aos princípios, ou fundação contínua (Bignotto, 1991, p. 163; Strauss, 1958, p. 44), reside no capítulo um do terceiro livro dos *Discorsi*. Observado da ótica da fundação, o exercício de retorno aos princípios, dificilmente poderia se realizar pela embocadura dos ciclos polibianos de governos, como afirma Rinaldi (1999 vol. 2, p. 946 n. 4; cf. Coby, 1999, p. 23; Mansfield, 1966, p. 113). Trata-se justamente do esforço contrário, qual seja, o de evitar, o quanto possível, o andamento cíclico dos regimes, pois, quanto mais rápido se passa de um governo para outro, mais velozmente se chega à derrocada final, pois "é verdadeiro que todas as coisas do mundo têm seu término de vida"[9] (Machiavelli, [D III, 1] 2010, p. 461; cf. Machiavelli, P 10). A sentença parece contradizer diretamente a eternidade do mundo (Machiavelli, D II, 5), senão por um detalhe.

8. *"che ha hauto sempre chi è nato libero et desidera viver libero"*
9. *"è veríssima come tutte le cose del mondo hanno il termine della vita loro"*

Uma coisa é a eternidade do mundo, outra inteiramente diferente é a eternidade das coisas do mundo (cf. Machiavelli, P 25; Morfino, 2015, p. 157)[10]. Se se conceber "mundo" como atualmente designamos de universo (ou cosmos, para empregar a palavra grega), como era o vocabulário de época, não é difícil ver que não há contradição. É verdade que, por exemplo, Mesnard (1936) e Parel (1992) sustentam nessas afirmações uma cosmologia maquiaveliana fortemente inspirada em Aristóteles e no aristotelismo medieval. O mundo sublunar tem suas leis diferentes das do extra-lunar (Aristóteles, *Da geração e da corrupção*, 336a; Aristóteles, *Do céu*, 286a-290b)[11], portanto, a finitude é natural de todas as coisas que ocorrem nesse local. Mas é no preceito de finitude no qual se insere a noção basilar das transformações, "porque os tempos e as coisas universalmente e particularmente frequentemente mudam" (Machiavelli, carta de 13-21/09/1506; 1997 [vol. 2], p. 137)[12]. Não é improvável que essa interpretação cosmológica tenha fundamentos legítimos, mas, como bem apontou Gabriel Pancera (2017), trata-se muito mais de um conhecimento comum de época, disseminado por diferentes vias e que não implica em qualquer cosmologia no sentido forte e sistemático. Porém, deve-se ter claro que, não obstante

10. Nos escritos literários, sobretudo em versos, essa distinção fica ainda mais evidente. Por exemplo: "Não existe no mundo coisa alguma eterna" ["*Non è nel mondo cosa alcuna eterna*"] (Machiavelli, *Di Fortuna*, 121; 1997 [vol. III], p. 36) e "assim a Fortuna, com seu furibundo/ ímpeto, muitas vezes aqui e ali/ segue mudando as coisas do mundo" ["*così la Fortuna, col suo furibundo/ impeto, molte volte or qui or quivi/ va tramutando le cose del mondo*"] (Machiavelli, *Di Fortuna*, 159; 1997 [vol. III], p. 37).
11. A ideia de unificação de forças fundamentais, na física, somente apareceria no Ocidente com Galileu, ainda que haja registros árabes anteriores, mesmo a Ptolomeu, com a hipótese de que as leis da mecânica celeste não são distintas das que ocorrem na Terra (cf. Brunet, 1957, p. 323-325).
12. "*perché e tempi et le cose universalmente et particularmente si mutano spesso*".

a inevitabilidade da derrocada dos entes vivos e políticos, não implica que seja natural para esses últimos (cf. Morfino, 2015, p. 152). A constatação de partida de que todas as seitas e Estados encontram seu fim se complementa à explicação estritamente humana dos ciclos de governo (cf. Bausi, 2005, p. 190 n. 54; Pocock, 2003, p. 204-205). Portanto, a redução aos princípios não é o eterno retorno ao começo, mas o esforço de obliterá-lo, ainda que inócuo dependendo do tempo.

> E porque falo de corpos mistos como são as repúblicas e as seitas, digo que aquelas alterações lhes são saudáveis, aquelas que as reduzem em seus princípios. Mas, as que são mais bem ordenadas têm vida mais longa e através de suas próprias ordens se possam frequentemente renovar ou as que, através de algum acidente externo às ditas ordens, ocorrem a dita renovação. E é coisa mais clara que a luz, não se renovando, esses corpos não duram.[13] (Machiavelli, [D III, 1, 3-5] 2010, p. 461)

A sequência da exposição segue a metódica bifurcação que acompanha Maquiavel em suas classificações – como as das formas principescas de governo (cf. Falcão, 2013a) e das fundações – em dois caminhos possíveis. Os corpos mistos se renovam ou não, se sim, através de suas próprias ordens, isto é, de suas instituições que incorporaram a possibilidade de renovação dentro delas mesmas, ou por motivos externos

13. "*E perché io parlo de' corpi misti come sono le republiche e le sètte, dico che quelle alterazioni sono a salute, che le riducano inverso i principii loro. E però quelle sono meglio ordinate et hanno più lunga vita, che mediante gli ordini suoi si possono spesso rinnovare; overo che, per qualque accidente fuori di detto ordine, vengono a detta rinnovazione. Et è cosa più chiara che la luce che, non si rinnovando, questi corpi non durano*".

ao ordenamento político-constitucional[14]. Quando não se renovam, esses corpos mistos fenecem, mas, por enquanto, não é claro o significado de renovação, além do retorno aos princípios (cf. Machiavelli, HF V, 8). É necessário não confundir a ação de retornar aos princípios com um retorno às formas de governo, a primeira diz respeito às causas da fundação que devem ser continuamente vividas e revividas na cidade, de tal modo que não se perca de vista a necessidade da união quando da transformação das pequenas partes em efetivas cidades, "mediante a qual se estabelece a primeira reputação e a primeira potência deles"[15] (Machiavelli, [D III, 1] 2010, 461). A reputação da fundação exerce primazia sobre as instituições históricas emergidas do ato maravilhoso do fundador (cf. Machiavelli, *Discursus florentinarum rerum...*, 1997 [vol.

---

14. Um exemplo interessante é feito em cima de Veneza. Em carta a Maquiavel, Francesco Vettori sugere uma resposta para a pergunta que levantaram de que se Veneza é ou não uma cidade em sua inteireza, e seu correspondente concorda com ele (Machiavelli, carta de 29/04/1513; 1997 [vol. II], p. 250). Analisando o comportamento das diferentes potências europeias, Vettori parece ressentido ao afirmar que, entre as disputas que envolviam a França e a Espanha, "os venezianos, sendo reduzidos à vontade [dos outros países] são sempre os mesmos" (Vettori, carta de 21/04/1513; *In:* Machiavelli, 1997 [vol. II], p. 246). Isso levanta a possibilidade de que Veneza era fraca pois não se renovava e, assim, se lido à luz da teoria de Maquiavel – que ele estava desenvolvendo justamente na época –, a sereníssima república não pode ser considerada um corpo misto, mas simples. É evidente que esse caminho reflexivo apenas especula sobre o tema e não traz resposta definitiva, mas se levado ao limite, ele confirma a duração de Veneza pela benevolência da fortuna e põe de lado a problemática do *télos* da cidade. Ainda que seja uma cidade, ou tenha as principais características, Veneza era incapaz de se renovar no tempo pelo fato de que não era um corpo misto ou, contrariamente, ainda que Veneza seja um corpo misto, uma cidade completa, não se renovava e, por isso, seu destino dependia tão somente da fortuna.
15. "*mediante la quale ripiglino la prima riputazione e il primo augumento loro*".

1], p. 734; Pocock, 2003, p. 187; Ruggiero, 2008, p. 165 n. 18 e 19). Novamente, não importa se a fundação da cidade foi efetivamente realizada com "bontà" (Machiavelli, D III, 1; cf. Machiavelli, HF IV, 27), mas que se acredite nisso. O realismo da verdade efetiva e as conversas divinas do frade dominicano atestam que o ser da política é, de fato, a sua aparência ou a versão pela qual um acontecimento ficou conhecido (Baccelli, 2017; Strauss, 1958, p. 148; Machiavelli, P 16 e 18; Machiavelli, HF III, 1)[16]. Nesse contexto, se tomado o exemplo romano, sobretudo se lido poeticamente com Tito Lívio, a veracidade do relato de Enéas ou Rômulo é algo absolutamente inócuo, desde que acreditem nele e, com isso, renove-se o corpo político.

Contudo, o quadro tipológico não para aqui. Dentre as causas próprias da redução, da "prudência intrínseca", emerge a *virtù* de um homem ou a *virtù* das ordens da cidade; as causas externas, os "acidentes extrínsecos", ocorrem por motivos originados fora da cidade. (Machiavelli, D III, 1; cf. Coby, 1999, p. 12). Mais uma vez Roma é o grande exemplo. Com os ataques dos francos, os romanos se sentiram compelidos à defesa de sua cidade e, com isso, renovaram a vitalidade e a *virtù* originais (Machiavelli, D III, 1). Pouco antes, Roma estava a um passo de se colapsar em corrupção e esta ocasião ofereceu a oportunidade de criação dos tribunos da plebe (Machiavelli, D III, 1). Retoma-se aqui o juízo maquiaveliano de que a peculiaridade de Roma, em sua fundação progressiva e com muitos atores envolvidos,

16. Parece-nos bastante complementar uma expressão muito empregada nas cartas a Vettori sobre os reis de Espanha e França em suas disputas no ano de 1513. Maquaivel muitas vezes se refere à capacidade do poder de cada país em razão da "*reputatione*" de cada rei, ou seja, a reputação da qual cada um desfruta está em direta relação com a capacidade de domínio dos territórios conquistados, a versão de que se tem de cada um se sobrepõe às intenções de fato. Cf. Maquiavel (carta de 29/04/1513; 1997 vol. II, p. 249; RUGGIERO, 2008, p. 110 n. 8).

teve pelo menos uma causa externa (*acidente extrínseco*). Não foi a dinâmica institucional da cidade que a fez criar os tribunos, ou, pelo menos, não apenas ela; a guerra com os francos foi elemento fundamental para que, com vitalidade e *virtù*, os guerreiros, o povo, demandassem a instituição que faltava à boa ordenação. Esse caso é particularmente emblemático, porque corrobora com a ideia de que, a rigor, nenhuma fundação é terminada, nem com a transformação do fundador em tirano, em rei, em cidadão comum ou mesmo com sua morte (cf. Machiavelli, D I, 11; Machiavelli, HF II, 13)[17]. Jogadas as sementes da vitalidade e *virtù*, com o tempo, perecem, salvo ocorra algo inédito que as reviva. Sob esse ponto de vista, a ação fundacional não encerra a obra do fundador, apenas a inicia e, caso a oportunidade não aconteça, a cidade perece em corrupção. O pressuposto da tendência à corrupção é evidente, como se todos os agremiados humanos declinassem progressivamente para uma entropia política, mas, e esse ponto é fundamental no argumento do florentino, não está se falando de nada da ordem da natureza, todas as causas são inevitavelmente humanas.

O segundo capítulo do primeiro livro dos *Discorsi* mostra bem isso quando Maquiavel apresenta os motivos da passagem de uma forma de governo para outra: em linhas gerais, trata-se, sempre, da tensão entre a corruptibilidade humana em função do tempo de domínio contra a memória daqueles que sofrem as mazelas da dominação arbitrária do tirano ou

---

17. "Procura no mundo em todos os seus cantos;/ encontrarás poucos príncipes sendo gratos,/ se leres tudo aquilo que deles se escrevem;/ e verás como os transformadores de Estados/ e doadores de reis jamais/ são com exílio ou morte restaurados" *["Cerca del mondo tutte le sue rive;/ troverai pochi principi esser grati,/ se leggerai quel che di lor si scrive;/ e vedrai come e' mutator di stati/ e donator di regni sempre mai/ son con esilio o morte ristorati"]* (Machiavelli, 1997 [vol. 3]; *Dell'Ingratitudine*, 165-170).

do governo dos poucos (cf. Falcão, 2013b, cap. 1; Lefort, 1972, p. 468-469). A redução aos princípios é um mecanismo que pode salvaguardar a memória para "um retorno à liberdade original" (Bignotto, 1991, p. 164) contra a corrupção eminente. E essa memória não é outra senão a revivescência da vitalidade e da *virtù* do melhor momento da cidade: sua fundação. Por isso, entende-se que, passadas as gerações, é plausível que se acredite que a loba, animal ou prostituta, tenha sido a responsável pelo aleitamento dos gêmeos que jaziam à beira do rio. Pode-se acreditar que os latinos e troianos fizeram rapidamente um pacto de amizade e uniram-se em um só povo. Pode-se acreditar, como quer Bruni (1996, p. 597; *Laudatio Florentine Urbis*, 30-31), que Florença foi fundada pela Roma republicana e não imperial. Pode-se ainda acreditar que Savonarola falava com Deus. O único problema desse último exemplo é que o frade dominicano estava vivo e atuante em Florença quando de suas afirmações sobre conversas divinas e, exatamente por isso, poder-se-iam demandar as provas. O profeta desarmado é executado porque é incapaz de prever e provar os acontecimentos. Mas quando o fato ocorreu há gerações já habitava a memória coletiva, isso pouco importa (cf. Pocock, 2003, p. 188). Aliás, parece ser justamente o oposto: quanto mais distante se está do momento fundacional, mais plausível se torna a versão mitificada, porque é mais difícil de comprovação e porque o mito está a mais tempo sendo repassado de geração em geração.

Quando a renovação do corpo misto não ocorre através de acidentes extrínsecos, mas por suas próprias causas, há mais uma bifurcação: ou a renovação é atributo de um homem de *virtù* ou das próprias ordens internas da cidade. Diferentemente das duplas anteriores – altera ou não, causas próprias ou acidentes extrínsecos –, nesse caso, não há necessariamente uma regra de oposição entre a ação do homem de *virtù* e a *virtù* das ordens, muitas vezes elas se complementam

(Coby, 1999, p. 31; Sasso, 1993 [vol. 1], p. 506). Em se tratando das ordens, é preciso manter a religião e as leis (Geuna, 2012; Pocock, 2010), para além do fato de "estimar os seus bons cidadãos"[18] (Machiavelli, [D III, 1] 2010, p. 462). Isso indica uma sinergia entre a manutenção dos costumes (religião), com as instituições estatais (leis) e a ação cidadã: os três níveis são, de algum modo, trabalhados em momentos diversos de sua obra. Não é desmesurado supor que a referência à revivescência da fundação pela *virtù* das ordens internas também seja, na verdade, uma bifurcação entre costumes e instituições, mas de tal modo que ambas se aproximem mais mutuamente do que cada uma diante da ação individual. Além disso, há sempre o fato perigoso, nos alerta Maquiavel (Machiavelli, D I, 3; Machiavelli, HF VII, 1), de que uma cidade livre jamais pode confiar na bondade dos homens. Desse modo, o último recurso a ser empregado deve ser a ação individual, pois ela depende que se descumpram os costumes e as ordens, quando corrompidos. Mas é justamente esse o ponto: se os costumes e as ordens não estiverem corrompidos, serão agentes da redução aos princípios e não opostos a ela. Portanto, é cabível a ação individual apenas nos casos extremos nos quais a cidade está corrompida. "É necessário, então, como foi dito, que os homens que vivem juntos em qualquer ordem frequentemente se reconheçam, ou por acidente extrínseco ou por acidente intrínseco"[19] (Machiavelli, [D III, 1] 2010, p. 462).

Nesse ponto do argumento, há um salto qualitativo de tal modo que as seitas, referidas desde o título do capítulo e igualmente objeto de redução aos princípios, estão ausentes. A vida unida dos homens só é entendida sob alguma

---

18. "*stimare i suoi buoni cittadini*".

19. "*È necessario adunque, come è detto, che gli uomini che vivono insieme in qualunque ordine spesso si riconoscono, o per questi accidenti estrinseci o per l'intrinseci*".

forma na medida em que se compreende que, no caso sob análise, não importa qual seja a ordem (cf. Rinaldi, 2006, p. 950 n. 59). Porém, dado que há alguma ordenação, é preciso reconhecer que essa união possui a forma de cidade. O instrumento que desacelera a decadência da religião e das cidades é o mesmo – a redução aos princípios – mas, diferentemente do que afirma Rinaldi (2006, p. 951 n. 63), a religião não possui todos os seus instrumentos, como as instituições públicas e as leis, embora possa sempre surgir um acidente extrínseco ou um homem de *virtù* para reformá-la (cf. Pocock, 2003, p. 215; Strauss, 1958, p. 137). Essa virada conceitual não é menos significativa, pois expressa graus distintos de complexidade dos corpos mistos. Mas há também embutida a noção de que a vida em conjunto só é estabelecida por uma ordenação, sob a forma de cidade. A questão posta sobre as ordenações intrínsecas serem ou não capazes de reduzir os princípios, na verdade, deve ser subsumida aos efeitos de determinadas causas: se são as leis ou os homens que mantém a fundação contínua, não importa, mas importa que tenham os mesmos efeitos (Machiavelli, D III, 1). A dificuldade é que "os seus exemplos, raros e virtuosos, produziam em Roma quase o mesmo efeito que produziam as leis e as ordens"[20] (Machiavelli, [D III, 1] 2010, p. 463). Portanto, as ordens são mais estáveis que os homens.

Até então, toda estrutura argumentativa é voltada para as cidades, uma vez que nem toda comunidade humana, como as pequenas partes (cf. Machiavelli, D I, 1) ou as seitas, possui a mesma capacidade de reduzir aos princípios. Ocorre, assim, uma nova inflexão na construção teórica e nela Maquiavel torna evidente a impossibilidade de que

20. "*i loro exempli rari e virtuosi facevano in Roma quasi il medesimo effecto che si facessino le leggi e gli ordini*".

toda e qualquer cidade reduza seus princípios, pois ocorre "esse bem nas repúblicas ou pela virtude de um homem ou pela virtude de uma ordem"[21] (Machiavelli, [D III, 1, 19] 2010, p. 462). De modo direto, os principados são incapazes de reduzir aos seus princípios, isto é, incapazes de manter viva a chama fundacional, porque, se hereditários, a memória coletiva não se difere do domínio, se novos, sua duração depende da vida e da ação do príncipe conquistador[22]. É necessário, portanto, uma reordenação contrária àquela que ocorre nas repúblicas (Lefort, 1972, p. 455), uma que combata a fortuna e os apetites do povo, tal qual fizeram os Medici na reordenação do governo a cada cinco anos (Machiavelli, D III, 1). Na verdade, nesse caso, não se trata de rememorar a fundação, mas de fazer esquecer qualquer lembrança minimamente livre; a redução aos princípios em principados é, de fato, a contínua batalha do governante contra seu povo, da qual não se exigem leis e religião, mas somente ações humanas, muitas das quais estritamente violentas (cf. Rinaldi, 2006, p. 953 n. 101).

A despeito do caso particular dos principados, dos três corpos mistos que conformam o objeto da redução aos princípios, ainda resta falar do reino[23]. O exemplo cabal é a França contemporânea: as leis são respeitadas e as ordens seguidas, mas "essas leis e ordens são mantidas pelos parlamentos e, principalmente, o de Paris; as quais são por ele renovadas todas as vezes que comete deliberação contra um príncipe

21. "*questo bene nelle repubbliche, o per virtù d'un uomo o per virtù d'uno ordine*".
22. Lefort (1972, p. 494) argumenta a favor da proximidade entre o fundador de repúblicas e o de principados novos.
23. O uso de "reino" e não de "monarquia", além da possível preferência latina da palavra, reside no fato de que ele destaca as características centrais de um Estado e não o domínio privado que se aproximaria mais do principado.

daquele reino, e quando condena o rei nas suas sentenças"[24] (Machiavelli, [D III, 1] 2010, p. 464-465). A periodicidade das eleições e reuniões parlamentares francesas cumpre com a função das leis em uma república. Assim como, porém, as seitas e os principados têm seus limites para a redução aos princípios, os reinos não remetem à memória fundacional, apenas resolvem de modo mais ou menos ordenado as querelas entre o rei e o parlamento intermediados pela nobreza. O povo não é parte das reformas, nem mesmo integrante das soluções. Em suma, apenas as repúblicas são capazes de reduzir os seus princípios animando as causas que levaram o povo à sua fundação, "àquela reputação que tinha em seus princípios"[25] (Machiavelli, [D III, 1] 2010, p. 465). Ainda que aplicáveis aos três casos, só a república mantém a causa da liberdade (cf. Machiavelli, P IX).

Entende-se, assim, o motivo de Maquiavel, já desde o início da exposição, delimitar seu objeto às cidades livres. Por pura coerência lógica, nenhuma cidade não livre pode reduzir "bons" princípios. Isso não significa nenhum determinismo e o caso florentino é exemplar. Uma vez que Florença foi fundada pelas tropas republicanas de Sula ou imperiais após a queda de César e nunca foi devidamente reordenada (Machiavelli, *Discursus florentinarum rerum...*; 1997 [vol. 1], p. 733), não há alternativa para libertá-la que não a refundação completa do corpo político e como nesse caso as leis corrompem, resta a ação de um homem de grande *virtù*. Savonarola ou Soderini (cf. Machiavelli, *Ai Palleschi*; 1997 [vol. 1], p. 87) ou mesmo os Medici (Machiavelli, P 26), poderiam ter sido esse homem, mas o primeiro estava desarmado e demasiadamente apegado à

---

24. "*le quali leggi et ordini ne sono mantenitori i parlamenti e maxime quel di Parigi; le quali sono da lui rinovate qualunque volta ei faceva execuzione contro ad un principe di quel regno, e che ei condana il re nelle sue sentenze*".

25. "*quella riputazione che gli aveva ne' principii suoi*".

sua fé, o segundo, ainda que menos desarmado e nada sustentado na fé, não desfrutou da devida oportunidade, e os Medici já vinham renovando a cidade, mas, contrariamente à liberdade original. A refundação de Florença seria o marco fundamental para a construção de uma nova memória coletiva voltada para a liberdade, mas a fortuna não permitiu isso. O dilema de Florença é justamente o de ser governada por homens e não por leis (cf. Machiavelli, D III, 1) e, por isso, não pode ser reordenada por leis, só por homens.

O caso florentino somado aos exemplos históricos de Roma (Machiavelli, D III, 1) ajudam a compreender a decadência das cidades quando não reduzem seus princípios. E nisso Maquiavel é taxativo ao ponto de afirmar que deve ser feito a cada dez anos, pois senão, os costumes mudam (Machiavelli, D III, 1). Mas a questão permanece inconclusa. Por um lado, o fato de uma fundação bem-sucedida ser obra de muitos agentes ao longo de muito tempo e a redução aos princípios ser um poderoso instrumento contra a corrupção das cidades, não garante que essas duas pontas da vida da república se encontrem.

Poder-se-ia indagar que, se não estivermos errados, a abdicação de explicações naturalísticas ou metafísicas da natureza humana e a elucidação do que faz o Homem viver em cidades leva, necessariamente, a alguma forma de epistemologia (Morfino, 2015, p. 151). Seria necessário, para isso, uma robusta teoria do conhecimento ou, pelo menos, um "método" (cf. Bignotto, 1991, p. 137). Essa embocadura esconde um problema de fundo. A definição do objeto sobre o qual se pode debruçar a reflexão política – a cidade – não implica, necessariamente, em um sistema coeso, filosoficamente orientado e sistemático, sobre o conhecimento em si (cf. Bausi, 2005, p. 164; Coby, 1999, p. 18; Mansfield, 1966, p. 59; Strauss, 1958, p. 150). Por outro lado, ao afirmar o objeto da reflexão política, Maquiavel limpa o terreno em relação a todos os outros objetos na clássica passagem do décimo quinto capítulo de *O Príncipe* onde ele difere o mundo da imaginação daquele da verdade efetiva.

O tema da fundação, antes de tudo, oportuniza uma nova reflexão sobre a vida na cidade e que, por isso, exclui a questão sobre a origem das comunidades humanas (Lefort, 1972, p. 473). Importante que fique claro que Maquiavel não nega a importância do tema da origem, mas coloca-o em um lugar outro que não o político (cf. Lefort, 1972, p. 601; Mansfield, 1966, p. 63). O momento da fundação, historicamente determinado, é, de fato, o início da política. "Maquiavel, é verdade, convida-nos a abandonar os conceitos metafísicos dos humanistas, mas não sugere com isso que possamos substituí-los por uma ciência inteiramente positiva (realista) da política" (Bignotto, 1991, p. 138).

A percepção de que somente se pode refletir sobre a política quando constituída em forma de cidade leva inevitavelmente à ideia de que o marco fundacional é historicamente determinado, residente em algum lugar no passado, mais ou menos distante. Quanto a isso, não há o que o legislador, o reformador, o homem de *virtù* ou as ordens possam fazer. O começo de Roma, assim como o de todas as outras cidades, não pode ser refeito, mas a versão sobre ele sim. Se coletivamente se acreditar na amamentação da loba e no fratricídio, diferentemente do que argumenta Coby (1999, 43), já há bons motivos para a revivescência da cidade, ainda que historicamente inverídicos. Nesse sentido, a fundação contínua pode ser de tal modo potente que supera a fundação histórica. Na verdade, a construção da versão histórica é aquilo que permite a continuidade da fundação, a manutenção de seus princípios e causas mais fundamentais. Portanto, a ligação entre a fundação e a redução aos princípios só é possível mediante as condições da própria redução aos princípios e isso é algo absolutamente libertador. A marca de fundação da cidade não impõe, para toda sua vida, a sua capacidade de ser ou se tornar livre. É justamente pela rejeição do determinismo metafísico que Maquiavel está disposto a aceitar a possibilidade de correção dos rumos de toda cidade, a exemplo de sua Florença. Mas, para isso, é necessário um homem de *virtù* que reduza os princípios da cidade atribuindo *virtù* ao momento fundacional, ainda que historicamente falso.

A origem dos agremiados humanos não é uma questão para Maquiavel, a veracidade da fundação das cidades também não é, nem mesmo a memória coletiva que atualiza as causas fundacionais precisa ser verdadeira. Como Tito Lívio explica em seu *Proêmio*, quando o poeta compõe uma história, ele funda uma cidade.

Referências Bibliográficas

ARISTÓTELES. On Generation and Corruption. Translated by Harold H. Joachim. *In:* McKeon, R. (Ed.). *The basic works of Aristotle.* New York: Random House, 1941.

______. *On the Heavens.* Translated by D. J. Allan. Oxford: Oxford University Press, 1936.

BACCELLI, Lucca. Political imagination, conflict, and democracy: Machiavelli's republican realism. *In:* JOHNSTON, David; URBINATI, Nadia e VERGARA, Camila (eds). *Machiavelli on liberty and conflict.* Chicago: Chicago University Press, 2017.

BAUSI, Francesco. *Machiavelli.* Roma: Salerno Editrice, 2005.

BIGNOTTO, Newton. *Maquiavel republicano.* São Paulo: Loyola, 1991.

BRUNET, Pierre. La science dans l'antiquité et le moyen Age. *In:* DAUMAS, M. (dir.). *Histoire de la science*: des origines au XXe siècle. Paris: Gallimard, 1957.

BRUNI, Leonardo. *Opere letterarie e politiche.* A cura de Paolo Viti. Torino: UTET, 1996.

COBY, Patrick J. *Machiavelli's Romans*: liberty and greatness in the *Discourses on Livy.* New York: Lexington Books, 1999.

FALCÃO, Luís. As formas do principado maquiaveliano. *Revista de Estudos Hum(e)anos*. n. 6, 2013a.

______. *Maquiavel, Montesquieu e Madison*: uma tradição republicana em duas perspectivas. Rio de Janeiro: Azougue, 2013b.

GEUNA, Marco. Ruolo dei conflitti e ruolo della religione nella riflessione di Machiavelli sulla storia di Roma. *In:* CAPORALI, Riccardo, MORFINO, Vittorio e VISENTIN, Stefano (Eds.). *Machiavelli: tempo e conflitto*. Milano: Mimesis, 2012.

LEFORT, Claude. *Le travail de l'ouvre: Machiavel*. Paris: Gallimard, 1972.

MACHIAVELLI, Niccolò. *Opere*. A cura di Corrado Vivanti. Torino: Einaudi, 1997. (3 vol.)

______. *Il Principe*. A cura di Rafaelle Ruggiero. Torino: BUR, 2008.

______. *Discorsi sopra la prima deca di Tito Livio*. A cura di Giorgio Inglese. Milano: BUR, 2010.

______. *Discorsi sopra la prima deca di Tito Livio, Dell'arte della guerra e altre opere*. A cura di Rinaldo Rinaldi. Torino: UTET, 2006. (2 vol.)

______. *The Discourses of Niccolò Machiavelli*. Translation, tables and notes by Leslie J. Walker. London: Routledge & Kegan Paul, 1950. (2 vol.)

MANSFIELD, Harvey. *Machiavelli's virtue*. Chicago: Chicago University Press, 1995.

MESNARD, Pierre. *L'essor de la philosophie politique au XVIe siècle*. Paris : Boivin, 1936.

MORFINO, Vittorio. The five theses of Machiavelli's "philosophy". *In:* LUCCHESE, F. del, FROSINI, F. e MORFINO, V. (eds). *The radical Machiavelli*: politics, philosophy and language. Boston: Brill, 2015.

PANCERA, Carlo Gabriel K. Cosmologia em Maquiavel? *In:* PINTO, F. M. e BENEVENUTO, F. (Orgs.). *Filosofia, política e cosmologia*: ensaios sobre o renascimento. São Bernardo do Campo: EdUFABC, 2017.

PAREL, Anthony. *The Machiavellian cosmos*. New Haven: Yale University Press, 1992.

PINTO, Fabrina Magalhães. The ideal city of Leonardo Bruni: an analysis of *Laudatio florentinae urbis*. *In:* MONTEIRO, Maria do Rosário, KONG e Mário S. Ming (Eds.). *Utopia(s) – Worlds and frontiers of the imaginary*. London: Taylor and Francis Group, 2017.

POCOCK, J. G. A. *The machiavellian moment: Florentine political thought and the Atlantic republican tradition*. Princeton: Princeton University Press, 2003.

______. Rome: the republic as ideal and history. *In:* NAJEMT, John (Ed.). *Cambridge Companion to Machiavelli*. Cambridge: Cambridge University Press, 2010.

SASSO, Gennaro. *Niccolò Machiavelli*, vol. 1: *Il pensiero politico*; vol. 2: *La storiografia*. Bologna: Il Mulino, 1993.

STRAUSS, Leo. *Thoughts on Machiavelli*. Chicago: Chicago University Press, 1958.

TITO LÍVIO. *History of Rome* [*Ab Urbe Condita Libri*]. Translated by B. O. Foster. Cambridge: Harvard University Press, 1919. (Livros I e II).

A ruptura do humanismo de Leonardo Bruni

Fabrina Magalhães Pinto

Desde a publicação da obra de Newton Bignotto, *Maquiavel Republicano*, em 1991, os estudos sobre o humanismo italiano tiveram um grande desenvolvimento no Brasil. A partir do pioneirismo do filósofo difundiram-se, de fato, tanto novos estudos sobre Maquiavel quanto pesquisas que se dedicaram ao *Quattrocento* e a seus aspectos cívicos. Conceitos como continuidade e ruptura vieram à tona com mais força, e também nomes como Hans Baron, Claude Lefort, Eugenio Garin, Quentin Skinner, Cesar Vasolli, Riccardo Fubini, entre tantos outros, passaram a ser usados com mais frequência nas pesquisas sobre esses temas. Não pretendemos refazer os passos desses intensos debates, conferências, congressos, coletâneas de artigos desde 1991 até 2020, pois, sem dúvida alguma, deixaríamos de lado uma infinidade de pesquisas e pesquisadores que foram inspirados pelo *Maquiavel Republicano*. Mas, parece-nos fundamental levar em consideração algumas das conclusões de Bignotto no que concerne ao problema de haver ou não uma ruptura do período moderno em relação à Idade Média, tendo em vista, sobretudo, a participação e ação de humanistas como Coluccio Salutati (1331-1406) e Leonardo Bruni (1370-1444).

Concordamos com Bignotto que inicialmente Jacob Burckhardt (*A civilização do Renascimento italiano*, 1860) identifica a ruptura entre modernidade e tempos medievais, mas que H. Baron, em seu *The Crisis of the Early Italian Renaissance* (1955), iria concentrar sua atenção nesse aspecto ao analisar a nova situação política pela qual passava a cidade de Florença em inícios do século XV; período este que culminou com a escrita de uma série de panfletos em defesa da liberdade republicana da cidade contra a tirania imposta pelas conquistas do duque milanês Gian Galeazzo Visconti[1]. Para Baron, a singularidade dos eventos políticos vivenciados pelas cidades-estados italianas nos anos de 1400 levou a um processo de defesa da liberdade cívica e a identificação direta desta forma de pensar a sociedade com o regime republicano. Assim, a partir do contexto histórico específico de Florença e das ameaçadas sofridas pela cidade por Milão – acusada pelo chanceler Colluccio Salutati[2] em sua *Invectiva contra Antonio Loschi* de ser em si um governo tirânico –, o humanismo encontraria sua afinidade direta com a sociedade civil, diferindo-se, inclusive, do próprio humanismo que caracterizou o século XIV (Baron, 1955, p. 5). Uma das principais mudanças desse período apontada pelo autor é a formação do *humanismo cívico*, gerado a partir da guerra entre Florença e Milão: dois eixos antagônicos nessa disputa[3]. Florença, a herdeira da liberdade e autogoverno pro-

1. De acordo com James Hankins (1995), os estudos do historiador Hans Baron sobre o pensamento humanista italiano despertaram um novo interesse pela temática do republicanismo, de modo especial entre os historiadores americanos e italianos. Já para John Najemy, Baron teria sido para os estudos renascentistas do século XX, a contraparte do que fora Jacob Buckhardt no século XIX. (Najemy apud Hankins, 1995. p. 309)
2. Coluccio Salutati. "*Invectiva contro Antonio Loschi di Vicenza*". *In:* Garin, 1952, pp. 3-41.
3. Newton Bignotto, ao tratar do humanismo cívico, afirma que seus valores fundamentais são três: liberdade, igualdade e participação. grande contribuição do Renascimento e do humanismo cívico para o republicanismo não se deu somente na revalorização de tais elementos, mas na aceitação de que não se pode reconhecer, unilateralmente, nenhum.

movidos pela Roma republicana, e Milão, o expoente máximo da ausência dos valores de liberdade (seguindo ainda os pressupostos do opúsculo de Salutati).

Os humanistas do *Quattrocento* acreditavam que "em nome da liberdade, ou seja, do único valor que torna a vida digna de ser vivida, Florença torna-se a pátria ideal de todos os homens" (Garin, 1996, p. 24). Para Baron (1955, p. 6), portanto, a consequência radical desse processo de instauração de uma nova consciência histórica é que os elementos que haviam sido absorvidos pelo *Trecento* foram destruídos ou transformados, cedendo lugar a uma nova concepção de mundo acompanhada pelo ideal de uma sociedade livre. O século XV é, portanto, o padrão mais completo da Renascença, resultado de processos de rupturas e de mudanças dentro dos ideais humanistas. Se já havia a emergência de ideais humanistas nos séculos XIII e XIV, como bem ressalta Quentin Skinner, em seu célebre *Fundações do Pensamento Político Moderno* (1996), Baron defende claramente que estas não estiveram ligadas ao ambiente da sociedade civil, sendo apenas no *Quatrocentto* que tal movimento passa a estar atrelado ao humanismo cívico. Não há engajamento político na escolástica, nem em Petrarca[4], Dante ou

---

Tratam-se, liberdade, igualdade e participação, de valores indissociáveis. (Bignotto, 2012. p. 124).

4. Um exemplo que corrobora esta tese em relação a Petrarca é a carta sobre a subida ao Monte Ventoux, presente no quarto livro das Familiares, e que nos revela o quanto o humanista ainda demonstra apego à vida contemplativa. Como ressalta Helton Adverse, "esta carta contém uma forte indicação de qual é a forma de vida que Petrarca considerava a melhor. A valorização da alma e o desprezo pelas coisas terrenas não deixam dúvidas acerca da inferioridade da vida neste mundo. Mas, se esse é um sinal claro da sincera adoção de um *modus vivendi* altamente valorizado durante a Idade Média, não devemos nos esquecer de que Petrarca tem grande consideração pela cultura clássica. Não se trata de ambiguidade ou de tensão, mas de uma escolha de vida (a cristã) que jamais é vista em oposição à cultura antiga. Porém, esse bom arranjo

Bocaccio, nem tampouco em juristas medievais como Bartolo de Saxoferato, ponto fundamental da tese de continuidade defendida por Skinner[5].

Essa mudança de paradigma pode ser sentida com a nova imagem que delineia a cidade: a do cidadão ativo, engajado na vida pública, sendo justamente no humanista, historiador e chanceler florentino Leonardo Bruni (1370-1444) que Baron enxerga os pontos mais nítidos do humanismo cívico. Segundo ele, Bruni apresenta ao intelecto florentino inovações na crítica literária e, fundamentalmente, um "conceito dinâmico de história" que teria nascido "da experiência florentina da liberdade cívica e da independência das cidades" (Baron, 1955, p. 6) de modo que os escritores humanistas cívicos passaram a abordar a história do ponto de vista da experiência política republicana de Florença. Bruni seria, ainda, o primeiro a defender com todo o fervor a superioridade da *vita activa* sobre a vida contemplativa dizendo que a "vida perfeita não é a do sábio, mas a do cidadão" (Baron, 1955, p. 6). É no *Elogio da cidade de Florença* (*Laudatio Florentina Urbis*) escrita entre 1403 e 1404, um dos primeiros panfletos políticos de Bruni, que

entre diferentes culturas não é capaz de suprimir a tensão que se origina da oposição entre uma forma de vida ativa e uma contemplativa. Certamente, Petrarca pode alocar no interior desta última os ensinamentos da cultura pagã, assim como pode insistir em que a primeira deve ser orientada por valores cristãos. Mas, quando se coloca a questão de qual é a melhor forma de vida para o homem, o poeta vai engrossar a fileira dos autores cristãos que defendem a proeminência da vida solitária" (Adverse, 2013, p.61).

5. Skinner sustenta que diante desse panorama de lutas civis e do esforço para resistir ao poder dos *signori*, criou-se no início do *Trecento* uma "ideologia política que tinha em mira defender e realçar as virtudes distintivas da vida cívica republicana" (Skinner, 2006, p. 49), o que não foi reconhecido por historiadores do pensamento renascentista, como por exemplo, Hans Baron. Para Skinner, o republicanismo que aflorou nas cidades italianas pode ser observado já nos tratados dos *dictatores* florentinos do século XII.

Baron enxerga a maturação completa das ideias que caracterizariam o pensamento político republicano do humanismo cívico. Para ele, tal texto introduz o "nascimento de um novo sentimento cívico e uma nova atitude em relação ao passado" (Baron, 1966, p. 48).

Para Bignotto, Bruni nos apresenta alguns pontos de ruptura com o pensamento medieval. Se, como fizera antes Salutati, o historiador ressalta o conceito de liberdade como uma herança romana, este "não cai em tentação de tentar conciliá-la com a filosofia medieval" (Bignotto, 1991, p. 30). Do mesmo modo afirma:

> Foi Bruni quem enunciou pela primeira vez a ideia de que a idade média fora na verdade a idade das trevas, que finalmente estava para ser superada pelas conquistas da República de Florença e pela redescoberta dos tesouros literários dos gregos e dos romanos. (Bignotto, 1991, p. 30).

Mas, talvez a ruptura maior esteja na assertiva de que Bruni seguia Políbio quando tentava garantir identificar Florença à *"politeia"* grega, "que de fato correspondia à descrição polibiana de uma república de longa duração" (Bignotto, 1991, p. 31). É claro que são muitas e diversas as teses que se opõem a esta ideia de ruptura, bem como ao próprio conceito de humanismo cívico (J Siegel, 1966; Kristeller, 1995; Skinner, 1996; Hankins, 1995, 2000[6]; John

6. James Hankins, um dos principais opositores à tese de Baron edita e publica o livro *Renaissance Civic Humanism: reppaisals and reflections,* em 2000, reunindo uma série de autores que se opõem e destacam a relevância da obra do historiador. Para essa coletânea Hankins contribui com o capítulo *Rhetoric, history, and ideology: the civic panegyrics of Leonardo Bruni,* e parte do pressuposto de que o conceito de humanismo cívico não é aplicável ao humanismo de Leonardo Bruni.

Najemy, 2000; Mikael Hörqnvist 2000[7]), entre tantos outros. O próprio texto de Bignotto não se propõe a este debate[8]

Segundo o autor, as interpretações modernas dos textos de Bruni não levam em conta as convenções retóricas estabelecidas naquele período, e muito menos partem de uma contextualização do conjunto das obras brunianas.

7. Na mesma coletânea organizada por Hankins (2000), autores como John Najemy e Mikael Hörqnvist revisitam os textos dos humanistas do *Quattrocento* e investigam a natureza do humanismo do século XV. No capítulo *Civic humanism and Florentine politics*, Najemy destaca que o humanismo cívico é uma ideologia que representa a emergência de uma nova forma de republicanismo e que contava com o apoio de membros poderosos da sociedade florentina. Assim sendo, o humanismo cívico teria um caráter conservador, e se caracterizaria como um "conjunto complexo de atitudes, suposições e valores" que seria responsável por profundas transformações na realidade política florentina e nas relações sociais do final do século XIV em diante (Najemy, 2000, p. 105). Hörnqvist, por sua vez, no capítulo *The two myths of civic humanism*, levanta uma discussão sobre o caráter imperialista do humanismo cívico e o seu discurso sobre a liberdade. Para ele, haveria uma contradição na definição de Hans Baron de como os humanistas cívicos operavam o conceito de liberdade, ele teria desenvolvido uma visão otimista da cultura política florentina. Assim, ao longo do ensaio o autor destaca que não há uma distinção no pensamento florentino entre *Florentina libertas* e a busca pelo Império. Aliás, o paradigma romano adotado pelos humanistas cívicos implica uma complementariedade entre o expansionismo e o ideal republicano. Para o autor, tal perspectiva está presente em Lívio, Salústio e Cícero e foi transmitida ao Renascimento pelos humanistas florentinos do *Quattrocento* (Hörnqvist, 2000. p. 108-109).
8. Em 2001, em seu belíssimo livro, *Origens do republicanismo moderno,* Bignotto retorna a este debate explorando mais profundamente as discordâncias entre as diferentes linhas que defendem a continuidade ou a ruptura com os tempos medievais. O autor salienta aqui que o humanismo do século XV forjou uma nova concepção da vida pública. Para ele, a afirmação de que a vida ativa é superior à vida contemplativa, estava associada a um processo de secularização e ao "abandono do papel de Deus nas concepções da vida pública". Embora reconheça as ressalvas feitas às teses de Baron e ao seu conceito de humanismo cívico, é na interpretação da descontinuidade que Bignotto encontra as categorias interpretativas para o republicanismo italiano do *Quattrocento.* Critica as interpretações de Brucker, e de Najemy de que o humanismo cívico

e, passados 30 anos desde a sua publicação, destacamos a impossibilidade de entrarmos nesse ponto no espaço de um único artigo.

Voltando ao *Maquiavel Republicano*. Para compreendermos exatamente esta passagem, o leitor deve ter claro de que à *politeia* à qual Bignotto se refere não é senão a conclusão parcial do sexto livro da *História* de Políbio, na qual, após perscrutar a naturalidade dos ciclos de governo (*anaciclose),* conclui o historiador grego que a única maneira de obliterar o supostamente inevitável andamento da história é a mistura das formas puras de governo. O pressuposto que rege a presença de Políbio em Bruni reside no justo fato de que o chanceler admite – em conformidade com este texto grego – que não basta a mistura de poderes, é necessário, antes de mais nada, um governo misto preciso, muito bem caracterizado e definido.

A *politeia* de Bruni, para repetirmos a expressão de Bignotto trata de uma expressão equilibrada, harmônica, complementar e unitária de governo na qual cada uma das partes complementa as demais impedindo assim não

teria se desenvolvido para assegurar a estabilidade do regime e para criar uma elite estável (Bignotto, 2001, p. 134). E, o mesmo tempo, destaca a tese de Lauro Martines para ressaltar que muitos humanistas eram eles mesmos membros da elite que governava a cidade e que, portanto, suas relações eram não de proximidade, mas de intimidade com o corpo dirigente. Em outras palavras, o que o autor coloca é que o argumento de que o humanismo busca mascarar a realidade política florentina não se torna válido na medida em que o desenvolvimento da capacidade crítica dos humanistas torna transparente as dificuldades de Florença "aos olhos dos homens de que aprendiam o verdadeiro significado de uma vida ativa e dedicada ao bem comum" (Bignotto, 2001, p. 134). Bignotto coloca ainda que "o republicanismo do século XV esteve longe, portanto, tanto de ser um mero exercício piedoso de eruditos distanciados de seu tempo, quanto de ser uma ideologia a serviço de um grupo dirigente" e segue dizendo que tal concepção "moldou muito dos pensamentos políticos do Renascimento" (Bignotto, 2001 p. 135).

apenas a sua corrupção, degeneração e ruína, mas, e este é um ponto bastante caro ao humanismo cívico, um regime que sustenta o bem comum. A recuperação de Políbio neste caso torna-se fundamental não pela harmonia ou mistura dos poderes já presentes em ampla literatura medieval, mas pelo fato de que um governo assim só sobrevive ao tempo pela ação participativa dos membros da *politeia*. Nesse sentido, Bruni recolhe de Políbio aquilo que lhe é mais caro para a sua cidade, aquilo que o faz romper com a Idade Média tardia, qual seja, a *vita ativa* que é de fato e de direito superior à vida contemplativa.

A despeito do esforço de se encontrar em Políbio a origem dessa ideia, dois outros autores antigos podem ter contribuído de modo ainda mais incisivo para esta ruptura bruniana. O caso mais evidente, e que aqui apenas mencionaremos, é Cícero, que tanto nas passagens que estavam disponíveis à época das *Leis* e da *República*, quanto o largamente utilizado *Dos Deveres*, argumenta com lúcida transparência a funcionalidade e utilidade da filosofia: de modo particular da filosofia política. Para Cícero, a filosofia política só existe, só pode existir e só deve existir na cidade; ainda que esta esteja corrompida, o papel do filósofo é tornar a cidade um lugar melhor, isto é, produzir pela ação e pela reflexão o bem comum. Todavia, deixemos de lado a ruptura ciceroniana para com a herança platônica para nos concentrarmos em uma sobrevivência menos evidente não só no *Quattrocento* como um todo mas, particularmente, em Bruni.

A mobilização do pensamento greco-romano pelo humanista indicada na obra do Bignotto nos oportuniza destacar um antigo e ainda pouco evidente ponto nos estudos brunianos: trata-se de ninguém menos do que o filósofo de Estágios. É sabido que Bruni escreveu uma *Vida de Aristóteles (Vita Aristotelis, 1429-1430*), traduziu e comentou a *Ética à Nicômaco (Isagogicon moralis discipline, 1424-1426)*, disseminada havia muito no ocidente em diversos manuscritos e versões, e que sobretudo, empreendeu de modo pioneiro uma tradução da *Política* em amplo desacordo com aquelas disponíveis até então: a de Willian de Moerberk e Robert Grosseteste (Pradelle, 2008, p. 36).

1. O projeto político e pedagógico de Leonardo Bruni: humanista, tradutor e chanceler

Desde a publicação dos trabalhos de Hans Baron, nos anos 50 do século XX, que Leonardo Bruni vem sendo reconhecido pela historiografia como um humanista fundamental, senão o fundador do *Quattrocento* florentino. Sua obra, bastante vasta e diversa, foi pioneira seja nos domínios da história, seja na retomada da retórica, seja na tradução de textos gregos e latinos, seja ainda na difusão dos valores cívicos que cada cidadão deveria cultivar para a manutenção e a defesa da república de Florença.

Desde o início de sua carreira de humanista Bruni fez parte do círculo de alunos organizado e mantido pelo então chanceler florentino Coluccio Salutati, publicando sob os seus auspícios os seus primeiros trabalhos: um elogio de Florença (*Laudatio florentinae urbis*[9], escrito entre 1403 e 1404) e um diálogo sobre o estado da cultura na cidade em inícios da modernidade (*Dialogi ad Petrum Paulum Histrum*[10], escrito entre 1403 e 1406). O primeiro é um panegírico louvando a cidade por seus princípios ideais, seja na sua história, sítio ou situação política, que foi elaborado e inspirado a partir do *Panatenaico*, de Elio

9. A tradução da *Laudatio* para o português foi publicada na Revista Morus, em 2016.
10. *Diálogos a Pier Paulo Vergerio*, traduzido para o português por Bignotto (2001).

Aristides[11], autor da segunda sofística que glorifica Atenas. O segundo é um diálogo escrito à maneira de Cícero, exaltando Florença a partir das suas características literárias. Contudo, esta abordagem inicial não pode encobrir um dos grandes projetos do autor: o de tradução e divulgação da língua e cultura grega; tendo em vista que, nos 10 anos em que ocupou o cargo de secretário papal em Roma (de 1405 a 1415), o que chama a atenção na carreira do humanista é justamente a sua dedicação à tradução e à publicação de 12 obras de Xenofonte, Plutarco, Demóstenes, Ésquilo e Platão, ou seja, obras que ele queria tornar conhecidas ao círculo humanista. De volta a Florença, Bruni trabalha quase que prioritariamente com um único autor: Aristóteles, que já é traduzido e bem conhecido também no período medieval, e também figura como um dos modelos para os humanistas do *Quattrocento*. Seu objetivo é, portanto, aprimorar a tradução de um dos autores mais importantes da Antiguidade, e, como ele mesmo diz em sua *Vita Aristotelis (1429-1430)*[12], se dedicar mais aos seus textos morais e políticos, menos conhecidos até então (Bruni, *Vita Aristotelis*, § 35). Bruni divide em 4 gêneros os trabalhos do estagirita: o primeiro deles se dedica à arte da eloquência e persuasão, o segundo se volta para o domínio da política e da moral, o terceiro contém os preceitos sobre a arte da dialética e o quarto explica as causas e as razões dos fenômenos mais ocultos (Bruni, *Vita Aristotelis*, § 32).

Contudo, Bruni não poderia ter começado esse projeto sem a chegada em Florença do professor de grego e sábio bizantino Manuel Crysoloras. A convite de Salutati, Crysoloras

11. Para mais desdobramentos da influência de Aristides, bem como os argumentos e as estratégias adotadas por Bruni na obra em questão, ver Bruni (2016).
12. Estamos seguindo neste artigo a tradução realizada por Bernard-Pradelle (2008, pp. 809-856).

ensina a língua grega para um seleto grupo de jovens humanistas e Bruni inicia os estudos em 1398, publicando já em 1403 as suas primeiras traduções. A tradução das obras de Aristóteles nos interessa em particular. Bruni traduz a *Ética a Nicômaco,* em 1417, e a *Política,* em 1438.

Sobre a tradução de Bruni da *Política* de Aristóteles:

> Não é verdade que Bruni considerava a *Política* como especialmente relevante para a *vida republicana,* ou que ele foi inspirado a traduzir esse trabalho levado por senso de compromisso em relação à política florentina. Pois Bruni enviou cópias de sua tradução com dedicatória para o Papa Eugenio IV e o rei de Aragão. [...] O que Bruni queria traduzindo Aristóteles? Era exibir aquela "torrente dourada da eloquência", que Cícero louvava nas obras gregas, mas que os escritores medievais tinham obscurecido. [...] Bruni traduziu Aristóteles para mostrar que também o Filósofo partilhava da devoção humanista à retórica [...] tratou essas traduções, como outros escritos seus, como parte de sua campanha da cultura retórica dos studia humanitatis. [...] Pois se Bruni admitia atitudes morais apropriadas para a vida comum dos homens da cidade, ele o fez somente porque essas atitudes estavam em harmonia com as tarefas da prática de orador (Seigel, 1966, p. 27-28).

O que desejamos ressaltar nesse artigo é justamente o contrário do que propõe Jerrold Seigel que afirma: em Bruni não se pode destacar o senso de compromisso em relação à política florentina. Pelo contrário, há no humanista um projeto político-pedagógico que pode ser bem observado se olharmos com atenção algumas de suas obras em conjunto, sobretudo o *De Interpretatione Recta (1424-1426)*[13], o *De studdis e litteris liber (1422-1426)* e a sua tradução latina da *Política.*

Logo após uma breve introdução em seu *De Interpretatione Recta*, Bruni passa a apresentar os defeitos do precedente tradutor medieval da *Ética a Nicômaco,* de Aristóteles, que teria desfigurado o trabalho do estagirita. Como indica Pradelle (2008, p. 659) e Hankins (2000, p. 370), o tradutor que Bruni critica não é – como pretende Baron – Guilherme Moerbeck, e sim, mais provavelmente Robert Grosseteste[14]. Antes de Moerbeck (que traduziu a *Política* de Aristóteles após ter se dedicado à *Ética a Nicômaco*[15]*)*, Roberto Grosseteste se dedi-

13. A *De Interpretatione Recta* foi dedicada a Berto di Antonio Aldobrandini, chanceler da República de Siena (que aparece na dedicatória do texto de Bruni como Bertum Senesem), e que Bruni encontra em maio de 1426. Segundo Bernard-Pradelle (2008, p. 615), outra indicação de que o texto provavelmente foi escrito entre 1424-1426, é que ele não poderia ter concluído o seu método de tradução antes do seu prefácio à tradução do *Fedro*, de 1424, onde o humanista afirma ter decidido ignorar as críticas ao seu método de tradução (Idem, p. 615). Trata-se de uma defesa das escolhas linguísticas e lexicais feitas por ele em suas traduções, e também uma crítica aos tradutores anteriores, sobretudo àqueles que preferiam não ater-se ao texto que estavam traduzindo, e assim, segundo Bruni, acabavam por arruinar a beleza dos textos que traduziam e passavam aos leitores de suas traduções uma ideia errada dos autores dos textos traduzidos (Para a tradução do *De Interpretatione Recta* para o português *ver:* Ambrosio, 2016, pp. 337-370)
14. Segundo Hankins e Pradelle, esse antigo tradutor teria Roberto Grosseteste, a figura central do importante movimento intelectual da primeira metade do século XIII na Inglaterra, seu nome alude à sua extraordinária capacidade intelectual. Foi o primeiro estudioso europeu a dominar as línguas grega e hebraica, e sua influência foi bastante significativa numa época em que o novo conhecimento da ciência e da filosofia gregas estava tendo um efeito profundo sobre a filosofia cristã.
15. De acordo com Paulo Butti de Lima (2019, cap. 1, *A novidade do léxico político*), a tradução completa de Guilherme de Moerbeke (1215?-1286) é genericamente datada nos anos sessenta do século XIII, segundo conjecturas baseadas em recepções do texto por autores como Tomás de Aquino e Alberto Magno.

cara à tradução da *Ética a Nicômaco*, devendo, por isso, traduzir o léxico referente aos tipos de governo. Segundo Butti de Lima (2019, cap. 1), em sua tradução, "Grosseteste deixa então coexistir termos latins como *rex* ou *regnum* com os neologismos gregos *aristocratia*, *timocratia* e *democratia*". Dessa forma, Guilherme de Moerbecke reverá a tradução da *Ética* editada por Grossateste e preparará uma própria versão, sem com isso modificar suas escolhas. Mas é principalmente com a tradução da *Política* que o novo vocabulário *latino* relativo às formas de governo será inserido em uma ampla reflexão na qual a noção mesma de *política* define o quadro geral. Tomás de Aquino é, em parte, responsável por essa mudança, tendo se servido das traduções de Moerbecke na elaboração de importantes tratados políticos.

Já que Bruni não nomeia diretamente qual é o tradutor alvo das suas duras críticas em seu *De Interpretatione Recta*, podemos questionar a posição de Hankins e Pradelle e nos perguntar qual era a tradução de Aristóteles mais sedimentada e utilizada em inícios do *Quattrocento*: a de Moerbeck ou a de Grosseteste? Essa dúvida não é irrelevante se pensarmos que Bruni teria um projeto político-pedagógico ao traduzir novamente Aristóteles e cuidar para que o seu léxico fosse devidamente compreendido pelos seus contemporâneos. Portanto, se concordamos com a existência desse projeto o humanista certamente criticaria mais severamente a tradução mais utilizada até então. E como destaca Paulo Butti de Lima, a partir da edição de Moerbecke, realizada entre 1266-1268, Tomás Aquino já a utilizou na sequência citando-a em seus trabalhos posteriores. Com Tomás de Aquino teve início uma longa tradição de recorrer a Aristóteles quando se deve refletir sobre a política, ao mesmo tempo em que se baseia o poder político no consenso popular e se dedica uma particular atenção ao poder monárquico. Segundo Butti de Lima (2019, p. 30-35):

> Aquino discutiu a *Política* não apenas em um comentário da obra aristotélica, que não foi concluído, mas também na *Suma Teológica* e em um outro tratado incompleto denominado *Do regime dos príncipes* (*De regimine principum*). Não era o único, então, a dedicar atenção ao texto político aristotélico, pois nestes mesmos anos Alberto Magno comentava o texto da *Política*. Não muito depois, foram preparadas novas e importantes contribuições políticas: Pedro de Auvérnia retomou e completou o comentário de Tomás, Ptolomeu (Bartolomeu) de Luca completou, de forma original, o *De regimine principum*, João de Paris e Egídio Romano publicaram suas reflexões tomando sempre por base o texto aristotélico traduzido em latim.

No início do século XIV, a autoridade da *Política* de Aristóteles se impôs sobre as mais variadas interpretações da realidade política, sendo o tratado aristotélico retomado nos centros culturais mais importantes da Europa latina. Para Marsílio de Pádua, em seu *Defensor Pacis* (1324), a autoridade política é conferida pela comunidade dos cidadãos e se impõe graças ao consenso de todos, recebendo uma de suas mais claras representações.

Já a tradução de Grosseteste do texto aristotélico, que não se sabe nem se foi feita uma edição de toda a *Política*, não teve o mesmo sucesso.

De todo modo, retornando ao argumento anterior, sendo Grosseteste ou Moerbecke o alvo das críticas de Bruni, o que nos interessa destacar é que de forma geral os tradutores medievais deturparam Aristóteles, na visão de Bruni, não apenas dificultando a sua leitura pelo uso de expressões equivocadas ou retirando a beleza dos seus períodos, mas, em alguns momentos, alterando completamente o significado do texto. Dessa forma, toda a segunda parte do *De interpretatione* faz duras críticas ao tradutor medieval (que, como dissemos, ele não nomeia) tendo em vista que este compreende mal o grego, o que torna a tradução ruim em latim. Bruni ataca, então, tanto o seu mal conhecimento linguístico quanto as suas falhas históricas (sobretudo entre os capítulos 34-49). Sobre esses aspectos e os problemas que uma tradução incorreta podem implicar, ele ressalta já no início de sua obra:

> Como eu já traduzira do grego para o latim, os livros de Aristóteles a Nicômaco, acrescentei-lhes um prefácio, no qual, discutindo-os, demonstrei com argumentos os muitos erros do antigo tradutor. Como ouvi, muitos criticaram os meus argumentos como se fossem demasiadamente severos. Eles dizem: embora haja nela erros, todavia ele, pelo tanto que entendeu, de boa-fé o divulgou, por isso não merece repreensão, mas louvor. E ainda que seria costume, para os argumentadores moderados, não revelar tanto assim os erros manifestos, mas argumentar mais com fatos do que atacar com palavras. Eu confesso ter sido um pouco demasiado veemente ao criticá-lo, mas isso aconteceu pelo sentimento de indignação, porque depois de ter visto aqueles livros que em grego são cheios de elegância, de beleza, cheios de um certo inestimável decoro, certamente me condoía e me angustiava ao ver aqueles mesmos livros em latim manchados e desfigurados por tamanha porcaria de tradução. Pois, como se com uma pintura ornadíssima e agradabilíssima de um Protógenes, de um Apeles, ou de um Aglaofontis eu me deleitasse, toleraria com muito sofrimento vê-la deturpada, não poderia suportar isso e me insurgiria contra o deturpador com minha voz e minha mão; assim, vendo aqueles livros de Aristóteles, que são mais elegantes e esplêndidos do que qualquer pintura, serem inteiramente manchados,

> me torturava e me comovia veementemente. Portanto, se a alguém pareci demasiadamente veemente, saiba que essa foi a causa por ter-me alterado tanto, a qual certamente é tamanha, que ainda que eu tivesse ultrapassado a justa medida, teria uma desculpa que não injustamente concedida. (Bruni, 2016, p. 350).

Uma das primeiras preocupações expressas por Bruni em relação ao antigo tradutor de Aristóteles se detém justamente na exigência tanto de historicizar o filósofo – como ele faz na *Vita Aristoteles* – quanto de destacar a importância de que o tradutor reúna em si os conhecimentos das duas línguas: a grega e a latina.

> Que seja então o primeiro cuidado do tradutor saber com muitíssima experiência aquela língua da qual traduz, o que ele nunca conseguirá sem múltiplas, variadas e acuradas leituras de todos os gêneros de escritores. Em seguida, que ele domine a língua para qual quer traduzir, a fim de que, de certo modo, nela reine e a tenha toda em seu poder; assim, quando uma palavra for traduzida por outra palavra, ele não a mendigará ou a tomará em empréstimo, ou a deixará em grego por ignorância da língua latina. Que ele conheça fina e precisamente a força e a natureza das palavras [...] De modo algum seja o tradutor ignaro dos costumes e das figuras de linguagem das quais os grandes escritores se servem, e que ao escrever ele mesmo os imite, e que evite a excentricidade nas palavras e na expressão, sobretudo aquela inepta e bárbara. Todas essas coisas, que dissemos acima, são necessárias. E além disso, que ele tenha ouvidos e o discernimento destes, para que ele próprio não desordene e destrua aquelas coisas ditas de forma elegante e harmoniosa [...]." (Bruni, 2016, p. 353)

Somado a estes pressupostos o tradutor deve ser ainda um orador, conhecedor da *res* e da *verba*. Como bem destaca Ambrosio (2016, p. 300):

> O tradutor precisa também dominar o estilo do autor cuja obra ele está traduzindo, as suas *figurae* e seus *ornati*, e não só dominar as *verba* da língua do autor a ser traduzido e as *verba* da língua para qual ele está traduzindo. O tradutor deve estar em condições de preservar o que está traduzindo.

E, o fundamental da crítica de Bruni ao tradutor é que tudo aquilo que foi dito em grego pode ser dito em latim. Aos seus olhos é imperdoável deixar em grego palavras que poderiam muito bem ser traduzidas para o latim (capítulos 50-51). Por que deixar um autor da estirpe e relevância de Aristóteles incompreensível aos seus leitores modernos? E aqui, fazemos a ressalva, por que esse descuido justamente com os seus conceitos referentes à vida política e à participação dos cidadãos na cidade? O mesmo não teria ocorrido com as suas obras metafísicas porque eram mais caras à escolástica e foram endossadas pela patrística medieval.

> E o que eu deveria dizer das palavras deixadas em grego, que são tão numerosas a ponto de a sua tradução parecer semigrega? E, no entanto, não há nada dito em grego que não possa ser dito em latim. Eu ainda daria vênia em algumas poucas tão estranhas e obscuras que não podem ser traduzidas comodamente em latim; mas deixar em grego aquelas para as quais temos ótimos vocábulos é uma grandíssima ignorância. (Bruni, 2016, p. 368.)

A partir do século XIV, a autoridade da *Política* foi amplamente reconhecida. Mas, na pioneiríssima edição latina da

Política aristotélica, seu primeiro tradutor enfrentou problemas inéditos na história do pensamento político Ocidental. O mais evidente, sem dúvida, reside exatamente no fato de como traduzir palavras gregas que não possuíam correspondentes latinos. Traduzir uma palavra como democracia era impor ao mais erudito leitor do latim clássico e vulgar uma expressão absolutamente estranha, sem qualquer significado conceitual ou histórico. Não obstante, diante de tal dificuldade Moerbecke, por exemplo, opta pelo caminho menos semântico e mais literal, qual seja, a simples e direta transliteração dos caracteres gregos para os latinos, tornando grande parte da obra incompreensível até mesmo aos seus melhores leitores. A autoridade do autor forçou imediatamente que o texto fosse respeitado, afinal, não se poderia mais desconsiderar que era Aristóteles o autor das palavras desconhecidas. Isoladamente, esse fato poderia ter menos significado se não fosse o consequente uso que foi feito dessa edição. A escolástica, marcada pelos comentários e por um texto sobre o reino de Tomás de Aquino, seguiu o texto da *Política* de Moerbecke. Assim, o esforço de conciliação entre a superioridade da vida contemplativa passou a ter a partir de então a legitimidade do filósofo de estágios. Não é pouco significativo, desse modo, que nos séculos XIII e XIV o pensamento político medieval tenha sido imiscuído de um vasto vocabulário desconhecido dos autores e dos leitores. A marca católica da superioridade da vida contemplativa em relação à vida ativa pode então ser corroborada por um texto de cujas palavras não se sabia bem os significados.

A tradução de Guilherme de Moerbecke não teve rivais por mais de um século. Somente no século XV apareceu uma nova tradução em latim da *Política*, preparada de um ponto de vista completamente diferente e abertamente polêmico em relação à tradução anterior. Graças a Leonardo Bruni o texto aristotélico se apresentou sob uma nova roupagem e se difundiu na Toscana dos séculos XV e XVI, contribuindo para fixar novos parâmetros de reflexão política[16]. Bruni dedicou vários anos ao trabalho de tradução da *Política*, que começou a circular a partir do final dos anos trinta do século XV. Um longo intervalo de tempo a separa da tradução das outras duas obras da 'trilogia' aristotélica: a *Ética a Nicômaco*, que Bruni preparara entre 1416 e 1417 (dedicada ao papa Martinho V nos anos seguintes) e o *Econômico*, de 1420. Mas o interesse de Bruni pelo tema propriamente político estava claro já nos anos imediatamente sucessivos à tradução da *Ética*[17].

A empreitada de Bruni em sua audaciosa versão da mesma política foi feita em sentido contrário de Moerbecke (ou de outro tradutor medieval). Ao invés de transliterar os vocábulos gregos para os latinos acriticamente, o humanista procura dar sentido àquelas palavras para qualquer erudito médio que as lessem em princípios do século XV. Invertendo a opção de seus predecessores, Bruni privilegia a semântica e com isso, inevitavelmente, impõe ao leitor uma interpretação que é sua. Como aponta Butti de Lima (2019, p. 40), com o recurso a uma terminologia política plenamente latina, não se tornava necessário 'retraduzir' com termos gregos ou semigregos o vocabulário político presente nos textos latinos. Acontece, desse modo, uma conjunção mais fácil entre duas tradições de reflexão política, grega e latina que, de fato, nunca foram completamente separadas. Bruni procura então estabelecer a

16. Para a tradução de Bruni ver HANKINS (2007-2008). Para a publicação e dedicatória da tradução de Bruni da *Política* ver GUALDO ROSA (1983).
17. O *De recta interpretatione*, de 1424\26, inclui passagens do Livro IV e VII da *Política* de Aristóteles. Como destaca Hankins (2007-2008, p. 11), essas passagens em latim permanecem substancialmente inalteradas quando Bruni publicou a sua tradução da *Política* uma década depois, o que sugere que Bruni havia redigido pelo menos algumas partes do texto já na década de 1420.

familiaridade entre essas duas tradições, e, sobretudo, em relação ao campo de discurso traçado por Aristóteles. Inverte-se, por conseguinte, a perspectiva anterior, em que era premente a obscuridade do texto 'guia' da interpretação política. O exemplo principal dado pelo humanista diz respeito aos distintos governos segundo a *Política* aristotélica:

> Por que deixar "politeia" (πολιτεία) em grego quando poderias e deverias ter usado a palavra latina "res publica"? Por que em mil passagens colocas "oligarchia", "democratia", "aristocratia", e ofendes os ouvidos dos que te leem com tão inusitados e desconhecidos nomes, quando para todos eles temos ótimos e usadíssimos vocábulos em latim? Pois os nossos latinos disseram "paucorum potentia" (poder de poucos), "popularis status" ("estado" popular) e "optimorum gubernatio" (governo dos optimates). Portanto, é melhor dizer assim em latim ou deixar aquelas palavras assim como estão em grego? (Bruni, 2016, p. 368.)

A partir desse trecho no *De interpretatione recta*, podemos constatar que o esforço de tradução aqui mencionado diz respeito ao próprio texto da *Política*, mais do que à *Ética (1416-1417)*, que Bruni há pouco traduzira. Já nesse momento, para o autor, não pode haver nenhum motivo para que se continue a falar de *democracia*. O tradutor estava consciente do que estava em jogo e, por isso, *democracia*, por exemplo, se torna governo popular. *Aristocracia*, governo dos melhores *(optimates)* e assim por diante. Apesar da dificuldade de tradução do texto aristotélico e de alguns problemas encontrados por Bruni, tendo em vista que, a *res publica*, assim como a *politeia*, significava, às vezes, um modo específico de governo, enquanto outras vezes exprimia um conceito geral no qual se inclui também a forma monárquica[18], com ele o vocabulário político se adapta à língua de uso e à realidade política presente, sem a distância criada por termos sentidos como inadequados. Não há dúvidas de que o humanista afirmava a liberdade florentina em oposição ao governo tirânico de Milão. Se olharmos com atenção uma das primeiras obras brunianas – a *Laudatio florentinae urbis,* escrita entre 1403 e 1404 –, o governo reto é o regime político por excelência[19].

Diante da querela a respeito da ruptura ou continuidade de Bruni em relação ao medievo, há, já nos aspectos aqui destacados algo que possa ser dito. Em primeiro lugar, a necessidade de entendimento conceitual e semântico de Aristóteles que expõe a fraqueza do uso escolástico e literário da Idade Média, sobretudo, após a edição de Moerbecke. A transliteração não pode nem deve ser aceita a partir de uma fonte de autoridade, ainda que essa autoridade seja o próprio Aristóteles. Inegavelmente, está embutido aqui um espírito profundamente renascentista, qual seja, ainda que o texto seja de Aristóteles, é preciso compreendê-lo como se compreende todos os outros textos em idioma corrente, com o vocabulário acessível a todos os letrados. Não que Bruni questione a autoridade aristotélica, mas mesmo ela deve ser compreendida à luz do contexto e do idioma de seu tempo; algo inimaginável para séculos anteriores que apenas repetiam palavras como *politeia* e *democratia* sem sequer referenciar seus devidos significados. Fica difícil ainda aceitar na inteireza a interpretação da continuidade medieval ao humanismo pela retórica se o próprio Bruni levanta o problema da eloquência grega desrespeitada

18. Para a importância deste esforço de "tradução" dos conceitos antigos por parte dos pensadores toscanos do século XV no desenvolvimento da ideia de *respublica* ver HANKINS, 2010.
19. Sobre a *Laudatio* e sua defesa da "libertas" florentina, ver Pinto (2016 e 2017).

pelos tradutores latinos. Ora, seja quem for, eram tradutores medievais e Bruni sabia disso, isto é, estava consciente de que seu alvo era, mais do que as traduções de Aristóteles, os seus diferentes usos pelo medievo. Desse modo, ele afirma um arcabouço fundamental para o humanismo na medida em que destina suas críticas ao modo retórico e elogioso com o qual obras da antiguidade eram tratadas no tardo medievo. Mas nem por isso pode-se dizer que a *vita activa* seja superior à *vita contemplativa*. Deve-se ter em voga, antes de mais, que é na superioridade da ação cidadã, fundada sobretudo em Cícero, que se desenvolve o projeto de Bruni pela unidade dos antigos. Seria absolutamente tentador continuar o percurso a fim de questionar ou validar esta hipótese, mas seria igualmente irresponsável, dado um objeto inteiramente novo; isto é, se o vocábulo deve ser compreendido pelos leitores do latim e ele, Bruni, retirou as palavras intraduzíveis do grego das palavras latinas de Cícero, como parece bem ser o caso, então, não se pode concluir nada senão que Bruni ciceroniza Aristóteles e o lê em chave fundamentalmente da ação. Não interessa se esse Aristóteles estava ou não correto, bem traduzido ou crítico, mas ele é diametralmente oposto àquele medieval, sendo esta uma grande ruptura do grande chanceler florentino em relação aos seus predecessores.

Referências bibliográficas

ADVERSE, Helton Machado. "A matriz italiana". *In:* BIGNOTTO, Newton (Org.). *Matrizes do Republicanismo*. Belo Horizonte: Ed. UFMG, 2013.

AMBROSIO. Renato. "Leonardo Bruni e a tradução no humanismo italiano". *In: Revista Morus,* vol. 11, n. 2 (2016): Dossiê: Traduções brasileiras de obras do Renascimento (parte II).

BARON, Hans. *The Crisis of the Early Italian Renaissance. Civic Humanism and Republican Liberty in an Age of Classicism and*

Tyranny. Princeton, New Jersey. Princeton University Press, 1955.

BIGNOTTO, Newton. *Maquiavel republicano.* São Paulo: Loyola, 1991.

______. *Origens do Republicanismo moderno.* Belo Horizonte: Ed. UFMG, 2001.

______. *O Humanismo e a Linguagem Política do Renascimento: o uso das Pratiche como fonte para o estudo da formação do pensamento político moderno.* Caderno CRH. Salvador, v. 25, n. 02, 2012. p. 124).

______. *Matrizes do Republicanismo.* Belo Horizonte: Ed. UFMG, 2013.

CICERO. *Da República.* São Paulo: Edipro, 2011.

COLUCCIO SALUTATI. "Invectiva in Antonium Luschum Vicentininum". *In:* GARIN, Eugenio. *Prosatori latini del Quattrocento.* Milão-Nápoles: Riccardo Ricciardi Editore, 1952.

______. "Inventiva Contra Antonio Loschi de Vicenza". *In:* BIGNOTTO, Newton. *Origens do Republicanismo moderno.* Belo Horizonte: Ed. UFMG, 2001.

BUTTI, Paulo. *Democrazia, l'invenzione degli antichi e l'uso dei moderni.* Mondadori, 2019.

GARIN, Eugênio. *Ciência e vida civil no renascimento italiano.* São Paulo. Ed. UNESP, 1996.

______. *Prosatori latini del Quattrocento.* Milão-Nápoles: Riccardo Ricciardi Editore, 1952.

GUALDO ROSA, Lucia. «Una nuova lettera del Bruni sulla sua traduzione della 'Politica' di Aristotele», *Rinascimento*, XXIII (1983), pp. 113-124.

HANKINS, James. «The Dates of Leonardo Bruni's Later Works», *Studi medieval e umanistici*, V-VI (2007-2008), pp. 11-50.

______. "The 'Baron Thesis' after Forty Years and Some Recent Studies of Leonardo Bruni". *Journal of the History of Ideas*, v. 56, n. 2, p. 309-338, 1995.

HANKINS, James. (Org.). *Renaissance Civic Humanism:* Reappraisals and Reflections. Cambridge: Cambridge University Press, 2000.

HÖRNQVIST, Mikael. "The two myths of civic humanism". *In:* HANKINS, James. (Org.). *Renaissance Civic Humanism:* Reappraisals and Reflections. Cambridge: Cambridge University Press, 2000.

KRISTELLER, Paul Oskar. T*radição Clássica e Pensamento no Renascimento Italiano.* Lisboa: Edições 70, 1995.

LEONARDO BRUNI ARETINO. *Opere Letterarie e Politiche. In:* Paolo Viti (Org.). Turim: UTET, 1996.

______. "Diálogos a Pier Paulo Vergerio". *In:* BIGNOTTO, N. *Origens do Republicanismo Moderno.* Belo Horizonte: Ed. UFMG, 2001.

______. "De recta interpretatione". *In:* PRADELLE, B. *Leonardo Bruni. Histoire, Éloquence e Poésie à Florence au début du Quattrocento.* Paris : Honoré Champion, 2008.

______. Vita Aristoteles. *In:* PRADELLE, B. Leonardo Bruni. *Histoire, Éloquence e Poésie à Florence au début du Quattrocento.* Paris : Honoré Champion, 2008.

______. "O Elogio da cidade de Florença (Laudatio florentinae urbis), de Leonardo Bruni". Tradução, edição, notas e análise por Fabrina Magalhães Pinto e Alexander Viana. *Revista Morus,* vol. 11, n. 2 (2016): Dossiê: Traduções brasileiras de obras do Renascimento (parte II). Disponível em: http://www.revistamorus.com.br/index.php/morus/article/view/292.s

PINTO, Fabrina M. "O Elogio da cidade de Florença (Laudatio florentinae urbis), de Leonardo Bruni". *Revista Morus,* vol. 11, n. 2 (2016): Dossiê: Traduções brasileiras de obras do Renascimento (parte II).

______. "Retórica e política no Humanismo Renascentista: reflexões sobre a Laudatio Florentinae urbis, de Leonardo Bruni". *In: Ensaios Interdisciplinares sobre o Renascimento Italiano.* (Orgs.). RAGAZZI, A; MENEZES, P ; QUÍRICO, T. São Paulo: Ed. UNIFESP, 2017.

PRADELLE, B. Leonardo Bruni. *Histoire, Éloquence e Poésie à Florence au début du Quattrocento.* Paris : Honoré Champion, 2008.

NAJEMY, John. "Civic Humanism and Florentine Politics" *In:* HANKINS, James. (Org.). *Renaissance Civic Humanism:* Reappraisals and Reflections. Cambridge: Cambridge University Press, 2000.

SKINNER, Quentin. *As fundações do pensamento político moderno.* São Paulo: Cia. das Letras, 1996.

SEIGEL, Jerrold E. "'Civic Humanism' or Ciceronian Rhetoric? The Culture of Petrarch and Bruni". *In: Past & Present*, n.º 34 (jul., 1966), p. 3-48.

A metáfora da caça nos escritos latinos de Giordano Bruno[1]

Luiz Carlos Bombassaro

A metáfora da caça constitui um motivo central na obra de Giordano Bruno.[2] Embora apareça com frequência reiterada nos escritos italianos, de modo especial em *De gli heroici furori* (1585), associada ao mito de Acteão, sua referência

1. Este texto é uma homenagem e um sinal de reconhecimento e gratidão ao amigo e estudioso da Filosofia na Renascença, Newton Bignotto, intelectual de primeira grandeza no cenário do pensamento filosófico-político brasileiro e internacional, um dos mais renomados estudiosos da obra de Maquiavel e um pioneiro nos estudos sobre Giordano Bruno no Brasil. Dentre seus estudos, *Maquiavel Republicano*, que completa agora 30 anos de publicação, é sem dúvida um marco sinalizador de caminho para os estudiosos das origens do pensamento político moderno. Minha singela contribuição teórica insere-se no horizonte cultural vivido por Maquiavel, destacando em especial um tema importante para a cultura da Renascença: a caça. Em ao menos dois momentos significativos de sua obra (*Il Principe*, XIV e *Discorsi*, II.12), o tema da caça assume uma posição central em Maquiavel e está vinculado à uma leitura peculiar que o florentino faz da *Ciropedia* de Xenofonte. Que a arte da caça tenha assumido um significado ético-político na formação de Ciro não parece haver dúvida. E minha sugestão é de que ela também tem um papel importante no pensamento de Maquiavel, não somente quando se trata de pensar as habilidades do *Príncipe*, mas também quando se trata de pensar a presença da astúcia e da dissimulação em sua arte política. Penso que ao considerar o tema da caça podemos, inclusive, encontrar um ponto de vinculação entre o pensamento maquiaveliano e obra de Giordano Bruno.
2. Uma análise pormenorizada do uso e do significado da metáfora da caça na obra de Giordano Bruno pode ser encontrada em Bombassaro, *Im Schatten der Diana* (2002). Aqui o leitor encontra também uma bibliografia exaustiva sobre a presença da metáfora da caça na da Filosofia. Recentemente, Carannante retomou o tema em seu livro *Giordano Bruno e la caccia divina* (2013).

pode ser encontrada também quando se investiga os escritos latinos do Nolano. Aos estudiosos da obra bruniana não parece ter passado desapercebida a presença marcante dessa metáfora nos escritos italianos, mas ainda não foram analisados o uso e o significado da metáfora da caça nos escritos latinos. Por isso, pretende-se aqui revisitar brevemente duas obras latinas e recuperar algumas das passagens importantes que revelam o modo como especialmente as concepções epistemológicas da filosofia bruniana estão também aqui estreitamente vinculadas à constante presença da metáfora da caça. De modo especial, destacam-se exemplarmente dois livros: *De umbris idearum* e *De progressu et lampade venatoria logicorum.*

1. *De umbris idearum*

Publicado em Paris no ano de 1582, *De umbris idearum* foi dedicado por Bruno ao Rei Henrique III.[3] Como primeiro e um dos mais importantes escritos mnemônicos de Bruno, (Hentschel, 1988, p. 8) *De umbris* contém na verdade os fundamentos da teoria bruniana do conhecimento, que o Nolano desenvolverá em seus escritos posteriores como *Sigillus sigillorum* (1583), *De la causa, principio et uno* (1584) e *De gl'h eroici furori* (1585), bem como em seus outros escritos latinos elaborados quase que exclusivamente durante sua estada em Wittenberg: *De lampade combinatoria lulliana* (1587), *De progressu et lampade venatoria logicorum* (1587), *Animadversiones circa lampadem lullianam* (1587) e *Lampas triginta statuarum* (1590) (Hentschel, 1988, p. 8).

3. Jordani Bruni Nolani, *De umbris idearum*, (OL, II, 1), 1886. Ver a excelente edição crítica de Sturlese, *De umbris idearum*, 1991, além da tradução italiana de Tirinnanzi, com um ensaio introdutório de Ciliberto, em Giordano Bruno, *Le ombre delle idee. Il canto di Circe. Il sigillo dei sigilli* (1997).

De umbris idearum mostra a forte influência da lógica combinatória de Raimundo Lúlio e das concepções epistemológicas herméticas, platônicas e neoplatônicas renascentistas, que forneceram os elementos básicos para a elaboração da arte da memória de Giordano Bruno.[4] No entanto, como bem mostrou Schmidt-Biggemann, *De umbris* apresenta essencialmente muito mais que uma arte mnemônica. Esse escrito bruniano revela uma concepção ontológica que acompanha a teoria do conhecimento, sem a qual o intelecto não pode compreender o processo de materialização das ideias (Schmidt-Biggemann, 1998, p. 417ss). O caráter eminentemente ontológico e epistemológico do *De umbris* pode ser encontrado já no próprio subtítulo do livro: "Implicantibus artem, Quaerendi, Inveniendi, Iudicandi, Ordinandi, et Applicandi. Ad internam scripturam, et non vulgares per memoriam operationes explicatis" (Bruno, 1991). Trata-se, portanto, de um verdadeiro tratado sobre o método, com vistas à investigação, invenção, avaliação, organização e aplicação das ideias. Desse modo, *De umbris* pode ser considerado sobretudo um escrito no qual Bruno esboça de modo claro as bases de uma teoria do conhecimento que estabelece as condições de possibilidade para a descoberta e a justificação do saber e, ao mesmo tempo, mostra a impossibilidade dos conceitos serem concebidos sem levar em conta sua base ontológica. Em outras palavras, nesse escrito latino Bruno faz coincidir teses básicas de sua ontologia e de sua epistemologia para fundamentar o processo cognoscitivo do intelecto humano em busca da verdade.

De acordo com a interpretação de Felice Tocco, um dos mais importantes intérpretes da obra latina de Bruno, o tema central do *De umbris* apresenta duas dimensões: de um lado,

4. Uma investigação exaustiva sobre a arte da memória em Bruno foi desenvolvida por Yates (*The Art of Memory*, 1966) [*Arte da memória*, 2007]. Especialmente sobre Bruno: p. 251ss.)

a investigação sobre a natureza das ideias e a estrutura da mente humana; por outro, a exposição da arte da memória (Tocco, 1889, p. 44). Ambas as partes, uma teórica e outra prática, estão intrinsecamente relacionadas. Destacando a forte influência da filosofia de Plotino na obra do Nolano, Tocco ressalta que Bruno apresenta aqui as bases de sua teoria do conhecimento alicerçado na concepção plotiniana das ideias como entidades metafísicas, que existem por si mesmo e precedem a ação humana de pensar (Plotino, 1996, p. 1177). Mas, além disso, convém destacar aqui mais um elemento importante. Ao elaborar e apresentar sua teoria do conhecimento, Bruno usa deliberadamente as imagens da luz, das sombras e das trevas – imagens e conceitos usados reiteradamente pela tradição neoplatônica para mostrar a distinção entre o sensível e o inteligível, cuja nova interpretação adquire um sentido epistemológico no platonismo da Renascença[5] – associadas a uma expressão da sabedoria bíblica de Salomão diante de sua amada: "Sub umbra illius quem desideraveram sedi" (Ct 2, 3). A referência bíblica somente reforça a tese de que o ponto de partida da teoria bruniana do conhecimento apresentada no *De umbris* está firmemente ancorado na concepção platônica do caráter umbrátil do conhecimento humano. Como sujeito do conhecimento, o homem está à sombra das ideias. E como ao ser humano é negado o conhecimento imediato das ideias, dada sua constituição sensorial e intelectual, ele não pode perceber e compreender mais do que a sombra das ideias. Na verdade, a questão crucial para Bruno não se limita apenas ao reconhecimento do caráter umbrátil da consciência humana e à capacidade cognoscitiva do homem. Também é decisiva para ele a questão da possibilidade e o modo pelo qual o intelecto

5. Uma interpretação epistemológica baseada na metáfora da luz encontra-se, por exemplo, em Carolus Bovillus, que distingue *lux, lumen, umbra* e *tenebre*. Ver *Liber de sapiente*, xxxviii. *In*: Cassirer, 1994, p. 380ss.

humano pode chegar ao conhecimento das ideias. Para que possa conhecê-las, o intelecto humano necessita de instrumentos adequados, precisa de um método. Assim como olho é capaz de absorver os raios emitidos pelo sol, mas ainda assim é incapaz de olhar diretamente para ele, o intelecto humano também é capaz de reconhecer as ideias, sem, no entanto, poder contemplá-las diretamente.

O caráter umbrátil e conjectural do conhecimento, como tematizado no *De umbris*, permanece um referencial básico no pensamento e na obra bruniana, tendo alcançado uma elaboração detalhada em *De gli eroici furori*, onde Bruno faz uma distinção fundamental entre o conhecimento filosófico e o conhecimento teológico. Numa passagem central para a compreensão do significado que a teologia negativa impregnada pelo neoplatonismo contra a defesa do modelo epistemológico defendido pela escolástica aristotélica, Bruno escreve:

> Para contemplar as coisas divinas é preciso abrir os olhos por meio de figuras, similitudes e outros meios que os peripatéticos denominam fantasmas, ou então por meio do ser chegar à especulação da essência, procedendo dos efeitos ao conhecimento das causas. Esses meios são tão pouco eficazes para a consecução de tal fim que parecem antes empecilhos, se queremos acreditar que o conhecimento mais alto e mais profundo das coisas divinas se dá por negação e não por afirmação, sabendo que a beleza e a bondade divinas não entra nem pode entrar no nosso conceito, mas ultrapassa infinitamente a nossa compreensão, especialmente se esta se encontra no estado que o filósofo denomina especulação de fantasmas e o teólogo visão por similitude, espelho e enigma (Bruno, 2008, p. 455-457).

E para completar, aludindo ao modelo pictórico do processo cognoscitivo representado simbolicamente por Platão na alegoria da caverna, Bruno acrescenta:

> Porque vemos não os verdadeiros efeitos, as verdadeiras espécies das coisas ou a substância das ideias, mas suas sombras, seus vestígios e seus simulacros, como aqueles estão dentro da caverna e desde seu nascimento estão de costas para a entrada da luz e têm o rosto voltado para o fundo, de modo que não vemos o que é verdadeiramente, mas as sombras daquilo que se encontra substancialmente fora da caverna (Bruno, 2008, p. 457).

A referência explícita à impossibilidade do conhecimento das coisas divinas – uma expressão que Bruno usa de forma reiterada para denotar os universais, ou seja, a unidade, o ser, a beleza e o bem – está diretamente relacionada à inadequação do método usado pela filosofia aristotélico-escolástica e representa de modo consistente a posição de Bruno em defesa da teologia negativa.[6]

Exatamente aqui encontra-se uma relação estreita entre a imagem da sombra e a metáfora da caça, pois em ambos os casos se mostra como propriedade essencial do método – considerados os limites do espírito humano – a investigação por meio de signos e sinais.

Ao abrir o *De umbris*, o leitor se depara imediatamente com a metáfora da caça (Bruno, 1991, p. 6-9). Nos três poemas de abertura do livro, a imagem da caça é um elemento marcante, como atestam os versos com os quais Merlin – alterego

6. Sobre a teologia negativa em Bruno, ver o ensaio introdutório de Fellmann 'Heroische Leidenschaften und die Entstehung der philosophischen Anthropologie'. *In*: Giordano Bruno, *Von den heroischen Leidenschaften*, 1989, p. XXXVII-XL.

de Bruno – inicialmente se dirige ao artista e depois ao sóbrio juiz. (Bruno, 1991, p. 6-7). Especialmente no poema dedicado ao juiz adequado (*apto iudici*), a metáfora da caça aparece em primeiro plano. Numa linguagem fortemente impregnada ela imagem da caça, inscrita no contexto da *ars mechaniche* [artes mecânicas], Bruno deixa-se levar pela fantasia e escreve:

"Est quod canis accessit ad arandum;	"Que o cão se disponha a arar,
Quod scandere astra vult camelus, est quod	o camelo queira escalar os astros,
Tractante rana sorex tranat fluvium	levado pela rã o rato atravesse o rio,
Quod lenti properant ad venandum asini,	os lentos asnos se apressem em caçar,
Quod tentat cuculus lupos aucupari,	o cuco tente prender os lobos
Est quod concupiunt volare porci,	os porcos desejem voar,
Est aliquid natura male appositum.	isso é algo contrário à natureza.
Non autem est Organete hoc artis vicium,	Este pequeno organum não é um defeito da arte,
Vel invitantis ad effodiendum,	que convide a escavar,
Seu faciendas expiscationis,	ou a pescar,
Sive tranandum pennis aptis aerem,	ou a sulcar o ar com asas adequadas,
Vel docentis venari, et aucupari.	Ou ensine a caçar e a laçar.
Si vos sentitis aptos effosores,	Se vos considerais aptos a escavar,
Et minime non aptos ad volandum,	e pouco capazes de voar,
Expiscandum, venandum, et aucupandum,	pescar, caçar e laçar,
Atque idcirco non ind'esse lamenta;	por isso não vos lamenteis,
Concaedam vobis, concaedentibus quod	vos concederei, se vós também concedeis
Intrastis labyrinthum sine filo." (Bruno, 1991, p. 6-9)	que entrastes no labirinto sem fio."

A pluralidade semântica do poema move-se entre imagem e conceito. O mundo fantasioso da impossibilidade abre-se para a crítica da realidade. Aqui anuncia-se metaforicamente o núcleo do programa que constitui a concepção bruniana do método e da sua teoria do conhecimento, com importantes consequências éticas. *De umbris* é designado pelo próprio autor como *Organete*, um pequeno *Organum*, escrito com o objetivo metafórico de convidar o leitor a caçar. Com sua descrição metafórica do método, Bruno pretende ensinar ao leitor a caçar e a prender sua presa de modo que ela não possa mais escapar. Trata-se, como se verá, de um livro sobre a questão do método na filosofia. Bruno serve-se de uma linguagem que mistura níveis semânticos diversos e que precisa ser lida numa perspectiva epistemológica, se quisermos compreender a descrição do método pelo qual pode se orientar o intelecto humano na busca pela verdade. Por isso, na verdade, esse breve tratado quer apresentar um método universal para todo aquele que quer conhecer o princípio e a causa de todas as coisas. Os limites do campo de investigação são, portanto, os limites do próprio mundo, esse labirinto no qual se move o intelecto humano em busca da verdade. Daí o esforço bruniano em recuperar a imagem do fio de Ariadne para metaforicamente indicar a necessidade de não entrar no labirinto do mundo sem um guia seguro, de não se lançar à investigação sem os instrumentos adequados, considerado o tanto o caminho quanto o fim a ser alcançado. O uso do método é a garantia para a condução segura da investigação. Noutras palavras, em seu breve discurso sobre o método, Bruno acentua a necessidade de um método adequado por meio do qual o intelecto humano pode empreender a investigação filosófica e estabelece as linhas gerais para a fundamentação segura do conhecimento.

O uso e o significado da metáfora da caça no *De umbris* pode ser melhor entendido quando se considera o conteúdo da primeira parte do texto do tratado. É composta pela seção *Triginta intentiones umbrarum*, onde Bruno descreve as estruturas cognoscitivas mediante as quais pode-se perceber o caráter umbrátil do mundo da consciência humana, (Bruno, 1991, p. 25-46) e pela seção *De triginta idearum conceptibus*, na qual, partindo das estruturas apresentadas na seção anterior, Bruno apresenta e desenvolve aqui seus argumentos sobre o desenvolvimento desse processo cognoscitivo (Bruno, 1991, p. 47-85). É preciso observar, no entanto, que para formular as linhas básicas de sua teoria do intelecto, Bruno prefere se servir mais da metáfora da luz que da metáfora da caça. Mas também aqui ele mostra estar sob a influência dos conceitos neoplatônicos e das imagens bíblicas, em especial aquelas referidas no *Cântico dos cânticos*, e que mais tarde desempenharão um papel muito significativo em *De gli eroici furori*.

Após caracterizar as diferentes estruturas cognoscitivas, distinguindo especialmente os sentidos internos e externos, por um lado, e a memória e o intelecto, por outro lado, com destaque para os conceitos metafísicos plotinianos, Bruno descreve o processo de desenvolvimento do conhecimento, servindo-se novamente de uma outra imagem oriunda da obra de Plotino, a escada de nove estágios, onde se mostram os movimentos de ascenso e descenso. O processo cognoscitivo tem seu ponto de partida na multiplicidade, percebida pelos sentidos, e se orienta para a unidade, que somente pode ser alcançada e compreendida pelo intelecto. De acordo com Bruno, seguindo de perto o modelo platônico, os sentidos somente podem perceber a sombra de um permanente fluir das formas, não porém as próprias formas; enquanto a memória e o intelecto podem compreender as formas que não mudam e são permanentes. Um exemplo trivial para essa distinção entre as capacidades sensoriais e as capacidades intelectivas é dado por Bruno já nas primeiras páginas do seu livro, ao introduzir um monólogo de Hermes, deus da antiga mitologia grega, que ao falar sobre o Sol afirma: "*Hunc intellectus non errans stare docet: Sensus autem fallax suadet moveri*" (Bruno, 1991, p. 12).

Embora o constante uso da metáfora da caça, introduzida por Bruno no poema de abertura do *De umbris* permaneça como a imagem mais forte para ilustrar e pensar a atividade filosófica, não é de se admirar que no decurso do texto ele tenha preferido explicitar seu modelo geométrico servindo-se também da metáfora da luz, dando destaque à relação entre luz e sombra. É evidente que com a aceitação da metáfora da luz e com o uso da linguagem da geometria, Bruno parece ter colocado nas mãos do caçador-filósofo o fio condutor que serviria de instrumento metodológico para a investigação e a busca filosófica. Desse modo, não somente o ser, mas também o conhecer torna-se o motivo central desse escrito bruniano. Penso, pois, que, tendo presente essa primeira parte do texto, não é equivocado pensar que Bruno considera a linguagem geométrica e a metáfora da luz como elementos constitutivos do processo de busca da verdade que se realiza no contexto semântico da metáfora da caça.

2. *De progressu et lampade venatoria logicorum*

Temos claro agora que ao abrir o *De umbris idearum* Bruno faz uma referência explícita à metáfora da caça, mas no corpo do texto prefere explicitar os elementos conceituais e metodológicos que caracterizam o processo cognoscitivo por meio da metáfora da luz e da linguagem geométrica. Desde uma perspectiva epistemológica a formulação mais elaborada e a aplicação mais explícita da metáfora da caça será usada pelo Nolano de modo ainda mais convincente em *De progressu et lampade venatoria logicorum,* (Bruno, 1889, p. 3ss) um escrito que apareceria sete anos depois do *De umbris* e que seria publicado durante a primeira estada de Bruno na Alemanha entre 1586 e 1588. Nesse período esteve oficialmente matriculado como *doctor italus* na

Universidade de Wittenberg.[7] Ao que tudo indica, nesse período os interesses de Bruno estavam especialmente voltados para o estudo das obras de Aristóteles e Raimundo Lúlio (Canone, 1999, p. 196ss). Enquanto Lúlio mantinha-se para Bruno a fonte de inspiração da obra mnemônica, baseada na *ars* da lógica combinatória, os escritos de Aristóteles forneciam-lhe o material crítico para as preleções sobre temas ontológicos, cosmológicos e epistemológicos. Juntamente com seus comentários sobre os escritos de filosofia natural, como a *Física*, *Da geração e corrupção* e a *Meteorológica*, Bruno se ocupava também com a lógica e a retórica do antigo filósofo Estagirita. No que tange à lógica, o doutor itálico discute criticamente os *Tópicos*; quanto à retórica, ele ministra um curso sobre a *Rhetorica ad Alexandrum*, cujas anotações seriam reelaboradas e publicadas, em 1612, por Johann Heinrich Alsted sob o título de *Artificium perorandi*.[8] No período em que esteve em Wittenberg, Bruno escreveu e publicou não somente *De lampade combinatoria lulliana*, mas também trabalhou em dois outros textos, *De lulliano specierum scrutinio* e *De lampade combinatoria*, que seriam impressos em Praga no ano de 1588. Além disso, ali ele compôs *Animadversiones circa Lampadem lullianam* e *Lampas triginta statuarum*, escritos que seriam publicados somente no final do século 19 no conjunto da *Opera latina*.

Embora uma avaliação preliminar já deixe claro que o *De lampade combinatoria* mostra uma forte presença do

---

7. Jordani Bruni Nolani, *De progressu et lampade venatoria logicorum* foi publicado pela primeira vez em Wittenberg no ano de 1587. Cf. Salvestrini, *Bibliografia di Giordano Bruno*, 1958, p. 104. Sobre a estada de Bruno nesse importante centro universitário alemão da Renascença, ver também o elucidativo estudo de Thomas Leinkauf, *Giordano Bruno in Wittenberg*, 2004.
8. Uma cuidadosa investigação crítica do *Artificium perorandi* foi realizada por Spang, *Omnia homini similia sunt*. Eine Interpretation von Giordano Brunos *Artificium perorandi*, 2002.

pensamento luliano, ela também mostra que nesse escrito não aparece a genialidade que caracteriza os escritos anteriores, como os diálogos italianos, bem como os escritos latinos posteriores, em especial *De triplici mimino et mensura, De immenso et innumerabilibus* und *De monade, numero et figura,* os poemas conhecidos com 'Trilogia de Frankfurt', que Bruno escreveu durante a segunda estada na Alemanha, entre o inverno de 1589 e a primavera de 1590, quando estava matriculado na Universidade de Helmstedt, e que foram publicados no segundo semestre desse mesmo ano em Frankfurt.[9]

De acordo com Giovanni Aquilecchia, *De progressu et lampade venatoria logicorum* deve ser considerado uma espécie de compêndio de inspiração luliana sobre os *Tópicos* de Aristóteles (Aquilecchia, 1971, p. 65). Exatamente por isso pode-se dizer que Bruno desenvolve aqui um vínculo entre a doutrina silogística aristotélica e a arte de memória luliana (Bonner, 1996, p. 28-29). Além disso, fica claro que os escritos latinos de Wittenberg não podem ser considerados secundários, especialmente quando se examina os aspectos estruturais da obra bruniana, como o uso e o significado da linguagem metafórica usada na construção conceitual apresentada em seus textos. Mais uma vez o léxico bruniano evidencia essa conexão estrita entre luz e caça. *De progressu et lampade venatoria logicorum* pode assim ser também visto como uma prova dessa aproximação e desse amálgama, com o qual Bruno cimenta sua concepção de método filosófico (Bartholmèss, 1847, p. 194).

9. Ver em especial Thomas Leinkauf, *Giordano Bruno in Wittenberg,* 2004. Ver também Wollgast, *Philosophie in Deutschland zwischen Reformation und Aufklärung 1550 – 1650,* 1988, p. 160-162; M. Ciliberto, *Giordano Bruno*, 1992, p. 197-257 e Canone (Ed.). *Giordano Bruno. Gli anni napoletani e la 'peregrinatio' europea*, 1992. Comentários elucidativos sobre os poemas latinos podem ser encontrados em Heipcke, Neuser e Wicke *Die Frankfurter Schriften Giordano Brunos und ihre Voraussetzungen*, 1991.

Para o *De progressu et lampade venatoria logicorum* confluem os temas epistemológicos de dois outros escritos brunianos, ambos apresentados em estilos e funções diferentes, mas com o objetivo final de fundamentar o método mnemotécnico, que no entender de Bruno é imprescindível para a atividade filosófica. A primeira parte, *De progressu logicae venationis*, consiste em um breve tratado, dividido em oito partes, no qual Bruno faz um resumo da teoria aristotélica do silogismo e conclui fazendo referências aos *Tópicos* (Tocco, 1889, p. 13). Embora a linguagem metafórica associada ao mundo venatório não seja um elemento central dessa primeira parte do texto, ela é, no entanto, explicitamente encontrada na dedicatória que Bruno dirige ao chanceler da Universidade de Wittenberg, Georgius Mylius (Bruno, 1889, p. 5-6). Nas primeiras linhas, Bruno serve-se do vocabulário próprio o mundo semântico da caça: "Haud quidem satis esse arbitramus fugacem per sylvosum dumosumque campum apprehendisse feram, si venatorem lateat quomodo hanc ipsam tractare et ad usum convertere debeat" (Bruno, 1889, p. 7). Numa analogia que aproxima claramente o mundo do saber venatório à doutrina do silogismo, Bruno apresenta ao chanceler um o método adequado para a construção das várias figuras silogísticas, repetindo em linguagem metafórica os conceitos aristotélicos. Assim, ao operar em dois níveis linguístico-semânticos, este escrito revela sua originalidade muito mais pela forma como Bruno reveste o ensino da doutrina silogística do que realmente pela novidade do seu conteúdo filosófico. Esse pequeno tratado de silogística pode também ser lido como uma introdução ao segundo escrito, *De progressu et lampade venatoria logicorum*, (Bruno, 1889, p. 16-84) no qual Bruno realmente aborda *sui generis* o tema dos *Tópicos* de Aristóteles. E ele o faz com uma arquitetônica e uma linguagem que lembra muito bem os tratados de caça da Antiguidade e da Idade Média. Como se fosse um manual de caça, de fácil leitura e compreensão, os *topoi* aristotélicos são transformados em *campus*, *atrium*, *turris* etc., e Bruno se esforça em descrever deliberadamente o caçador-filósofo (*venator*), a presa (*venatile*) e os instrumentos de caça, os cães, as redes, as armadilhas, etc, como mostra a tabela a seguir (Aristóteles, 1968, p. 16; Aristóteles, 1848, p. 180 e Bruno, 1889, p. 19ss).

Tab. 1 - Invenção e fundamentação em Aristóteles e Giordano Bruno

	Aristóteles	**Giordano Bruno**
Texto	Tópicos	De lampade venatória
Estilo	Descritivo	Metafórico e descritivo
Tema	Lógica Quatro predicados: - definição - propriedade - gênero - acidente	Caça – Lógica Quatro campos de caça: - campo da definição *(ager definitionis)* - campo da propriedade *(ager proprii)* - campo do gênero *(ager generis)* - campo do acidente *(ager accidentis)*
Agente	Filósofo	Caçador *(Venator)* – Filósofo
Processo	Dialética: - indução - silogismo	Cães: - galgos - mastins
Objetivo	Formar enunciados logicamente corretos	*Species* como caça
Instrumentos para formar argumentos	Instrumentos dialéticos: - formular proposições - distinguir o significado das palavras - descobrir diferenças - detectar semelhanças[10]	Instrumentos de caça: - rede *(retia)* - ponto de observação *(specula)* Lança *(hasta)* como vara de arremesso como marcador

10. Aristóteles, *Tópicos*, A 13 105 a 21.

Mais uma vez fica evidente que no *De progressu et lampade venatoria logicorum* Bruno opera uma metamorfose semântica e uma transformação conceitual pelas quais a linguagem figurativa pode ser colocada numa relação de analogia com os aspectos centrais de sua concepção do processo cognoscitivo. Para explicar a importância dessa mudança em direção a uma linguagem simbólica impregnada de reflexões epistemológicas, gostaria de indicar textualmente e comentar brevemente o significado das metáforas que Bruno extrai do contexto linguístico do mundo venatório.

Considerando a estrutura do texto é possível afirmar que, além de uma apresentação e uma defesa da tópica aristotélica, os elementos epistemológicos mais importantes são representados pela descrição bruniana que, por assim dizer, vulcaniza os dois níveis linguísticos: o da lógica e o da caça. "*Campus*", escreve Bruno, "*est universale spacium, recessus et atria multa complectens, in quibus venari et invenire tentandum*" (Bruno, 1889, p. 19) *Campus* designa aqui também o intelecto humano, pois nele se realiza todo o processo cognoscitivo, desde a elaboração até a aceitação de todas as premissas e das provas. Essa descrição topológica do intelecto delimita assim o espaço no qual se realiza a atividade de investigação e de invenção como uma caçada epistemológica. Desse modo, essa topologia, que guarda semelhanças profundas com as descrições que Nicolau de Cusa apresentou em seu escrito autobiográfico, *De venatione sapientiae*, desdobra-se analogicamente como o espaço no qual se desenvolve a própria atividade investigativa (Kues, 2002). Por isso, em sua construção teórica, Bruno não tem somente em mente os campos de caça dos nobres da Renascença, mas especialmente a obra do cusano que também lhe fornece as imagens adequadas ao seu modo de compreender o processo cognoscitivo. Nesse sentido, Bruno não cansa de repetir os detalhes geográficos desse campo, indicando o ponto de observação em torno do qual realiza-se toda a investigação.

Como toda atividade venatória se realiza a partir de um ponto de observação (torre), também a atividade filosófica do intelecto necessita de um ponto de referência para contemplar o mundo. Considerada a teoria do conhecimento medieval, essa torre bruniana poderia ser muito bem pensada como uma analogia do antigo *eidos*, conceito retomado e desenvolvido na doutrina das *species* da filosofia medieval.[11] Isso fica ainda mais evidente quando se considera a subdivisão do campo de caça em três áreas agrupadas ao redor da torre: "*ager accidentis, ager generis, ager proprii, ager definitionis*" (Bruno, 1889, p. 23). As quatro áreas que constituem o campo estão analogamente relacionadas com as predicabilidades aristotélicas, agora reinterpretadas por Bruno via filosofia escolástica. Para a teoria do conhecimento da filosofia escolástica medieval as *species* – juntamente com o *genus*, a *differentia*, o *proprium* e o *accidens* – constituíam as formas que tornavam possíveis toda predicação e todo discurso. Bruno, portanto, sob a linguagem metafórica reproduz o modelo antigo e medieval, assumindo a doutrina das *species*. Na tomada de posição do intelecto, as *species* ocupam metaforicamente o lugar da torre de observação; uma posição que permite a predicação e que, com isso, torna possível o conhecimento (Bruno, 1889, p. 27).

Mas a descrição do campo de caça, com a torre e as quatro áreas, ainda não é suficiente para entender toda a analogia da entre a caça e o processo cognoscitivo tematizado pelo Nolano. Ainda falta apresentar e descrever outros elementos essenciais, ou seja, o próprio caçador (intelecto, filósofo), a

11. O significado de *eidos* (*species*) já havia sido um tema filosófico para Platão, mas foi detalhamente investigado por Aristóteles, em especial em *Categorias* (5, 2 b 7, 19) e em *Tópicos* (VI 6, 143 b 8 e 14, 151 b 19ss.). Discutido por Porfírio, voltou a ser um tema básico no pensamento escolástico, especialmente em Tomás de Aquino, Duns Scotus e Guilherme de Ockham. (Cfe. G. Rabeau, *Species, Verbum. L'activité intellectuelle élémentaire selon Saint Thomas d'Aquin*, 1938, p. 123.)

presa (a verdade) e o equipamento de caça, em especial os cães (lógica, silogismo). Por isso, Bruno se ocupará agora em nomear e apresentar aqueles a quem considera caçadores, em especial os teólogos e filósofos: "*Sive enim pie activus per legem, sive per fidem argumentosius contemplativus, habet circa quod inquirendo pertentet invenire theologus. Sive sublimitate metaphysicum, sive gravitate physicum, sive moralitate ethicum se depromere cupiat, inquisitione scrutatur, ut iudicio contempletur, speculetur, praecipiatque leges indicendo philosophus*" (Bruno, 1889, p. 27).[12] Na verdade, Bruno denomina caçador todo aquele que investiga, argumenta e busca provas, sejam eles filósofos, teólogos, aqueles (*operosus*) que se ocupam com as artes mecânicas e "*omnes uberriman illam, quae circa turrim designatur, locorum copiam eo perlustrare addecet artificio, quo e millegeminis hisce circumstantibus undique habeant quod commodum iudicent, vestigent, retineant, arripiant, attrectent*" (Bruno, 1889, p. 28). Com isso, Bruno não apenas descreve as várias formas de busca e investigação, mas

12. Sobre o mesmo tema, Bruno enumera ainda uma série de outras profissões nas pode-se relacionar a atividade do intelecto com a metáfora da caça: "*Sive uti strepitosus actor ad apte de rebus in consultatione positis dicendum et proponendum, sive uti praetor ad maturius examinandum et iudicandum, non nisi ex adinventis rerum, modorum circumstantiarumque mediis, eorumque discussione civilis, tanto quidem dignius, quanto exagitatur operosius. Sive veritatem apodictica deductione a falsitate discreturus demonstrator, sive dialecticus ipse veluti neutralis inter acceptam possibilem utriusque contradictionis partem, per dextram sinistramque semitam discursurus, sive rethor ad laudem atque vituperium linguam perpoliturus, et ad pro commodo deliberandum atque commendandum affinis isti ecclesiates enthymemata concinnaturus et exempla, sive importunitate sophista vel tentator ad aliquid etiam inopinabile et incredibile defendendum argumentum ratiocinium exacuturus, sive captiosus fallax e garrulo copiae cornu praestigias aptiores producturus in medium, sive generoso poëta enthusiasmo varia atque multiplici aptatione atque configuratione ad delectandum vel iuvandum vel utrumque perficiendum omnimoda ratione tersus proditurus et illustris.*" (Bruno, 1889, p. 27-28)

também esclarece as pré-condições para o desenvolvimento da atividade intelectual.

Mas a produtividade da analogia usada por Giordano Bruno pode ser ainda melhor demonstrada pela descrição detalhada dos cães que acompanham o caçador em busca de sua presa. Como o caçador não vai à caça sem a ajuda de seus cães, assim também o intelecto não pode analogamente fazer seu trabalho adequadamente sem a ajuda dos instrumentos e os auxiliares que lhe são apropriados. Nesse sentido, os cães ocupam uma posição especial. Sobre eles, Bruno escreve: "*Canum, quibus venatile sedulus comprehendere nititur venator, duplex genus est. Horum enim alii plaudi sunt, velociores scilicet atque leviores, alii vero graviores fortiores que molossi*" (Bruno, 1889, p. 28ss) Reprisando o que havia já escrito ao abrir o quarto diálogo da primeira parte do *De gli eroici furori*, Bruno aponta para dois tipos de cães muito usada nas caçadas da Renascença: os galgos, magros e velozes, e os mastins (*molossos*), grandes e fortes (Bruno, 2008, p. 152-153). A linguagem metafórica bruniana vem marcada por uma pregnância imagética e simbólica que torna possível a compreensão do processo cognoscitivo também àquele que não se ocupa exclusivamente da vida contemplativa. A diferença dos cães indica que cada um deles tem uma função distinta. Mas a metáfora, também nesse caso, não adquire um caráter meramente ilustrativo, se considerada a explicação conceitual que segue a descrição buscando a identificação com as concepções inerentes à doutrina do silogismo. Isso se esclarece quando Bruno afirma: "*Primum genus inductivae (quae paradigma), secundum syllogisticae (quae enthymematicam complectitur discursionem) typus est. Primi quidem est veluti levius apprehendere, secundi certe continere tenacius; primo (in levioribus efficaciori) retardare, secundo vero sistere robustiores feras atque graviorem perficere venationem propria est a natura tributum*" (Bruno 1889, p. 28s.). Os cães são identificados aqui com dois modos de raciocínio lógico e representam os processos pelos quais se realiza a atividade do intelecto. Não é por acaso que essa tipologia canina havia aparecido também no último escrito italiano no contexto do soneto no qual Bruno se serve do mito de Acteão para discutir a atividade intelectual. Assim, encontra-se também aqui uma conexão entre os temas apresentados nos escritos italianos e aqueles discutidos nos escritos latinos, embora a análise conceitual se apresente de modo muito mais multifacetada em *De progressu et lampade venatoria logicorum*.

Além disso, Bruno formula e desenvolve aqui um dos aspectos constitutivos da analogia entre a caça e a atividade intelectual, ao descrever o objeto da investigação, o espólio da caça, a presa (*venatile*). "*Per eundem venationis campus non unius sed et. plurium generum venatilia discurrunt. Horum autem duo sunt prima capita, propositio nempe dialectica, et dialecticum problema*" (Bruno, 1889, p. 29). O significado da presa se esclarece novamente pela doutrina aristotélica, da qual emerge o problema apresentado e que deve ser investigado, ou seja, no caso especial da silogística, a formulação dos enunciados e das premissas necessárias para a construção dos silogismos. Assim, ao elaborar uma analogia entre a atividade venatória e a atividade intelectual, Bruno mostra que sua arte consiste em formular os passos metodológicos que garantem a validade do processo silogístico.

Também na descrição dos instrumentos de caça, como as redes, os arpões, as lanças, as estacas, etc., Bruno mantém sua construção metafórica em analogia com os *Tópicos* de Aristóteles, servindo-se da mesma linguagem simbólica utilizada no caso do mito de Acteão. Especificamente sobre as redes, por exemplo, Bruno escreve: "*Quatuor Peripateticorum princeps venatorum enumerat instrumenta, quorum primum quod per retia significamus, est quaedam sumendarum propositionum atque componendorum syllogismorum facultas atque potentia*" (Bruno, 1889, p. 31). Do mesmo modo, na descrição dos demais instrumentos Bruno não poupa esforços em aperfeiçoar sua construção do método venatório, uma tarefa de fundamental importância para a filosofia do seu tempo e que antecipa, de certo modo, as investigações cartesianas sobre a questão do método.[13] Ao que Bruno acrescenta: "*De rerum veritate cupientibus informari, primum operae precium est ipsum quod trahitur in considerationem veluti a caeteris abjungendo depurare, ut clarius et evidentius ipsius quae qualisque sit natura liceat contemplari*" (Bruno, 1889, p. 33.). Para Bruno, reafirma-se assim que o desejo de alcançar verdades claras e evidentes somente pode estar reservado ao intelecto. Mas essa contemplação não pode se realizar sem as duas operações precedentes, a indução e o silogismo – representadas na linguagem metafórica pelos cães que acompanham o caçador em sua caçada – para que haja um processo progressivo de acercamento à verdade.

Por fim, as referências linguísticas ao mundo venatório se tornam ainda mais claras na descrição que Bruno faz do significado e da função das lanças utilizadas pelo caçador: "*Quoniam sub densis spissisque sylvosae universalitatis vepribus (quae fugacium ferrarum antra sunt) multae latent aequivocationes, scrutinium illud nobis aptare consulitur, quod certe in discretiva quadam ratione consistit [...] Plurimae namque sunt rationes quibus discretionis hasta pertantes, id ipsum quod pluribus commune dicitur an sola voce, an eadem quoque significatione diffundatur examinamus*" (Bruno, 1889, p. 39.). Aos olhos de Bruno, o quadro geral no qual se realiza a investigação, a selva obscura onde se realiza a caçada,

13. Especialmente a formação da perspicácia e da sagacidade, expostas claramente nas regras IX e X, denotam qualidades do saber venatório. Cf. Descartes, *Regulae ad directionem ingenii*, 1973, p. 56-67.

requer a definição de critérios de demarcação sem os quais uma busca é impossível. Esses critérios são, em outras palavras, as lanças e as estacas que servem, por assim dizer, para definir os limites pelos quais o caçador pode se orientar em busca, em sua investigação. Somente dessa forma, ele tem a garantia de não se perder e de não tem de vagar sem rumo pelo labirinto do mundo.

Observações finais

Precisamente a partir dessas últimas passagens de texto fica claro que Bruno, em *De progressu et lampade venatoria logicorum*, serviu-se de um batalhão de metáforas e imagens provenientes do mundo venatório para apresentar sua concepção de Lógica e Retórica. Com a visão geral apresentada aqui pode-se reconhecer que o uso e o significado epistemológico da metáfora da caça não constituem apenas um dos pontos centrais da obra e do pensamento do Nolano, mas também mostra que seu trabalho e seus escritos ganham sistematicidade e organicidade. Isto também torna mais plausível uma interpretação na qual um motivo epistemológico é reconhecido pelo uso da metáfora da caça, o que permite afirmar que ambos os escritos aos quais nos referimos estão diretamente relacionados com a figura de Acteão (Ciliberto, 1992, p. 211). A adoção desse conceito epistemológico, que coloca uma forte ênfase na imagem da caça, também permite uma compreensão da reivindicação filosófica de Bruno em seu esforço para estabelecer um conceito bem definido de método, que se pode chamar de método venatório. Desse modo, o tema da caça constitui um elemento básico que, no plano interno à obra nolana, atua como um elo de ligação entre os escritos latinos e italianos, e no contexto histórico-conceitual da filosofia, vincula as reflexões epistemológicas de Bruno com a tradição filosófica.

Referências bibliográficas

Obras de Giordano Bruno

[BRUNO, Giordano] Iordani Bruni Nolani, *Opera latine conscrita.* (F. Fiorentino) [V. Imbriani, C.M. Tallarigo, F. Tocco, H. Vitelli], Neapoli-Florentiae: Morano-Le Monier, 1879-1891. 3. vol.

BRUNO, Giordano. *De umbris idearum* (R. Sturlese, E. Garin), Firenze: Leo S. Olschki, 1991.

______. *Le ombre delle idee. Il canto di Circe. Il sigillo dei sigilli.* (M. Ciliberto, N. Tirinnanzi), Milano: BUR, 1997.

______. *Von den heroischen Leidenschaften.* (C. Bacmeister, F. Fellmann), Hamburg: Felix Meiner, 1989.

______. *De gli eroici furori/ Von den heroischen Leidenschaften.* (C. Bacmeister, H. Hufnagel, M. Moog-Grünewald, E. Canone), Hamburg: Felix Meiner, 2018.

______. *De gli eroici furori/ Des fureurs héroïques.* (M. A. Granada, P.-H. Michel, Y. Hersant, Z. Sorrenti), Paris: Les Belles Lettres, 2008.

* * *

ARISTÓTELES, *Tópicos* (A.P. Mesquita). Lisboa: Imprensa Nacional, 2005.

ARISTÓTELES, *Opera omnia* (A.F. Didot). Paris: Didot, 1848.

AQUILECCHIA, Giovanni. *Giordano Bruno.* Roma: Istituto della Enciclopedia Italiana, 1971.

BARTHOLOMÉSS, Christian. *Jordano Bruno.* Paris: Ladrage, 1847. 2 vol.

BÍBLIA SAGRADA. São Paulo: Paulinas, 2005.

BLUM, Paul R. (Ed.). *Philosophie der Renaissance.* Darmstadt: WGB, 1999. [Ed. br. *Filosofia da Renascença,* São Leopoldo: Ed. Unisinos, 2003].

BLUMENBERG, Hans. *Paradigmen zu einer Metaphorologie.* Frankfurt am Main: Suhrkamp, 1997.

BOMBASSARO, Luiz Carlos. *Im Schatten der Diana.* Die Jagdmetapher im Werk von Giordano Bruno. Frankfurt am Main; Bern; New York, Paris: Peter Lang, 2002.

CANONE, E. (Ed.). *Giordano Bruno.* Gli anni napoletani e la 'peregrinatio' europea. Cassino: Università degli Studi, 1992.

CARANNANTE, Salvatore. *Giordano Bruno e la caccia divina.* Pisa: Edizioni della Normale, 2013.

CASSIRER, Ernst. *Individuum und Kosmos in der Philosophie der Renaissance.* 2. Aufl., Darmstadt: WBG, 1963.

CILIBERTO, Michele. *Giordano Bruno.* Roma; Bari: Laterza, 1992.

DESCARTES, René. *Regras para a direção do espírito.* Lisboa: Ed. 70, 1973.

FELLMANN, Ferdinand. 'Heroische Leidenschaften und die Entstehung der philosophischen Anthropologie'. *In:* BRUNO, Giordano, *Von den heroischen Leidenschaften*, 1989, pp. XXXVII-XL.

GRANADA, Miguel A. *La reivindicación de la filosofia en Giordano Bruno.* Barcelona: Herder, 2005.

HEIPCKE, Klaus, NEUSER, Wolfgang e WICKE, Eerhard (Eds.) Wicke *Die Frankfurter Schriften Giordano Brunos und ihre Voraussetzungen.* Weinheim: VCH-Acta Humaniora, 1991.

HENTSCHEL, Beate. *Die Philosophie Giordano Brunos - Chaos oder Kosmos? Eine Untersuchung zur strukturalen Logizität und Systematizität des nolanischen Werkes.* Frankfurt am Main; Bern; New York, Paris: Peter Lang, 1988.

KUES, Nikolaus von. *Philosophisch-theologische Werke.* (P. Wilbert, K. Bormann), Hamburg: Felix Meiner, 2002. 4 vol.

LEINKAUF, Thomas. *Giordano Bruno in Wittenberg.* Pisa: IEPI, 2004.

LULLUS, Raymundus. *Opera.* (A. Bonner), Strasbourg, 1651. (Rep., Stuttgart-Bad Cannstadt: frommann – holzboog, 1966.) 2 vol.

PLOTINO. *Enneadi.* (G. Faggin), Milano: Rusconi, 1996.

NELSON, John C. *Renaissance Theory of Love.* The context of Giordano Bruno's 'Eroici furori', New York: Columbia University Press, 1958.

RABEAU, Gaston. *'Species' Verbum. L'activité intellectuelle élémentaire selon Saint Thomas d'Aquin.* Paris : J. Vrin, 1938.

SCHMIT-BIGGEMANN, Wilhelm. *Philosophia perennis.* Historische Umrisse abendländischer Spiritualität in Antike, Mittelalter und Früher Neuzeit. Frankfurt am Main: Suhrkamp, 1998.

SPANG, Michael. *Omnia homini similia sunt.* Eine Interpretation von Giordano Brunos *Artificium perorandi,* München: Wilhelm-Fink Verlag, 2002 (Humanistische Bibliothek, Reihe I, Ab.52).

TOCCO, Felice. *Le opere latine de Giordano Bruno.* Firenze: Le Monnier, 1889.

WOLLGAST, Siegfried. *Philosophie in Deutschland zwischen Reformation und Aufklärung 1550 – 1650.* Berlin: Akademia, 1988.

YATES, Frances A. *The Art of Memory.* London: Routledge & Kegan Paul, 1966) [Ed. br. Arte da memória. Campinas: Ed. Unicamp, 2007].

Sobre os autores

Alberto Ribeiro Gonçalves de Barros é Bacharel, Mestre, Doutor e Livre-Docente em Filosofia pela Universidade de São Paulo (USP), com pós-doutorado pela University of London (2009 e 2013) e pela Université Paris 1 Sorbonne-Panthéon (2019). É Professor Associado de Filosofia da Universidade de São Paulo (USP) e pesquisador do CNPq (PQ) e da FAPESP (Projeto Temático). É autor dos livros *A Teoria da Soberania de Jean Bodin* (2001), *Dez Lições sobre Bodin* (2011), *Republicanismo Inglês: uma teoria da liberdade* (2013), *Ensaios sobre o Republicanismo Inglês* (2017), *Republicanismo Inglês: Sidney e a Semântica da Liberdade* (2018), *O Conceito de Soberania na Filosofia Moderna* (2019) e *Liberdade Política* (2020).

Carlo Gabriel Kszan Pancera é professor Associado do Departamento de Filosofia da UFMG, com mestrado e doutorado pela mesma instituição e departamento onde hoje atua. É autor do livro *Maquaivel entre repúblicas* (Ed. UFMG, 2010), organizador e autor da coletânea *As faces de Maquiavel. História, república, corrupção* (Ed. D'Plácido, 2019) e publicou artigos diversos na área de filosofia política.

Fabrina Magalhães Pinto é doutora em História pela PUC-Rio, pós doutora em filosofia pela PUC-Rio e pela UFMG. É professora do Departamento de História da UFF (PUCG) e pesquisa o Renascimento Italiano, o Humanismo e as Reformas Religiosas, com ênfase em autores como Salutati, Leonardo Bruni e Erasmo de Rotterdam. Organizou 4 volumes sobre o Renascimento: o número 27 da Revista O que nos faz pensar, o Dossiê temático *Renascimento italiano* pela Revista Crítica Histórica, o livro *Política, Filosofia e Cosmologia: ensaios sobre o Renascimento*, pela UFABC, e o dossiê *Filosofia Política*, hospedado na Revista Figura.

Flávia Benevenuto é bacharel, mestre e doutora em Filosofia pela UFMG, com doutorado sanduíche pela *École des Hautes Études en Sciences Sociales* e pós-doutorado pela USP. É professora da UFAL e membro permanente do Programa de Pós-graduação em Filosofia da UFS. Pesquisa filosofia política no Renascimento italiano, com ênfase em Maquiavel. É autora dos livros: *Maquiavel e a Figura do Governante* (2016), *O Renascimento da República* (Org. 2015) e *Política, Filosofia e Cosmologia: ensaios sobre o Renascimento* (Org. juntamente com Fabrina Magalhães Pinto, 2018).

Heloisa Murgel Starling é historiadora. Professora Titular Livre de História do Brasil na Universidade Federal de Minas Gerais. É autora de *Brasil, uma biografia* (Companhia das Letras, 2015) junto com Lilia Schwartz; *Ser republicano no Brasil colônia; a história de uma tradição esquecida* (Companhia das Letras, 2018). Organizou *Dicionário da república: 51 textos críticos* (Companhia das Letras, 2019). É organizadora de *Hannah Arendt: Ação e busca da felicidade* (Bazar do Tempo, 2018).

Helton Adverse é doutor em Filosofia e professor do Departamento de Filosofia da UFMG. Seu campo de pesquisa inclui a filosofia política do Renascimento italiano, mas também sua recepção no pensamento político contemporâneo. Dentre suas diversas publicações, destacam-se *Maquiavel. Política e Retórica* (Belo Horizonte: Ed. UFMG, 2009); *Reflexões sobre Maquiavel* (Org.) (São Paulo: Loyola 2015); *Quentin Skinner. El arte de leer* (Org. juntamente com Newton Bignotto) (Buenos Aires: Katz, 2018).

José Luiz Ames é doutor em Filosofia e Professor da Universidade Estadual do Oeste do Paraná – UNIOESTE. Publicou *Conflito e Liberdade: a vida política para Maquiavel*. Curitiba: CRV, 2017 e *Maquiavel: a lógica da ação política*. Cascavel: Edunioeste, 2002.

José Antônio Martins é doutor em filosofia (FFLCH/USP), Pós-doutor (Padova-Itália); Professor de Filosofia Política da graduação e mestrado – UEM. Autor dos livros: *Republicanismo e Democracia* (Eduem, 2010); Corrupção (Ed. Globo, 2008) e tradução e organização de *O Príncipe*, de Nicolau Maquiavel (Ed. Hedra, 2020).

Luiz Carlos Bombassaro é doutor em Filosofia (Universidade de Kaiserslauter, Alemanha). Professor titular na Universidade Federal do Rio Grande do Sul (UFRGS). Áreas de interesse: Filosofia na Renascença, Epistemologia e História da Ciência e Filosofia na Educação. Principais publicações: *As fronteiras da Epistemologia* (1992), *Ciência e mudança conceitual* (1995), *Im Schatten der Diana. Die Jagdmetapher im Werk von Giordano Bruno* (2002), *Giordano Bruno e a Filosofia na Renascença* (2010). Traduz e coordena a edição brasileira das *Obras italianas* de Giordano Bruno.

Luís Falcão é doutor em Ciência Política (IESP, 2015) com estágio na Università degli Studi di Milano. Professor de Ciência Política da UFF. Autor de *Maquiavel, Montesquieu e Madison: uma tradição republicana em duas perspectivas* (Azougue, 2013); *Algernon Sidney: um pensador republicano do século XVII* (EdUFF, 2019); *Algernon Sidney between Modern Natural Rights and Machiavellian Republicanism* (Cambridge Scholar Publishing, 2020).

Sérgio Cardoso, doutor em filosofia pela Universidade de São Paulo, Professor Sênior da área de Ética e Filosofia Política do departamento de filosofia da FFLCH da Universidade de São Paulo. Autor de estudos principalmente sobre a tradição republicana e sobre a obra de Michel de Montaigne.

Impresso na capital mineira pela Paulinelli
Serviços Gráficos, em maio de 2021.
Composto em Kepler sobre papel Pólen
Soft 80 g/m² e capa em Supremo 250 g/m².